该丛书出版受到对外经济贸易大学重点学科建设项目资助

该书同时受到对外经济贸易大学协同创新项目

"'走出去'战略对'一带一路'国家的政治经济影响研究"（批准号：201504YY004A）的资助

本论文获2012年"全国优秀博士学位论文提名"

戴长征 主编

贸大国关学术论丛：中国与世界

自主性外交理论：
内外联动时代的外交行为与外交战略

The State Autonomy Diplomacy Theory:
Foreign Policy Analysis in the Era of Internal-External Interaction

李志永 ◎ 著

中国社会科学出版社

图书在版编目（CIP）数据

自主性外交理论：内外联动时代的外交行为与外交战略／李志永著．
—北京：中国社会科学出版社，2016.10
（贸大国关学术论丛：中国与世界／戴长征主编）
ISBN 978 - 7 - 5161 - 8224 - 6

Ⅰ.①自…　Ⅱ.①李…　Ⅲ.①外交—研究—中国　Ⅳ.①D82

中国版本图书馆 CIP 数据核字（2016）第 109587 号

出 版 人	赵剑英
责任编辑	赵　丽
责任校对	邓雨婷
责任印制	王　超

出　　版	中国社会科学出版社
社　　址	北京鼓楼西大街甲 158 号
邮　　编	100720
网　　址	http：//www．csspw．cn
发 行 部	010 - 84083685
门 市 部	010 - 84029450
经　　销	新华书店及其他书店

印　　刷	北京君升印刷有限公司
装　　订	廊坊市广阳区广增装订厂
版　　次	2016 年 10 月第 1 版
印　　次	2016 年 10 月第 1 次印刷

开　　本	710×1000　1/16
印　　张	18
插　　页	2
字　　数	295 千字
定　　价	68.00 元

凡购买中国社会科学出版社图书，如有质量问题请与本社营销中心联系调换
电话：010 - 84083683

贸大国关学术论丛:中国与世界
总　序

在当代人文社会科学的学科丛林中，国际关系学科，乃至其源头政治学学科都成为魅力日益彰显，价值被普遍认可的"显学"。在中国，这两个学科在经过长期曲折发展后，正在成为一片茂密的知识森林，一道亮丽的学术风景带，既让无数学人沉迷其中流连忘返，也为中国的进步和世界的发展贡献着思想上的源头活水。

国际关系和政治学学科之所以有着越来越重要的学科和学术地位，主要在于其学科的外在要求和内在规定。就其外在要求来说，无论人类历史的昨天、今天和可预见的明天的状况如何，总体来说它一直处于"政治社会"之中。政治环境、政治关系、政治生态构成人类社会最关键的活动基础，活动于其中并与其不断互动的政治行为体，是人类社会最重要的主体。当然，这不是说经济、文化，乃至军事这些社会构成部分、社会关系以及活动于其中的行为体就不重要，相反，它们非常重要，并且在某些特定的时期，甚至比政治更加重要。但是，政治作为人类组成社会进行有目的地改造自然和发展自身的主轴和关键地位，是毋庸置疑的。人们当然还会想起马克思关于经济基础和上层建筑之间关系的著名论断，但是，不应忘记的是，马克思所强调的经济基础的决定作用，是要通过一系列中介一系列变量一系列过程才能实现的，并且在这一实现过程中，政治这一上层建筑从来就不是作为外在于经济基础并被决定的力量而存在，而是持续参与其中，与经济基础不断互动、不断交换能量、不断更新自我，以与经济相互决定的方式而存在的。因此，作为处于人类社会活动主轴和关键地位的政治，无论其现象或本质如何，必然成为人们最重要的认识对象，国际关系和政治学学科为我们提供了基本的认识工具和观察形式。

但是问题在于，就当代国际关系而言，战后70年的变化发展，使其具有了不同于以往任何历史时期的内容和实质。国际秩序、国际格局、国际力量对比、地缘政治关系发展到今天，呈现出异常复杂的面貌，也不断为国际关系学科提出有待认识和解决的新命题、新课题。任何既有的理论逻辑和解释框架，对今天的国际关系和世界政治来说，运用起来都难免存在捉襟见肘的尴尬。原因在于，全球范围的政治关系和政治生活的发展，远远超出了某种整合的"理论想象"和"知识框定"。不存在一种理论，既可以预测战争与和平、安全与稳定这样的"高"政治，又可以解释货币战争、气候变化、能源危机这样的"低"政治。也不存在一种理论，既可以回答全球化（globalization）带来的挑战和问题，又可以回答区域化（regionalization）和地方化（localization）这些反向运动所带来的困惑和焦虑。对于国际关系学科来说，似乎面临着某种两难悖论：如果人们试图提供一种整合性理论解释，就难免与实际碰撞后遭遇漏洞百出，不能自圆其说；如果人们试图从实际问题出发，提供工具性回答，就难免牺牲理论的整全而遭遇知识和认识的碎片化局面。

对于政治学而言，挑战似乎比国际关系学科还要多。在很长的历史时期中，人类一直渴望找到或建立能够保障基本安全和生活秩序的联合形式（共同体），这些形式或是城邦国家、或是王朝、或是城市共和国、或是帝国，直到近现代的民族国家。对于近现代国家，即民族国家，人们曾寄予深切厚望，认为它可能是到目前为止解决政治难题的最高形式，以至不断歌颂之、赞美之、批判之、挑剔之，目的都在于改造之、完善之。但是，事实却是国家导致的问题可能和解决的问题一样多。强大的国家，给予人民的压迫，可能一点也不比弱小国家少；弱小的国家，遭遇的外部欺凌和内在困局，使其国之不国。哪里才有"理想国"，哪个国家才是现实存在着的"理想国"？那么，对国家的超越可能是一种选择，但这样的超越，又给政治学带来极大的困惑。欧盟是一种超越形式，但希腊的危机和欧盟内部的治理难题，使得人们对这一超国家形式心生畏惧。至于"伊凡特—伊斯兰国"，与其说它是对国家的超越，还不如说是对国家的僭越，它只是一种恶的"集合"形式。不宁唯是，政治学不但在国家这一根本问题的回答上少有共同之处，在诸如正义、民主、平等这些根本价值问题上，更是充满歧见。作为现代国家基石的民主，曾给人们带来无上的向往，无穷的想象。但民主在实践中正在被杀死，在理论中正在被任意扭曲肢解。一些号称民主的国家正在干着最不民主的事情；一些朝着民主方向前进的国家，却发现自己被困在了一片泥泞沼泽之地。这是理论的现实，也是现实的理论。

那么，国际关系学科和政治学学科还能做什么？回答是，这两个学科不可能拔起自己的头发，实现自我脱离。相反，问题产生的地方，就是学科性之所生，命之所系的地方。换句话说，只有将学科的根须深深扎入现实，并延伸到历史深处，才能获得学科生命；也只有不断将根须加以拓展延伸，才能丰富壮大自己的学科生命。也因此，学科的内在规定才最终与学科的外部要求结合了起来。对国际关系和政治学学科而言，其学科内在的规定就是要使已形成的一整套理论适应客观的现实性要求，不断自我补充、自我修正、自我完善，实现学科工具性目的和现实价值性目的的进一步结合。因此而言，在变化急速、纷纭复杂的现实政治面前，国际关系和政治学学科的无能为力，正是其能力所生的地方，这就像矛和盾的关系一样。是故，国际关系和政治学学科的内在规定，其一是说，这两个学科已经有了区别于其他学科并经过长期锻造而来的工具，其二是说，这样的工具，还不能满足人们对它削铁如泥，披荆斩棘能力的期待。但是，这样的能力却不是在等待中能够获得的，具体而言，无论是国际关系学科还是政治学学科，都应该在两个面向上加强努力。一方面，应该聚焦具体的问题领域，就是学术研究要做好“立地”的工作。立地的研究看似琐碎、细致、不统一、不连续，甚至给人以“碎片”的感觉，但任何具体研究不可能不贯穿着认识论和方法论。经年累月的“立地”的量的积累，不经意间恰会带来认识论和方法论的突破，这正如蚕蛹的破茧而出，新竹的拔地而生。在学术思想史上，这样的例子比比皆是。另一方面，不能放弃哲学的思考和理论的批判，换句话说，要做好“顶天”的工作。“顶天”的研究看似玄妙，莫测高深，甚至虚无缥缈，但任何顶天的研究，无不充满对历史和现实存在的深切关照。顶天的意义在于，跳出思维的窠臼，打破具体问题的藩篱，指出出路和方向；顶天的意义还在于，吐故纳新、推陈出新，不断地在批判中扬弃，实现理论和思想的超越。在儒家学说史上，从原始儒家到阳明心学的嬗变；在政治学说史上，从城邦政治学到马基雅维利乃至摩根索的跃进，无不说明这一道理。或许，这样的突破未必会在一批人一代人中实现,甚至经过几批人几代人也未必见效,但学术探索的价值也正在于此。这恰如对一口井的深挖,不到第一滴清泉喷涌而出的当口,就难言成功的滋味。但挖井的意义绝不仅仅在此,挖井的过程才具有本质的意义。

在中国国际关系学科乃至政治学学科的发展进程中,对外经济贸易大学国际关系学院是一个后来者。但后来者先天的后发优势,在这个年轻的学院中得到了充分的发挥。从 2006 年建院至今不满 10 年时间,贸大国关学院从国内外名校和科研院所撷取到近 30 名学术精英。依靠这批年轻的力量,贸大的国际关系和政治学学科不但实现了零的突破,而且实现了跨越式发展。贸大国关现在拥有两个层次,六种类型的学生,即本科生、本科生留学生、本科生留学生英文项目,研究生、研究生留学生、研究生留学生英文项目,涵盖国际关系学科和政治学学科绝大多数专业,近 400 名学生。对外经济贸易大学国际关系学院的发展,大大有赖于"学术强院"战略的实施。事实证明,科研和学术永远是学科建设和发展的推动力量和不竭源泉,这在贸大国关学院发展过程中表现得尤为突出。别的不说,就纵向的国家课题和省部课题而言,在不到 10 年时间里,学院已结项和在研的国家社科基金就达到了 14 项,教育部和北京市社科基金近 30 项。学院教师累计在各类学术期刊发表了近 500 篇论文,其中不乏在国内外顶级期刊的发表。

正是基于对科研和学术重要性的认识,学院决定集中力量以另外一种形式即学术丛书的形式展示已有的学术积累。这里要感谢中国社会科学出版社的大力支持,特别要感谢赵丽编辑的耐心和艰苦努力,使得丛书的出版成为可能。即将出版的和纳入丛书出版计划的学术著作,有的是在年轻学者博士学位论文的基础上修改而成的,有的是学院教师的新著,涉及的研究领域和主题多种多样,研究取向和方法各异。但是,这些论著都有着共同的特点,那就是勇于迎接学术挑战,尽最大努力回答国际关系学科和政治学学科在政治现实方面遭遇的新课题、新命题。丛书中有的尝试着"立地",有的尝试着"顶天",立地者有时难免看起来"支离",顶天者有时难免看起来"玄虚",甚至存在着相当的"遗漏的不满"和"选择的遗憾"。但这种"支离"和"遗漏的不满",以及"玄虚"和"选择的遗憾"恰是学术进路的必需。学术是一个永不停歇的进程,它的意义不在于一本书或一篇论文的自足和圆满,而在于无数片段的连续所形成的动态图景。通过这一连续的动态图景，对现实的理论和理论的现实的进一步关照和沉思，才会进入新的层次和境界。在这个意义上，丛书作者们的努力有着丰富的价值，也有着令人感动的分量。

　　是为序。

戴长征

2015 年 8 月于北京惠园

自 序

构建综合理论的萌动源于我学习国际政治学以来一直面临的"身份困惑"。在我 2003 年入读人大硕士研究生的时候,中国国关学界正处于对西方理论大加引进的阶段。对那些对理论感兴趣的初学者来说,选择一个理论流派作为自己的理论归属或研究对象是学界流行的现象。而在我对三大流派的初步学习过程中,似乎并没有被任何一个理论所深深吸引。于是我刻意在 2003—2004 年期间先后系统地阅读了汉斯·摩根索、肯尼斯·华尔兹、约瑟夫·奈、罗伯特·基欧汉、亚历山大·温特的经典代表作,但仍然没有成为任何一个理论流派的追逐者。当时的我深感"身份困惑"。与此同时,通过阅读王逸舟相关著述,"学会在不同理论岛之间穿行"的总结在让我深以为然的同时又颇感不满意。在 2004 年暑假,或许是受当时学界对马克思主义回归实践的讨论的影响,我突然觉得,国际关系何尝不是典型的人类实践呢?为此,"把实践引入国际政治,探索国际政治的实践理论以超越三大理论"成为我当时朦胧、激动的想法,并为此阅读了有关"马克思主义实践观"的文章或论著,但深感迷茫进而放弃。在 2005 年毕业进而任性地选择工作而不是读博之后,我的学术之路似乎终结。或许是毕业做老师而没有远离校园的原因,继续求学进而从事研究逐渐成了我的人生目标。在 2007 年重新考入人大之后,中国外交成为我最为关注的领域。20 世纪 60 年代"革命外交"曾是我选定的研究对象,但在对"革命外交"的探索中,我逐渐转向了外交决策的根源的探讨,进而关注到了国家—社会关系、"施动者—结构"问题、国家自主性等议题而舍弃了"革命外交"本身。也正是这一转向,我逐渐找到了攻克的目标,"如何从国家—社会关系角度探究一国外交政策的根源?"2010 年 5 月在中国人民大学国际关系学院答辩通过的博士毕业论文《国家自主性视角下的外交政策分析——结构、模式与行为》正是从国际社会—国家—国内社会视角思考的结果。但当时并未试图构建任何理论。

尽管此论文曾经获得 2011 年中国人民大学优秀博士学位论文和 2012 年全国优秀博士学位论文提名，但基于种种主客观原因，我觉得有必要从理论构建角度对原论文进行诸多改造。

基于近几年国际国内客观形势的剧变以及对时代形势变化的主观判断，我试图从内外联动视角去深入分析各国外交政策的趋势与性质。在我看来，以"阿拉伯之春"为代表的底层革命运动和世界各国内部底层民众的不断觉醒，加上信息技术的推波助澜，尽管存在种种民粹主义的躁动因素和右翼的保守因素以及外部的鼓噪因素，但其寻求民主的主流仍是其中决定性因素，21 世纪正在开启人类新一轮民主化浪潮。在全球化与民主化双重作用下，我们见证了国际国内因素在外交决策中同时增强的两个趋势。21 世纪是全球化时代，也是和平与发展的时代，更是内政与外交频繁、密切互动的内外联动时代，内外联动正在成为当今国际政治的新常态。而国际政治理论的时代性决定了，如何分析内外联动时代的外交行为已经成为当今国际关系研究者的重要课题。而既有侧重国际体系因素的结构理论和侧重国内因素的外交政策理论均已难以令人满意地解释内外联动时代的外交现象，我深感我们需要新的理论工具去观察和分析这一现象及其本质。这构成了修改原论文的最主要理论诉求。

十八大以来，以习近平同志为总书记的中共党中央统筹国内国际两个大局、统筹发展安全两件大事，以积极进取、奋发有为的姿态开展中国特色大国外交与和平外交，有力地促进了中国的和平发展与和平崛起。中国特色大国外交及其和平崛起需要中国特色的国际政治理论的支撑与说明。这构成了修改原论文的最主要现实背景。

正是长期以来对国际关系理论、"中国学派"与中国外交的兴趣，促使我试图构建既具有中国特色又凸显外交行为一般性规律的外交理论。在我看来，经过多年的理论论战和实践检验，国际关系三大主流理论显然只是"片面的真理"，如何建构一个能够超越这三大理论的综合分析范式虽然一直是国际关系学界的追求，却一直没有出现。正是在此背景下，在西方国际关系理论界，"分析折中主义"一度成为主流理论家的主要选择，国际政治实践理论则成为诸多具有后现代、解构主义倾向的理论家的新探索；而在不满足于一味应用西方理论的当今中国国际关系学界，中国学者或者通过借用其他学科的理论成果或者通过焕发传统文化的活力，提出了"国际政治的关系理论""国际政治的进化理论""道义现实主义""天下主义""国际共生论"等综合理论形式。尽管这些理论努力各有洞见与理据，但鉴于种种原因，迄今为止，各种综合理论努力仍然没有得到广泛认可。相反，冷战结束以来，伴随全球治理的兴起，各种针对具体问题的研究越发受到学界重视并取得了不少成果。针对这种大理论贫乏局面，一些人甚至宣称"理论死了"，国际关系应该"多研究些问题，少谈些主义"。虽然"多研究些问题，少谈些主义"不失为在没有找到理论突破口的时候的明智选择，但对理论研究采取鸵鸟态度显然又是不明智的短视选择，因为没有理论的指引，人类很难找到正确的方向。而对正试图开辟和平崛起伟业、避免大国政治悲剧的中国来说，没有源于自身又包容世界的理论，必将难于达至复兴与和平的彼岸。

面对内外联动的新常态和中国和平发展的新伟业，我在本书中试图回答的核心问题是，"如何分析内外联动时代的外交政策及其行为？"试图达到的理论目的是尝试"构建一个分析内外联动时代外交行为的综合理论模式，实现国际关系理论的综合"，试图达到的政策目的是"为统筹内外联动新时代的国内国际两个大局提供理论指南，并提供相关政策建议"。基于此，我借鉴哲学社会科学有关施动者—结构论战的智识成果和政治学的国家主义研究视角，以具有本体论地位的国家为中心尝试构建了"自主性外交理论"（state autonomy diplomacy theory，SAD）模式，试图在实现国际关系理论综合的同时，为中国和平发展提供理论性说明和政策启示。

自主性外交理论的核心假设是，各国基于自主性的追求而与不同层面、不同属性、不同主体间的结构性因素的互联互动决定了各国外交行为。换言之，各国外交行为取决于国家与不同结构性因素互联互动的性质、过程与结果。如果说结构现实主义的核心假设是"权力分布决定国家行为"，新自由制度主义的核心假设是"制度分布决定国家行为"，结构建构主义的核心假设是"观念分布决定国家行为"，那么，自主性外交理论的核心假设就是"自主性的分布决定国家行为"。基于这一核心假设，本书还对内外联动时代外交行为的基本性质、总体趋势与战略机制进行了理论分析与案例检验，据此提出了观察、预测外交行为的十四个假设，最后本书还从自主性外交角度对中国特色大国外交的转型提出了诸多政策改进建议。

　　尽管理论的思考是终身难以穷尽和完善的，自主性外交理论或许也存在诸多偏颇之处，但我仍然希望这一尚不完善的理论能够有所贡献。在我看来，以施动者—结构问题和国家主义视角切入外交政策分析及其理论构建，拓展了既有理论研究视野，实现了施动者理论与结构理论的综合，具有一定的理论创新意义，为大理论的创建提供了新的分析视角，为中国学派的建设贡献了绵薄之力。自主性外交理论基于内政外交紧密互联互动的国际政治新常态，是理解内外联动时代外交行为的有益视角，将有助于我们更好地理解日益全球化、民主化的各国外交行为，具有较强的实践价值。

　　当今中国已经成为国际社会积极参与者、关键塑造者和重要领导者，但尚未形成与之相匹配的国际话语权。其根源之一在于面对中国和平崛起这一历史性大事件，世界尤其是中国自身尚未形成自成体系的国际政治理论予以合理解释。2016年5月习近平在哲学社会科学工作座谈会上指出，中国"哲学社会科学发展战略还不十分明确，学科体系、学术体系、话语体系建设水平总体不高，学术原创能力还不强"。"发挥我国哲学社会科学作用，要注意加强话语体系建设。在解读中国实践、构建中国理论上，我们应该最有发言权，但实际上我国哲学社会科学在国际上的声音还比较小，还处于'有理说不出、说了传不开'的境地。要善于提炼标识性概念，打造易于为国际社会所理解和接受的新概念、新范畴、新表述，引导国际学术界展开研究和讨论。"在我看来，本书构建的自主性外交理论不仅基于中国外交的持续思考，而且也基于国际社会广泛接受的概念范畴，这种源于中国又包容世界的理论范畴必将促进中国特色外交理论的发展，从而成为中国和平发展的重要理论支撑。与此同时，重视内外联动和自主性国家构建的自主性外交理论必将有利于中国改进国内社会治理质量、提升统筹内外两个大局和塑造全球治理的能力，进而有利于中华民族伟大复兴的"中国梦"的和平实现与世界和平的维护，从而成为中国和平发展的重要实践指南。

　　总之，本书在原博士论文的基础上，经过长期的反复思考与推敲，不仅较大地调整了章节布局，新增了章节内容，而且修改了思考维度，转换了视角立意，拓展了主题范围，突出了理论构建的研究任务，彰显了理论应用的政策价值，虽然没有把原博士论文全盘推翻，但确实使得新书焕然一新、迥然不同。当然，构建兼具中国特色与一般性的综合理论乃笔者初衷，这一理论任务是否真的完成还需实践检验。因此，自主性外交理论仅仅是"一孔之见"，其中一定存在诸多值得商榷之处。笔者暂以此稿了却长期的思想萌动并受教于各位专家，并将尽力从善如流，希图日后不断提升改进。

李志永

2016 年 7 月 18 日于贸大

目　　录

图表索引

导　论

如何分析内外联动时代的外交

2014 年 11 月 29 日习近平在出席中央外事工作会议时指出，我国已经进入了实现中华民族伟大复兴的关键阶段。中国与世界的关系在发生深刻变化，我国同国际社会的互联互动也已变得空前紧密，我国对世界的依靠、对国际事务的参与在不断加深，世界对我国的依靠、对我国的影响也在不断加深。我们观察和规划改革发展，必须统筹考虑和综合运用国际国内两个市场、国际国内两种资源、国际国内两类规则。① 21 世纪是全球化时代，也是和平与发展的时代，更是内政与外交频繁、密切互动的内外联动时代，内外联动正在成为当今国际社会的新常态。正是基于这一时代背景，更好统筹国内国际两个大局成为中国共产党第十八次代表大会以来中国强调的重要外交思想和工作本领，在内外联动新常态下实现这一统筹的关键在透彻掌握外交政策及其制定规律。英国学者克里斯托弗·希尔（Christopher Hill）指出，"外交政策是我们理解国际关系的核心部分，即使它远难称得上这一问题的全部。由于某些好的和坏的理由，它目前被忽视了，但它必须回到中心位置"②。保罗·科维特（Paul Kowert）也指出，"由利益可能截然不同的公民所组成的民族国家怎样才能选择合适的外交（或任何其他）政策以服务于'公共'利益呢？这一集体行为问题以及与其相关的国家合作途径问题，都是国际关系的主导性问题"③。换句话说，

① 《习近平出席中央外事工作会议并发表重要讲话》，新华网，2014 年 11 月 29 日（http://news. xinhuanet. com/politics/2014－11/29/c_ 1113457723. htm）。

② ［英］克里斯托弗·希尔：《变化中的对外政策政治》，唐小松、陈寒溪译，上海人民出版社 2007 年版，第 21 页。

③ ［美］保罗·科维特：《国家认同建构中的行为体和结构关系》，载［美］温都尔卡·库芭科娃、尼古拉斯·奥鲁夫、保罗·科维特主编《建构世界中的国际关系》，肖锋译，北京大学出版社 2006 年版，第 123—124 页。

国家的外交政策到底是如何制定的及其行为规律构成了国际关系研究的主导性问题，也是当前中国特色大国外交面临的重大外交课题，这正是本书所要研究的主题。简言之，面对内外联动的新常态，本书要回答的问题是，"如何分析内外联动时代的外交政策及其行为？"要达到的理论目的是尝试"构建一个分析内外联动时代的外交行为的综合理论模式，实现国际关系理论的综合"，要达到的政策目的是"为统筹内外联动新时代的国内国际两个大局提供理论指南，并提供相关政策建议"。为此，本书将对内外联动这一国际政治新常态背景下的外交行为进行探究，并进行相关理论构建、案例检验与政策建言。

导论由三部分组成。第一节提出 21 世纪已经进入了内政外交频繁互动的内外联动时代，内外联动正在成为当今国际政治的新常态。这构成了本书的现实依据。第二节将从现实主义这一经久不衰的理论出发，指出以古典现实主义为基础经过改造的"国家中心"现实主义构成了一个很好的外交行为分析的起点。第三节将对全书的研究主题、研究任务与主要内容进行简单介绍，以帮助读者预先对全书的主要研究内容了然于胸。

第一节　内外联动时代及其基本特征

尽管无政府状态作为国际政治的首要特征没有根本改变，但国际政治的运行逻辑在全球化、现代化、民主化浪潮的推动下自 20 世纪后半叶以来却在悄悄地发生根本性变化。内政与外交的日益频繁、紧密的互联互动正在重塑着国内政治与国际政治的运行逻辑。国际政治正在进入一个内外联动的新常态。

一　国际政治新常态：从内外分离到内外联动

时代问题历来是革命者首要的基本理论问题。同样，对于外交政策的制定来说，时代问题也是外交决策者首要的基本理论问题。虽然，21 世纪已经告别"战争与革命"的时代而进入"和平、发展、合作、共赢"的新时代。在和平的大时代背景下，当今世界正在发生深远的历史性变革，在中华民族伟大复兴实现"中国梦"的征程中，中国正面临前所未有的机遇与挑战。因此，如何具体认识和分析当代世界的基本特征仍然是摆在决策者面前的基本理论问题。

自威斯特伐利亚体系形成以来，各地区不同的国际行为体逐步被一一囊括进一个全球民族国家体系。在这经典的现代国际关系时期，国家间的经济社会联系稀少而偶然，国家间互动遵照的是典型的现实主义理论的"台球模式"，各国相互撞击而缺乏有机联系，处于典型的"台球时代"，对抗是此时的主要特征。随着通信与交通技术的发展和人口流动的加速，全球化成为20世纪以来国际体系的典型特征。在全球化叙述中，国家必须适应全球一体化的大趋势，解除闭关锁国的陈旧思想藩篱，大胆去拥抱外来物质、思想与生活观念。在全球化话语背景下，相互依赖理论描述的复合相互依赖态势成为对"和平与发展"时代国际关系最为得体、准确的描述。在相互依赖时代，对抗虽然没有消弭，但合作无疑成为各国追求的重要目标。然而，复合相互依赖虽然抓住了剧烈变迁世界的关键元素，却迷失在了国际关系的迷雾之中，即复合相互依赖本质上描述的是国家间世界的变迁，而未能深入触及国家内部的变迁，更未能对国家间世界与国家内部世界之间的互动及其变迁做出任何描述。

无论是在致力于对抗的"台球时代"还是在致力于合作的相互依赖时代，内政外交相互分离，各自按照不同逻辑运行似乎是近现代以来政治的旧常态。在这政治旧常态下，国内政治按照等级制原则组织运行，追求民主与正义，国际政治按照无政府状态原则组织运行，追求权力与利益。为此，谋求霸权的努力、争夺权力的斗争成为国际政治旧常态下各国外交的至高目标；持续的安全困境、跳不出的"修昔底德陷阱"成为国际政治旧常态下绕不开的大国政治悲剧。而这一切均因为全球化及其所引发的民主化浪潮而改变。事实上，全球化世界的重要特点除了复合相互依赖之外，另一个重要特点就是在全球市民社会促发下内政与外交关系经历了从内外分离到内外联动的深刻变迁，进而逐渐冲破了国内政治与国际政治的人为界限，重塑并逐渐统一了国内政治与国际政治的运行逻辑。

在全球化与民主化双重作用下，我们见证了国际国内因素在外交决策中同时增强的两个趋势。21世纪是全球化时代，也是和平与发展的时代，更是内政与外交频繁、密切互动的内外联动时代，内外联动正在成为当今国际社会的新常态。所谓内外联动时代，即国家层面的任何重大决策都必然同时受到内政与外交的双重影响与塑造，国家必须同时在国内与国际社会的密切互动的新形势下逐步按照同一运行逻辑去制定内政与外交政策。

在内外联动时代，"台球时代"与相互依赖时代的基本特征仍然存在，对抗与合作仍然是国际关系的恒久主题，但内外联动将给国际关系赋予新的影响因素和塑造机制，国内政治运行逻辑在国际政治舞台上的应用将改变对抗与合作的方式与后果，进而将深刻影响各国外交政策的制定和未来国际关系的形态。因为，内外联动新时代已经深刻而不可逆地改变了国家决策的内外环境，改变了内政与外交的传统关系，改变了国家的基本形态，重塑了国际政治的运行逻辑。各国外交决策已经进入内外联动的新常态。

二　从内外辩论到内外联动

政治和历史学家一直对于什么促使国家采取某种外交政策争论不休。围绕如何分析国家政策及其行为的问题，一直以来存在着"内外辩论"（internal-external debate），即到底是国家外部还是内部因素促使了某种国家行为。作为一种明确的立场，"外交政策优先"（primacy of foreign policy）概念是由 19 世纪的德国历史学家利奥波德·冯·兰克（Leopold von Rank）及其追随者创立的。利奥波德·冯·兰克指出："一国在世界上的地位依赖于其拥有的独立性的程度。因此，国家被迫组织其所有内部资源以求自保。这是国家的首要法则。"① 因此，"外交政策优先"强调国家在国际结构中的外在地位决定了其对外行为，国家内部特性是可以忽视的次要因素。国际关系中的现实主义继承了这一传统。与此相反，在 20 世纪20 年代，埃卡特·科尔（Eckart Kehr）则为"内政优先"（primacy of internal politics）论证。他将一战前德意志帝国的反英和反俄政策解释为东部容克地主（East-elbian junkers）和资产阶级联合反对日益加强的社会民主力量而在国内建立联盟的政策结果。② 可见，"内政优先"视角假定外交政策的根源在国内政治。这种理论认为内部因素如政治制度和意识形态、国家特性、政党政治或社会经济结构决定了国家如何在国界之外行

---

① Leopold von Rank ed. , "A Dialogue on Politics," in *The Theory and Practice of History*, edited with an introd. by Georg G. Iggers and Konrad von Moltke, New translations by Wilma A. Iggers and Konrad von Moltke, Indianapolis: Bobbs-Merrill, 1836/1973, pp. 117－118.

② Eckart Kehr, "Anglophobia and Weltpolitik," in *Economic Interest, Militarism, and Foreign Policy: Essays on German History*, edited with an introd. by Gordon A. Craig, translated by Grete Heinz, Berkeley: University of California Press, 1928/1977.

动。① 国际关系中的理想主义、自由主义明显继承了这一传统。

随着"内外辩论"的持续展开，尤其是全球化、信息化、民主化的加速发展，越来越多的研究者认识到，内政与外交并不是简单隔绝和分离的，而是相互联系和影响的，他们逐渐适用于同一个而不是两套截然相反的运行逻辑，他们共同塑造着一国外交政策的形成与演变。本书认为，21世纪的内政与外交已经日益界限模糊而难以纯粹区隔，人类正生活在一个内外联动的新时代，内外联动已经成为国际关系的新常态。

三 内外联动新常态的基本特征

虽然内外联动新时代或新常态并非什么新发明，其基本特征与相互依赖亦具有诸多重合之处，二者并不相互排斥。但内外联动新常态确实指出了21世纪内政外交的紧密关联及其重要政治影响。具体而言，内外联动新常态具有如下七个基本特征。

（一）从社会附属到社会自主

在传统社会，国家与社会是同一的，社会处于附属地位，没有任何自主性。随着现代公民社会的兴起与壮大，社会日益从国家中分离出来并逐渐形成了独立的社会空间，社会相对于国家的分离与自主已经成为当代国家—社会关系的本质特征，是任何内外决策必须予以考虑的新形势、新常态。

（二）从单向互动到多维互联

在传统国际政治中，军事政治互动是国际关系的主轴，"高政治"垄断着国际事务议程。而在内外联动时代，不仅文化认同、生态环保等"低政治"日益成为国际事务的重要议程，而且"高政治"与"低政治"之间的界限日益模糊，不同领域间的互动联系日益强化，多维互联已经成为内外联动时代国际事务的突出特征。

（三）从单一主体到多元主体

由于内外联动时代起源于全球化，是全球化在21世纪国际关系领域的典型体现。民族国家、政府间国际组织、跨国公司、NGO甚至个人等全球化的参与者都已经成为影响外交行为的重要行为体，共同塑造着国际

---

① Gideon Rose, "Review: Neocalssical Realism and Theories of Foreign Policy," *World Politics*, Vol. 51, No. 1, 1998.

体系的未来。虽然，国家仍然是当今主要国际关系事态的最重要参与者，但国际关系行为体多元化已经成为当今任何国际关系事态的新趋势。

（四）从内外区隔到内外趋同

自汉斯·摩根索以降，试图突出国际政治独立性的努力一直没有中断，这种努力的前提就是强调内外政治的根本不同。然而，诚如彼得·古勒维奇（Peter Gourevitch）所言，国际与国内的性质同属"政治"，故可以以相同的概念与范畴加以理解；另外，当今研究的议题已不在于二者间是否存在区别，而在于如何研究二者间的模糊互动关系。[①] 因此，如何超越内外区隔，在内外趋同的基础上去整合国内国际两个层次已经成为国际关系研究者们必须有所理论突破的新领域。

（五）从内外割裂到双向互动

在主流的国际政治理论中，内政很少成为自变量而受到应有重视，人们关注的是影响行为体行为的结构因素；而在那些侧重外交政策分析的相关文献中，内政虽然赢得了一席之地，但内政与外交的互动却很少受到关注。冷战结束以来，人们普遍认识到内外割裂已经难以分析日益丰富的国际政治现实，内外双向互动开始受到重视，有关内外双向互动的研究开始取得一些突破性进展。其中，最重要的进展应该是罗伯特·普特南（Robert D. Putnam）以国家谈判者为核心，以获胜集合为主要概念的"双层博弈"理论框架。"在国家层次上，国内集团为了促使政府采纳有利于它们的政策而对政府施压以寻求自身利益，政治家则通过在这些集团中建立联盟以保证权力。在国际层次上，一国政府会最大化自身满足国内压力的能力，同时最小化外部发展的不利影响。只要国家是相互依赖并且是主权的，中央政策决策者就不能忽视这两个层次博弈中的任何一个。"[②] 因此，国际协议是国家的政策制定者同时与国际层次和国内层次两股力量进行博弈的结果。在内外联动时代，不仅国际协议，而且几乎所有的重大决策都是国家与国内外行为体双向互动的结果，这是各国外交面临的新常态。

---

① Peter Gourevitch, "Domestic Politics and International Relations", in Walter Carlsnaes, Thomas Risse, and Beth A. Simmons eds. , *Handbook of International Relations*, London: Thousand Oaks, Calif. : SAGE, 2002, p.328.

② Robert D. Putnam, "Diplomacy and Domestic Politics: The Logic of Two-Level Games", *International Organization*, Vol. 42, No. 3, 1988.

（六）从权力政治到权利政治

在传统国际关系实践或国际政治旧常态中，对外奉行权力政治对内奉行权利政治十分自然合理，但内外联动时代已经使得这种内外双重标准逐渐失去合法性与操作空间。一个在国内追求民主、自由、正义的国家在国外如果完全奉行霸权主义权力政治即使行得通也完全可能遭到内部社会的质疑而难以持久。同理，一个在国内奉行权力政治的国家亦很难在国际社会成为民主、自由、正义的支持者与引领者。因为内外联动时代让公民社会深深参与了外交，公民社会为外交带来了道德判断与价值追求，从而使内外联动时代成了合法性时代，合法性成为各国判断内政外交政策的重要新依据，这亦是各国外交决策的新常态。

（七）从内外转移到内外统筹

适应内外联动时代国际政治的诸多变迁，外交决策者处理内政外交的思维方式也必须转变。在传统外交决策中，内外矛盾转移是决策者常用的策略，然而随着内政外交双向互动的强化，这种基于内政与外交区隔的决策已经难以取得预期成效，内外统筹应该成为任何外交决策者的思维方式与新常态。2013 年 10 月 25 日习近平在周边外交工作座谈会上指出，政策和策略是党的生命，也是外交工作的生命。做好外交工作，胸中要装着国内国际两个大局。① 2014 年 11 月 29 日习近平在出席中央外事工作会议时指出，我们观察和规划改革发展，必须统筹考虑和综合运用国际国内两个市场、国际国内两种资源、国际国内两类规则。② 可见，内外统筹应该是当代外交官与决策者必备的思维方式与基本能力。

综上所述，21 世纪是全球化时代，也是和平与发展的时代，更是内政与外交频繁、密切互动的内外联动时代，内外联动正在成为当今国际政治的新常态，并给国际政治带来了若干新特征。那么，世界各国该如何读懂内外联动时代的外交与国际关系并适应国际政治新常态呢？由于过去国际关系理论以及相关政策分析都建立在内政与外交的严格区隔之上，强调国际政治的独立性而忽视了其与国内政治的共同性和互联性，从而使得相

---

① 《习近平：让命运共同体意识在周边国家落地生根》，2013 年 10 月 25 日，新华网（ht-tp：//news. xinhuanet. com/politics/2013 - 10/25/c_ 117878944. htm）。

② 《习近平出席中央外事工作会议并发表重要讲话》，2014 年 11 月 29 日，新华网（ht-tp：//news. xinhuanet. com/politics/2014 - 11/29/c_ 1113457723. htm）。

关理论分析极易失去分析力与判断力。而内外联动新常态下的外交已经不再是内政的简单外延,其本身就是内政的有机组成部分,内政与外交的对立统一已经由于内政外交的紧密联动而融为一体。为此,要理解内外联动时代的外交与国际关系,不是通过简单地深化国际关系与外交研究就能完成,而必须以统一的运行逻辑跨越内政外交界限,实现内政外交的双向联动。但是,在"颠倒的第二意向"提出二十多年后,彼得·古勒维奇在对内外互动的最新总结中,仍然指出,若干新理论,如新自由主义或建构主义,所关切的仍是国家在体系内的变化与行为,真正对所有因素,包括国际与国内因素在内的全面的综合研究仍然存在不足,尚需努力。① 可见,以统一逻辑实现内外联动的努力尽管雄心勃勃,但仍然任重道远。为此,"我们应该如何分析内外联动新常态下的外交政策及其行为?"就正是本书致力于回答的核心问题。鉴于现实主义的重要理论地位,我们就从迄今为止解释国家行为仍然最为有效的现实主义说起。

第二节　"国家中心"现实主义的启示与不足

不同国家的不同外交行为构成了今天纷繁复杂的国际关系现实。那么,国家的外交行为为何是这样?我们该如何去分析这些行为及其决策呢?从古希腊的修昔底德到腓特烈大帝再到现代的汉斯·摩根索、尼古拉斯·斯派克曼这些古典现实主义大师为我们提供了迄今为止似乎是最显而易见和通俗易懂的答案,即"权力界定利益"②,正是各国拥有的权力界定了其国家利益,进而决定了其国家行为。这一定律似乎已经成为常识。然而,搜寻历史记录,我们却也可以发现大量反例的存在。

法里德·扎卡利亚(Fareed Zakaria)就指出,虽然"美国核心决策者已经充分地认识到了其经济实力并骄傲地宣示这一实力。然而,在19世纪90年代以前,美国却毫无例外地奉行相对孤立主义的路线,造成了

---

① Peter Gourevitch, "Domestic Politics and International Relations," in Walter Carlsnaes, Thomas Risse, and Beth A. Simmons eds. , *Handbook of International Relations*, London: Thousand Oaks, Calif. : SAGE, 2002, pp. 309 – 310.

② 参见[美]汉斯·摩根索《国家间政治:权力斗争与和平》(第七版),肯尼思·汤普森、戴维·克林顿修订,徐昕等译,北京大学出版社 2006 年版。

权力与利益之间极其罕见的鸿沟长达 30 年之久"①。其根源就在于美国此时拥有一个强大的民族（nation）和虚弱的国家（state），而美国在 19 世纪末 20 世纪初逐渐成长为世界大国，其根源则在于，随着国家能力的增强，国家日益把民族财富转化为国家力量。为此，他将分析单元从民族国家（nation、nation-state）转向了国家，提出了"国家中心"现实主义（state-centered realism）。与古典现实主义强调民族国家权力（national power）不同，"国家中心"现实主义强调国家权力（state power）的重要性。因为，这种现实主义认为，"外交政策不是由作为整体的民族国家制定的而是由其政府制定的，相应地，重要的是国家权力而不是民族国家权力。"②"国家中心"现实主义为美国内战后 30 年相对孤立的外交政策提供了具有说服力的解释。

当我们在观察中国外交时，也可以发现另一种形式的反例。新中国刚刚从"三年困难时期"中有所恢复之际，却实行了与当时两个超级大国为敌的"革命外交"，试图挑战现存国际秩序。按照古典现实主义的定律，这也是无法解释的。按照"国家中心"现实主义的逻辑，"革命外交"可以解释为由于中国具有一个党政一体高度集权的国家机构，因而中国的国家能力较大，能够动员更多的民族国家资源实行"革命外交"。这种集中于国家权力的解释具有一定的说服力，但似乎并不完满。因为，众所周知，意识形态这一观念因素构成了"革命外交"另一个竞争性解释。这说明，"国家中心"现实主义虽然改造了古典现实主义但仍然不能提供一个令人满意的外交行为解释理论。因为，"国家中心"现实主义虽然简洁明了，但也存在如下明显不足。

第一，国家实际上被核心决策者或政治家代替，因而根本不具有本体论地位，从而虚化了国家的中心地位。法里德·扎卡利亚正确地指出了古典现实主义未曾明确区分民族国家与国家，但他又认为："是政治家，而不是整个民族，面对着国际体系"③，这样，国家的存在被他替换为外交决策中最高决策者的存在，而将国家的存在虚化了。

第二，过分强调了权力，而忽视了决定一个民族、国家的国际地位的

---

① Fareed Zakaria, *From Wealth to Power*: *The Unusual Origins of America's World Role*, Princeton: Princeton University Press, 1998, p. 5.

② Ibid., p. 9.

③ Ibid., p. 35.

是综合实力,其中制度性与观念性权力也是不可忽视的重要因素。强调权力忽视观念因素的重要作用实际上是所有现实主义的共同特征,也是不能解释"革命外交"的重要原因。法里德·扎卡利亚将19世纪最后三十年美国扩张不足归于国家权力的不足无疑抓住了问题的核心,但本书认为,他对美国此时的国家权力过于自信,美国此时扩张不足,其实也有综合实力不足的因素。因为法里德·扎卡利亚仅仅只关注物质性尤其是经济性权力,忽视了制度性和观念性权力的作用,因而夸大了此时美国的国家权力。

第三,法里德·扎卡利亚认为,国家权力是民族国家权力和国家能力①的函数,是相对地衡量的,如果同时还将观念与制度性因素考虑进去的话,这无疑是正确的,但他忽略了一点,即在全球相互依赖与内外联动时代背景下,国家综合国力或其拥有的自主性实际上还受到主体间互动关系即主体具有的合法性的影响。

罗伯特·基欧汉曾指出,现实主义是连贯地分析世界政治的必要组成部分,因为它对权力、利益和理性的着重研究,对从任何角度理解世界政治问题至为关键。这么一来,国际关系的任何研究方法,都必须吸纳或至少要认真应对现实主义思维中的关键要素。② 为此,本书认为,以古典现实主义为基础经过改造的"国家中心"现实主义构成了一个很好的分析外交行为的起点,因为,第一,它区分了民族国家与国家,抓住了国际关系的根本施动者;第二,它抓住了分析国家行为最核心的权力因素。正是如此,本书将以"国家中心"现实主义为基础,通过批判与改进,构建一个综合理论分析模式以对内外联动时代的外交与国际关系做出更好的综合解释。鉴于主流国际关系理论本质上都是结构取向③而非施动者取向的理论,本书分析的出发点将是外交行为分析理论而不是通常的国际关系大理论。

---

① 扎卡利亚用 state strength 表示国家提取社会资源的能力,而国家主义多数作者是用 state capacity 一词,本书将使用 state capacity 一词表示国家能力。对国家能力的界定可参见第七章第一节。

② [美]罗伯特·O. 基欧汉:《世界政治理论:结构现实主义及其超越》,载[美]罗伯特·O. 基欧汉编《新现实主义及其批判》,郭树勇译,北京大学出版社 2002 年版,第 145 页。

③ 关于国际关系学界三大主流理论的结构取向,参见李志永《规则的分布:结构的面像与综合》,《世界经济与政治》2011 年第 2 期。

第三节　研究主题、研究任务与基本内容

一　研究主题

本书力图从施动者取向的外交政策分析而不是通常的结构取向的国际关系大理论去分析国际关系与外交政策。外交政策分析分为政策研究和理论研究。政策研究，顾名思义，就是着重于对具体国家的外交政策的原因、内容、影响及其得失的研究，这种研究侧重于描述性分析。理论研究，则是从一般的理论层面探析影响外交政策的各种因素和决策的一般程序与过程，目的是寻求外交决策的一般规律与基本程序，理论探讨的不是政策本身，而是决策过程和环境。这种研究侧重于以一两个变量为核心进行模型建构以提供规范性分析。

国际政治已经进入了内外联动的新时代。为此，本书关注的核心主题是，"如何分析内外联动新时代的外交政策及其行为？"因此，属于一般理论研究，除了理论检验与政策建议之外将不会重点关注具体的外交政策及其行为。本书要达到的理论目的是尝试"构建一个分析内外联动新时代的外交政策的综合理论模式，实现国际关系理论的融合"，要达到的政策目的是"为统筹内外联动新时代的国内国际两个大局提供理论指南，并提供相关政策建议"。为此，本书将在借鉴"国家中心"现实主义的基础上，从"施动者—结构"问题入手，基于国家的本体论假设，以国家自主性概念为核心，在对已有外交政策分析模式总结的基础上，尝试对国家外交政策提出一个以施动者为中心的"结构—认知—行为"的综合分析框架和以国家为中心的自主性外交理论分析模式，以此为基础，从国家自主性视角对外交政策行为进行理论分析、案例检验与政策建议。

二　研究任务

为了完成上述两个目的，本书将力争完成"一个区分、三大整合、四大分析"八个重要任务。"一个区分"，即本书不仅要赋予国家本体论地位，而且还试图将国家与民族国家区分开来。"三大整合"，即本书试图实现不同层次（即层次分析的整合）、不同属性（即物质观念的整合）以及内政外交（即内外因素的整合）不同解释因素的整合以提供一个综合分析框架。"四大分析"，即本书将以国家自主性为中心对国家外交行

为的基本性质、总体趋势、战略机制与对策应对（即外交行为的"质""量""略"与"术"）进行理论分析、案例检验与政策建议。

三 基本内容

本书由导论、理论分析、行为分析、结语四大部分组成。本书在导论部分首先从时代变迁角度指出了内外联动时代的基本特征。这些特征表明，21世纪的国际政治已经进入内外联动的新常态，对内外联动时代外交的分析必须综合各种理论与方法，实现国际关系理论的融合。其次，从古典现实主义的两个反例入手分析了"国家中心"现实主义的不足与可资借鉴之处，进而提出了本书的研究任务：构建一个内外联动新时代的外交行为分析的综合理论模式。最后，对本书的研究任务与研究内容进行了概括。

第二部分包括第一章至第六章内容，属于文献回顾与理论分析。

第一章主要对外交政策分析的基本含义、基本特征与研究价值做了介绍。笔者认为外交政策分析这种聚焦于"人类决策者"的分析方式为识别出决定国家行为的各种因素提供了关键的理论交叉点。因而，以施动者及其行为为中心的外交政策分析是实现国际关系大理论创建与融合的有效切口。同时作者认为需要把外交政策的施动者转化为实体国家，并以此构建综合理论分析模式。

第二章主要从认识论与方法论出发将现有外交政策分析方法归纳为四大类型。以这四大类型为基础，本书将外交政策分析归结为四种路径九大模式，并对这些路径、模式的基本假定、特点与不足进行了评估。接着又对外交政策分析的各种综合努力进行了回顾与总结。以文献回顾与评估为基础，本书提出了外交政策分析必须回答的三个关键性难题，即第一，到底谁是外交政策施动者？第二，如何处理施动者与结构的关系？第三，如何整合不同层次（即层次分析）、不同属性（即物质和观念）以及内政外交（即内外两个大局）的因素以提供一个综合分析框架？笔者认为这三个难题均与社会科学中长期存在的"施动者—结构"问题有关。因而，要真正为外交行为提供一个综合分析框架，必须从这一问题出发。

第三章是全书的哲学基础，对社会科学中长期存在的"施动者—结构"论战进行了回顾与总结，其中对安东尼·吉登斯的"结构化理论"

和玛格丽特·阿彻的"形态生成论"进行了重点介绍与比较。接着对"施动者—结构"问题在国际关系学科中的争论进行了回顾与总结,主要涉及斯普劳特夫妇、哈威·斯塔尔、亚历山大·温特、戴维·德斯勒、沃尔特·卡尔斯纳斯、吉尔·弗里德曼、罗克珊·林恩·多蒂、科林·怀特、菅波秀正、安德鲁斯·比勒、亚当·莫顿、马丁·霍利斯、斯蒂芬·斯密斯等人在这个问题上的观点与解决办法。最后,本书尝试提出了一个"结构—认知—行为"的综合分析框架以给"施动者—结构"难题提供一个可行的解决办法。

行为是行为环境的函数。按照"结构—认知—行为"的综合分析框架,第四章对外交政策的三维结构进行了分析。本章在对结构的内涵、面向进行探讨的基础上,对国家行动的内外结构进行了分析。首先,本书通过对结构的分析性归类,指出结构具有三个面向,即权力、制度与观念。然后,本书将这一观点应用于国家外交政策的国际国内结构的分析,指出不仅国际结构具有三个面向,而且国内结构也具有三个面向,因此外交政策分析不仅要分析其国际结构还要分析被传统主流理论所忽视的国内结构。接着本书对结构与行为的关系进行了讨论,并对限制与决定、消极限制与积极限制进行了区分,指出了结构分析与决策分析的各自功能。

结构与行为是通过主体的认知连接起来的,为此第五章对认知、行为的主体即国家施动者进行了分析。本书认为,外交政策的施动者既不是抽象的国家也不能简单地归结为个人或官僚组织,而是实体国家。不过这个国家是从国家—社会视角去理解的,因而不再是抽象的国家而是具有自主性的国家组织。因而,我们需要一个国家施动者理论。最后,本书指出,对于内外联动时代的国家而言,国家自主性比主权更具相关性,且这种自主性体现为"国际社会—国家—国内社会"双向互动决策背景下的复合自主性。

在前五章理论回顾与分析的基础上,第六章提出了本书构建的外交理论分析模式。首先,本书认为,正是对自主性的追求而使国家具有了施动性,外交决策的根本目标就是增强国家自主性,因为国家自主性越大外交决策自主权越大。其次,本书认为对于身处内外联动时代在"国际社会—国家—国内社会"背景下决策的国家来说,必须以自主性外交理论模式来分析其外交行为。为此,本章第三节构建了一个以国家为中心的自主性外交理论模式,提出了"国家自主性的分布决定国家行为"这一核心假设，并阐述了自主性外交理论与相关理论的区别。

第三部分由第七、第八、第九和第十章四章组成，属于外交行为、外交战略与外交策略分析，基于自主性外交理论模式对外交行为的"质"（即基本性质）、"量"（即总体趋势）、"略"（即战略机制）、"术"（即策略应对）四个方面进行了分析，是对自主性外交理论分析模式的深化、检验与应用。

第七章从影响国家自主性变化的三个条件入手，分别从国家实力、国家能力与主体间互动关系（即合法性）三个方面进行了分析，提出了三个假设并进行了案例检验。第一节提出了假设1并以中美两国的外交转型为案例对此进行了检验。第二节提出了假设2并分析了中美积极外交的不同性质，指出了中国积极有为外交态势实属实力的正常反映。这一分析对于缓解"中国威胁论"具有启示意义。第三节提出了假设3，并从"想象的合法性"与"实质的合法性"的角度分析了中国革命外交的起源和失败的根源。最后还指出，文化其实具有两种影响力，即吸引力与排斥力，这取决于文化"私有"或"共有"的性质及其共享的程度。

第八章在划分自主性的理想类型和重构国家自主性内涵的基础上对外交行为的性质进行了分析，并提出了"进步外交"概念。首先，本书在追溯权力内涵的基础上对实力、权力与能力进行了区分，并以此区分为基础划分了国家自主性三大理想类型（即权力主导型、制度主导型与观念主导型），并提出了四个理论假设。然而，国家自主性并不是一个价值无涉的概念，自主性内在矛盾导致的合法性问题使其与价值问题交织在一起。为此，本书对从自主性地位与自主性能力两个维度重塑了国家自主性概念并提出了"进步外交"概念与判断进步外交的"两个维度"，即合法性与嵌入性。最后，本章从中国国家自主性的历史性演进角度从自主性类型与自主性地位两个维度透视了中国外交的进步性。

第九章从维护国家自主性战略角度分析了自主性外交理论模式的互动机制与战略问题。首先本书认为，国家在全球化与内外联动时代并没有过时，而是在经历重构。以此为基础提出了国家维护自主性的五大假设或战略，并认为融入和革命是全球化背景下发展中国家的两个现实战略选择。鉴于发展中国家的自主性受到了全球化与内外联动时代的更多更大挑战，本章后半部分对发展中国家的现实战略选择进行了分析，认为融入是这些国家的必然选择，并提出实现融入与自主性的平衡构成了发展中国家外交的核心问题。

第十章基于自主性外交理论模式，以中国国家自主性的历史演进为基础，指出了中国外交经历了政治外交、经济外交与大国外交的历史发展阶段，并结合中国特色大国外交提出了若干政策建议。当前中国正在实施的中国特色大国外交不仅要实现大国外交的正常回归，还需要实现从权力自主的单向追逐和制度自主的功利利用到观念自主的主动引领，以在激烈的观念之争中争取更大的国际话语权和更高的道义制高点。为此，中国特色大国外交势在必行。最后，结合内外联动时代的基本特征与自主性外交理论的基本假设对当前中国特色大国外交提出了若干具体的政策建议。

结语部分在回顾本书主要研究结论、创新和研究的理论与现实意义的基础上，指出了本书的不足及未来可研究的几个方向。

总之，本书认为外交政策分析是实现内外联动新时代大理论创建的有效路径。本书在总结外交政策分析已有成果的基础上，尝试通过"结构—认知—行为"分析框架为"施动者—结构"论战提供一个综合方案。本书通过借鉴国家自主性概念和哲学社会科学施动者—结构论战的智识成果，构建了一个以国家为中心的自主性外交理论综合分析模式，实现了层次分析、物质观念与内政外交三大整合，并以此为基础从国家自主性视角对国家的外交行为、外交性质、战略策略进行了理论假设、案例检验与政策建议，具有较强的综合性、创新性与现实性。

第 一 章

外交政策分析：特征与价值

国际关系是国际行为体互动造就的人类现象，而就单个行为体而言，任何由国家引起的重大国际政治现象均是不同外交政策或决策①相互作用的结果。正是如此，研究国际关系、国际政治②也必须研究外交决策或政策。然而，外交政策研究与国际政治研究相比却落后得多，与国际政治的理论化相比，外交政策的理论化尚处于"初级阶段"。既然本书立足于从施动者行为角度实现理论综合，因此尚处于"初级阶段"的外交政策研究将是本书关注的核心主题。

第一节　外交政策分析的兴起及其特征

外交政策研究在西方被称为外交政策分析（foreign policy analysis，FPA）又称外交决策学（foreign policy decision-making，FPDA）。外交决策学研究决策者与所处环境之间在不同层次上的互动过程和互动内容。③ 外交政策研究的中心是希望理解各国面对他国及其总体国际环境时的行动和行为。④ 可以说，自有国家以来，国际关系、国际政治的研究就已开始。而国际政治研究作为一门学科在一战后才逐渐成型。显然，国际政治研究与外交政策研究都属于国际关系学科，但是传统上的国际关系研究重点在

---

① 外交政策与外交决策严格的说是有区别的，前者着重结果，后者着重过程。然而，本书并不做严格的区分，将根据上下文的语境交替使用。

② 国际关系与国际政治严格的说是有区别的，前者范围更广，但对于本书来说，这种区分意义不大，故本书将根据上下文语境交替使用。

③ 参见王鸣鸣《外交政策分析：理论与方法》，中国社会科学出版社 2008 年版，前言。

④ 参见 Marijike Breuning, *Foreign Policy Analysis：A Comparative Introduction*, New York：Palgrave Macmillan, 2007, p. 5.

国际政治，而对于外交政策的专门研究涉足较少。瓦莱丽·赫德森（Valerie M. Hudson）就指出"外交政策分析作为一项不同的和具有理论自觉的事业是在二战结束以来才开始的。"[1] 奠定这一领域的主要有三本著作：（1）1954 年，美国政治学者理查德·施耐德（Richard Snyder）、亨利·布鲁克（Henry W. Bruck）和伯顿·萨宾（Burton M. Sapin）发表了《国际政治研究的一个路径：决策》一文，提出"国家即决策者"，率先将外交决策视角引入国际关系理论研究。[2] 1962 年，文章经作者修改后成书，以《外交决策》[3] 出版。学界取三个作者名字的第一个字母，称他们为"SBS"，由此外交决策学渐成一派。2002 年 11 月，在该书发表 40 周年之际，又以《重温外交决策》[4] 再版。（2）1956 年，斯普劳特夫妇（Harold Sprout and Margaret Sprout）出版了《国际政治语境下的人与环境关系的假设》[5] 一书，经过修改 1957 年以《国际政治研究中的环境因素》[6] 为名发表于著名的《冲突化解杂志》，1965 年又以《对国际关系中人类事务的生态透视》[7] 出版。（3）1966 年，詹姆斯·罗西瑙（James N. Rosenau）发表《预理论与外交政策理论》一文，鼓励学者以一种系统

---

[1]　Valerie M. Hudson, "Foreign Policy Analysis Yesterday, Today, and Tomorrow", *Mershon International Studies Review*, Vol. 39, No. 2, 1995.

[2]　Richard C. Snyder, Henry W. Bruck, and Burton M. Sapin, "Foreign Policy Decision-Making as an Approach to the Study of International Politics," in *Foreign Policy Decision-Making（Revisited）*, by Richard C. Snyder, Henry W. Bruck, and Burton M. Sapin, with new Chapters by Valerie M. Hudson, Derek H. Chollet and James M. Goldgeier, Houndmills and New York: Palgrave Macmillan, 2002, pp. 21 – 152.

[3]　Richard C. Snyder, Henry W. Bruck, and Burton M. Sapin, *Foreign Policy Decision Making*, New York: Free Press of Glencoe, 1962.

[4]　Richard C. Snyder, Henry W. Bruck, and Burton M. Sapin, *Foreign Policy Decision-Making（Revisited）*, 2002.

[5]　Harold Sprout and Margaret Sprout, *Man-Milieu Relationship Hypotheses in the Context of International Politics*, Princeton: Princeton University Press, 1956.

[6]　Harold Sprout and Margaret Sprout, "Environmental Factors in the Study of International Politics", *Journal of Conflict Resolution*, Vol. 1, No. 1, 1957. 该文于 1969 年又被收入罗西瑙《国际政治与外交政策文集》，参见 Harold Sprout and Margaret Sprout, "Environmental Factors in the Study of International Politics", in James N. Rosenau ed., *International Politics and Foreign Policy*, New York: The Free Press, 1969.

[7]　Harold Sprout and Margaret Sprout, *The Ecological Perspective on Human Affairs with Special Reference to International Relations*, Princeton: Princeton University Press, 1965.

和科学的方式分解出有关国家外交行为的通用的一般理论。① 也正是这三本著作分别奠定了外交政策分析的三个流派,即由 SBS 开创的外交决策研究、由斯普劳特夫妇开创的外交政策环境研究和由詹姆斯·罗西瑙开创的比较外交政策(Comparative Foreign Policy,CFP)研究。

然而,可能是受到 20 世纪 60 年代行为主义革命的影响和冷战现实结构的约束,国际关系学科对科学化的追求导致以肯尼思·华尔兹为代表的结构主义理论和各种理性选择理论成为国际关系的主流。然而,冷战以任何理论尤其是主流理论丝毫没有预料到的方式和时间轰然瓦解,让"冷战后时代成年的研究者们似乎凭直觉认识到国际关系研究最终是人的研究,而人从事这些关系的方式是难于简化的。"② 故"敌视人"的国际政治研究不再无条件地受到追捧,外交政策分析再度受到研究者们的重视。约翰·加迪斯(John Lewis Gaddis)就指出,国际关系是由"能够对其遇到的变量和条件做出反应和修改的意识实体实施的。他们有时能看到未来的演变,他们能在一定范围内设计出能够加速、延阻甚至是逆转趋势的措施。如果分子有它们自己的思想,化学家在预见它们的行为时就不会那么成功。毫不奇怪,设计一种'分子式'方法来研究政治是不成功的。……对政治中价值存在的坚持应该是处理比台球复杂得多的客体的另一条线索。"③

因而,理解人类如何认识、改造外在世界以及外在世界塑造人类的方式这些问题构成了社会科学家研究的核心,当然也是国际关系学者研究的核心。瓦莱丽·赫德森指出,任何学科都有其根基,国际关系学科的根基在于单独或以组织形式行动的人类决策者。当代的国际关系理论不管其决策单位是什么(国家、人或者集团等)本质上都被当作单一的理性行为体处理,实际上把国家"黑箱化"了,遵循的是一种国家互动的"台球模式",这些模式可以称为"一般行为体"理论,而外交政策分析则力图

---

① James N. Rosenau, "Pre-theories and Foreign Policy Theory", in R. Barry Farell ed. , *Approaches in Comparative and International Politics*, Evanston: Northwestern University Press, 1966.

② Valerie M. Hudson, "Foreign Policy Analysis Yesterday, Today, and Tomorrow", *Mershon International Studies Review*, Vol. 39, No. 2, 1995.

③ John Lewis Gaddis, "International Relations Theory and the End of the Cold War", *International Security*, Vol. 17, No. 3, 1992/93.

以人类行动者为根基发展一种"具体行为体"理论。① 正是这种强调通过对人及其行为的研究来理解后冷战世界的取向，促进了外交政策分析的复兴。

当然，虽然外交政策分析沿着三个路径发展，它们要共同回答和解决的问题都是"如何分析外交政策的过程与行为?"因而，外交政策分析的解释项（explanans）就是那些影响外交政策及其决策者的各种因素，也正是这些解释项构成了外交政策分析最显著的特征。瓦莱丽·赫德森将这些特征归结为六点：第一，多因素（multifactorial），即影响外交决策的因素不是单一的而是包括了个人、组织、体系、文化、认知等不同因素的组合。第二，多层次（multilevel），即解释变量来自从最微观到最宏观的所有层次。第三，多学科或跨学科（multi-/interdisciplinarity），即来自心理学、社会学、组织行为学、人类学、经济学等诸多知识学科的洞见都是有用的。第四，综合性（integrative），即综合了不同层次的因素，跨越了不同领域的人类知识。第五，施动者取向（agent-oriented）②，即只有人才是真正的施动者，是人的施动性（agency）构成了所有国际政治及其变迁的根源，而国家作为一种抽象物不是施动者因而不具施动性。第六，具体行为体（actor-specific），即不愿意将决策者"黑箱化"为可通约的理性的效用最大化者，因而解释外交决策不仅需要一般和抽象的信息而且也需要具体的信息。③ 与此同时，从外交政策分析的重点来看，其第七个特征应可归结为对决策过程的聚焦，比如关注官僚政治、小集团决策、决策者个人的心理等。

自外交政策分析兴起以来，有关国际关系的研究日益变得丰富、生动和立体化。与传统主流理论过度关注环境、结构相比，外交政策分析为我们描绘的世界更加关注作为人的施动者，因而更具有"人性"。然而，这种从只关注决策中的"人"的分析方法，似乎有点矫枉过正之嫌，也面临丧失国际关系学科独立性的风险，因为正如科林·怀特指出的，将国家

---

① Valerie M. Hudson, "Foreign Policy Analysis: Actor-Specific Theory and the Ground of International Relations", *Foreign Policy Analysis*, No. 1, 2005.

② 关于 agent 一词，由于本书强调 agent 的能动性或施动性，因而主要译为"施动者"，但有的场合，也同时使用"行为者"或"行为体"的用法。

③ Valerie M. Hudson, "Foreign Policy Analysis: Actor-Specific Theory and the Ground of International Relations", *Foreign Policy Analysis*, No. 1, 2005.

建构为施动者是国际关系理论的第一步，甚至可以说国际关系学科本身也依赖于此。① 为此，本书对外交政策分析的界定要宽泛得多。本书作者认为，外交政策分析不能因为关注"人"而完全忽视对"结构"的分析，也不能因为关注"人"而丢掉确立国际关系学科的根基——"国家"。故，本书是以国家②为中心既关注国家行动的结构背景又关注施动性的综合分析。

第二节　外交政策分析与国际政治研究

从外交政策分析的复兴历程我们可以得出这样的判断，即外交政策分析与国际政治研究虽然同属于国际关系大学科，但二者研究的切入点与重点是有所不同的。戴维·辛格认为，外交政策分析是从国家层次上来理解世界，它不同于从体系层次来理解世界政治。③ 而肯尼思·华尔兹的国际政治理论更是在严格区分系统理论与还原理论的基础上构建起来的。系统理论解释的是为什么地位相同的国家，内部存在巨大差异，而行为却是相同的。外交政策理论解释的是地位相同的国家，为什么其行为是不同的。它们分属不同的领域。国际政治理论是系统理论，它解释的是国际体系中反复出现的行为模式，是描述国际结果而不是国家行为的理论，其因变量是不同国际体系的性质。至于国家在体系结构约束情形下如何做出反应则是外交政策理论解决的问题。④ "因为国家与国际层次是有联系的，因而两种理论（国际政治与外交政策）如果都在某种程度上是好的理论，就

---

① Colin Wight, *Agents*, *Structures and International Relations*, Cambridge: Cambridge University Press, 2006, p. 177. 阿什利将这称为"国家行为者"模式，参见 Richard Ashley, "The Poverty of Neorealism", in R. O. Keohane ed., *Neorealism and Its Critics*, New York: Columbia University Press, 1986, p. 286。

② 本书中的国家是指 state，而不是 nation 和 nation-state。state 是从国家—社会关系视角强调国家是与社会分离的具有自我利益、目标的自主性组织实体，而 nation 和 nation-state 则指代表全体国民或民族的总称。关于这一区分请参见第五章第二节。

③ David J. Singer, "The Level of Analysis Problem in International Relations Theory", in Andrew Linklater, ed., *Critical Concepts in Political Science*, London: Routledge, 2000, pp. 835–848.

④ 参见［美］肯尼思·华尔兹《国际政治理论》，胡少华等译，中国人民公安大学出版社1992年版。Kenneth N. Waltz, "International Politics Is Not Foreign Policy", *Security Studies*, Vol. 6, No. 1, 1996.

能告诉我们两个层次上有关行为与结果的一些事情，但不是同样的事情。"① 科林·埃尔曼（Colin Elman）在讨论"何为外交政策理论"时曾经指出，外交政策理论要对衡量单个国家行为的因变量做出确定性的预测。进一步而言外交政策理论的核心要求就是：其一，预测的是行为而不是国际结果和后果；其二，预测的是单个而不是一组国家的行为；其三，预测应是确定的。② 可见，国际政治研究重在从体系层次分析国际结果或后果，而外交政策研究则重在从一个国家的对外行为视角分析该国为何会选择某一项外交政策。也就是说，前者重在国际结果或后果"是什么"；而后者重在"为什么"，即该国为何做出了这样的而不是那样的决策。可见，外交政策研究与国际政治研究的切入点与重点是不同的。当然由于切入点不同，我们观察的角度不同，因而我们看到的风景也将不同。

第三节　外交政策分析的价值:大理论的切口

外交政策分析的目标是获得外交政策是如何制定、为何领导人做出了此种决策、为何国家做出了某种具体的外交政策行为等方面的普遍可应用的知识，以及评估国际体系下的机会与限制。③ 英国学者克里斯托弗·希尔认为："对外政策是我们理解国际关系的核心部分……它必须在填补目前国际关系有关'行动过程'的缺口中起到主要作用，这一问题在认识论层面上讨论得很多，但在操作层面上讨论得还不充分。"④ 而 SBS 则指出："如果一个人希望探索依赖于国家行为的事件、条件和互动模式之下的'为什么'问题，那么决策分析肯定是必要的。我们甚至会说，没有

---

① Kenneth N. Waltz, *Theory of International Politics*, Reading, Mass.: Addison-Wesley, 1979, pp. 122 – 123.

② Colin Elman, "Horse for Course: Why Not Neorealist Theories of Foreign Policy?", *Security Studies*, Vol. 6, No. 1, 1996.

③ Marijike Breuning, Marijike Breuning, *Foreign Policy Analysis: A Comparative Introduction*, New York: Palgrave Macmillan, 2007, p. 5.

④ ［英］克里斯托弗·希尔:《变化中的对外政策政治》，唐小松、陈寒溪译，上海人民出版社 2007 年版，第 21 页。

决策分析,'为什么'问题就不能得到解答。"① 而瓦莱丽·赫德森则明确地指出:"外交政策分析对国际关系理论最重要的一个贡献是识别出决定国家行为主要因素即物质和观念因素的理论交叉点,这个交叉点不是国家而是人类决策者。"② 因此,将人类决策者作为关键的理论交叉点就赋予了传统国际关系理论缺乏的几个优势和价值。具体而言就是:第一,物质与观念、国内与国际不同因素不同层次的理论能够最终被有意义地整合起来。第二,能够给国际关系理论植入一个有生机的施动性概念。第三,从人的角度对国家行为的解释要比对国家行为进行自然法则般的描述更完满和令人满意,因为这可以将动机、情感等要素涵盖其中。第四,外交政策分析可以成为连通国际关系与比较政治、公共政策等其他领域的桥梁。③就本书而言,鉴于外交政策分析的上述四个价值,其第五个最重要的价值在于,施动者取向的外交政策分析为国际关系理论的综合进而创建大理论提供了新的切口。因为,无论导致国际关系事件的自变量处于何种层次(体系、国家与社会)、属于何种属性(物质与观念),毫无疑问,任何国际关系事件都是围绕国际关系的行为体或施动者而发生发展的。就此而言,任何理论的创新都绕不开对国际关系施动者的思考。为此,以施动者为中心就成为我们进行理论创新的重要路径。具体而言,这一路径又可以从施动者类型和施动者行为两条具体路径展开。

虽然,施动者类型或属性会影响国际关系的运行,但无论施动者的类型与属性如何,施动者行为显然是任何国际关系研究的核心对象。因此,集中于施动者行为动因或具体问题的考察将是我们理解国际关系运行的关键,也是实现理论创新的重要路径。为此,"国际关系学者应该少考虑社

---

① Richard C. Snyder, Henry W. Bruck, Burton M. Sapin, "Foreign Policy Decesion-Making as an Approach to the Study of International Politics", in *Foreign Policy Analysis Project Series*, No. 3, Princeton: Princeton University Press, 1954, p. 12. 也可参见 Richard C. Snyder, Henry W. Bruck, Burton M. Sapin, "Foreign Policy Decesion-Making as an Approach to the Study of International Politics", in *Foreign Policy Decision-Making (Revisited)*, 2002, p. 7。

② Valerie M. Hudson, "Foreign Policy Analysis: Actor-Specific Theory and the Ground of International Relations", *Foreign Policy Analysis*, No. 1, 2005. Valerie M. Hudson, *Foreign Policy Analysis: Classic and Contemporary Theory*, Plymouth: Rowman & Littlefield Publishers, Inc., 2007, p. 7.

③ 参见 Valerie M. Hudson, "Foreign Policy Analysis: Actor-Specific Theory and the Ground of International Relations", *Foreign Policy Analysis*, No. 1, 2005. Valerie M. Hudson, "Foreign Policy Decision-Making: A Touchstone for International Relations Theory in the Twenty-first Century", in *Foreign Policy Decision-Making (Revisited)*, 2002, pp. 3 – 8。

会科学的原理论、本体论和哲学地位，这会推迟理论综合这一具体问题本身的具体处理。我们应该更多地思考理论综合帮助我们理解世界政治中的具体事件的各种方式。在关注世界事务具体现象的中层理论中，这样进行的机会和动力正在显现。让我们继续经验研究吧!"①　为此，本书将循施动者行为中心这一路径，在综合影响施动者行为的不同层次不同因素的基础上，通过借鉴哲学社会科学的施动者—结构视角和国家自主性概念，构想一个分析、解码施动者行为的理论分析模式，并进行相关的经验验证。为此，本书将从外交政策分析而不是通常的国际政治理论入手构建新的国际关系理论。或许，这种施动者取向关注具体问题的中层理论反而是理论综合的出路。

　　然而，需要注意的是，本书认为个人虽然是任何行为的终极施动者，但作为集体行为的外交政策的施动者并不能完全归结为个体决策者，而是作为实体存在的国家组织。因而，本书的外交政策分析的对象主要是实体国家而不仅仅是个体的决策者，且瓦莱丽·赫德森基于人类决策者所指出的外交政策分析的价值仍然成立。基于上述分析，我们可以说作为一项探究决策者或国家在具体环境下如何采取外交行为的学术事业，外交政策研究可以说是对国际政治研究的拓展与深化，对于帮助我们理解一个国家所采取的具体外交政策及其行为而言是必不可少的，是以此实现理论综合与大理论创建的希望所在。那么，迄今为止，外交政策分析积累了哪些有效的分析模式? 从外交政策分析角度分析外交行为又面临哪些难题呢?

---

①　Andrew Moravcsik, "Theory Synthesis in International Relations: Real Not Metaphysical," International Studies Review, Vol. 5, No. 1, 2003.

第二章

外交政策分析：模式与难题

本章将在回顾国际关系领域有关外交政策行为分析的相关理论类型、路径之后，对这些理论路径进行模式化总结，并指出其中的关键难题以为本书的理论整合提供研究对象。

第一节　外交政策分析的四大类型

为了完成本书的研究目标，本书将首先对外交政策行为的基本分析类型进行总结，以为稍后的文献回顾提供基本的逻辑线索。斯蒂芬·斯密斯早在 20 世纪 80 年代回顾外交政策理论时就曾指出，对于国际关系理论家来说，解释国家的外交政策行为已经证明是一项具有特定困难的任务。[①] 由于外交政策是行为体在一定结构环境中依据其判断做出的，因而，这种困难就在于：其一，如何确定个体与结构的相对重要性，即结构的限制与行为体的自主性问题，这涉及方法论问题；其二，如何判定决策者的个性、价值观、心理认知等主观因素与客观的物质因素在决策中的相对作用，这涉及认识论与本体论问题。不管一个人在物质与观念或施动者—结构问题上持何种本体论立场，都必须对此做出或明或暗的回答。正是由于不同的方法论与认识论，对外交政策行为的分析形成了不同的模式与路径。同时，虽然社会理论以及国际关系理论的不同派别的本体论有所不同，但这里对不同理论的探讨主要基于其方法论与认识论的不同，本体论问题则将在后面涉及。

---

① 参见 Steve Smith, "Foreign Policy Theories: An Historical Overview," *Review of International Studies*, Vol. 12, No. 1, 1986。

一　个体主义与整体主义

可以说，个体主义与整体主义是西方社会研究领域的一对最基本的范式之一。自社会科学产生以来，个体主义与整体主义作为两种对立的方法论就一直并存，社会科学中有关个人与社会、个体与整体、微观与宏观、行动与结构等争论均与此有关。个体主义是关于个体在由其组成的整体中拥有自主性、独立性的观点和学说。这种方法论个体主义最早是由社会学奠基人之一马克斯·韦伯提出来的。他认为社会中的集体构造（如政府、社会、股份公司等）只不过是特殊行动的组织模式和结果，个体才是这些特殊行动的唯一载体。就社会学的目的来说，不存在诸如"起作用"的集体的"个体"这类事物。① 根据卢克斯的归纳，方法论个体主义主要要点如下：第一，主张只有通过分析个体的行动才能解释社会现象；第二，认为所有的关于社会现象的判断都可以被还原为对个体性质的描述，而不至于损失什么意义；第三，认为只有个体才是真实的存在，集体概念只不过是理论家的建构；第四，宣称社会科学不可能有什么法则，即使有，也是个体的心理倾向所具备的法则。② 可见，在方法论的个体主义那里，个体是社会的真实本体，也是社会科学分析的基本单元。社会不能脱离个人而存在，"社会"不过是一个方便的"名称"或"标签"，用来指称个体及其行动的集合和关系。现实中并不存在不依个体而存在的独立的社会实体。社会现象最终可"还原为个体以及个体之间的互动，并可以通过后者来得到解释。③" 因此，方法论的个体主义主张"所有社会现象（结构与变迁）最终只能通过个体（属性、目标与信仰）来解释"④，这是一种"还原主义"（reductionism）立场。

---

① ［德］马克斯·韦伯：《社会科学方法论》，杨富斌译，华夏出版社1999年版，第47页。

② ［英］安东尼·吉登斯：《社会的构成：结构化理论大纲》，李康等译，生活·读书·新知三联书店1998年版，第327页。

③ 关于方法论个体主义可参见 F. A. Hayek, *Individualism and Economic Order*, Chicago: University of Chicago Press, 1949。Karl R. Popper, *The Poverty of Historicism*, London: Routledge and Kegan Paul, 1960。J. W. N. Watkins, "Historical Explanation in the Social Science", in P. Gardiner ed., *Theories of History*, Glencoe: Free Press, 1969。Steven Lukes, "Methodological Individualism Reconsidered", *British Journal of Sociology*, Vol. 19, 1968。转引自王宁《个体主义与整体主义对立的新思考——社会研究方法论基本问题之一》，《中山大学学报》（社科版），2002年第2期。

④ Jon Elster, "Marxism, Functionalism and Game Theory", *Theory and Society*, Vol. 11, No. 4, 1982.

作为与个体主义对立的观点与立场,整体主义可以追溯到社会学另一奠基人孔德那里。他认为当时在物理、化学、机械力学中盛行的原子主义方法并不适合对社会的研究,"如果把社会分割为若干部分而分别进行研究,就不可能对社会的条件和社会的运动进行科学的研究",在社会学中只有一种正确的途径即"借助于整体的系统观察部分"的方法论整体主义。[①] 作为孔德的继承者,迪尔凯姆更是指出:"社会是独立存在的客体,尽管社会是由无数个体联合而成的,但它本身是属于高于个人的相对独立的实体,具有超越于个人的独特性质,这种独特性质无法在单个个人身上找到。"[②] 可见,方法论整体主义认为社会整体是不同于个体集合的真实存在,因而社会整体不能被还原为个体,对社会现象的解释只能在社会层面寻找原因,而不能用个体现象去解释,同时,个体现象也只能通过社会整体得到解释。

综上所述,个体主义与整体主义对社会现象的解释具有不同的出发点,个体主义坚持个体的先在性、优先性,认为个体才是真实的存在,是解释一切社会现象的源泉。与此相反,整体主义坚持整体的真实存在与优先性,企图通过整体自身去分析社会现象。当然,个体主义与整体主义内部并不是完全一致的,中间也存在种种温和立场。最终,个体主义与整体主义在对社会现象的分析上其出发点构成了一个从个体到整体两个极端的连续谱(见图2-1)。

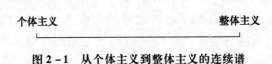

图2-1　从个体主义到整体主义的连续谱

二　解释与理解

"如何分析外交决策及其行为?"这里也涉及认识论问题。认识论问

---

① [美] 刘易斯·A. 科瑟:《社会学思想名家》,石人译,中国社会科学出版社1990年版,第9页。

② 贾春增:《外国社会学史》(修订本),中国人民大学出版社2000年版,第128页。

题，主要关注自然科学方法能否应用于社会科学研究及其可应用的程度。① 社会科学继承了两种知识传统。一种是自16世纪以来的自然科学；另一种是起源于19世纪的历史观念。这两种传统虽然存在内在的紧张却在社会科学各个领域共同存在。因此，"在国际关系事务以及整个社会世界存在两个故事以及与各自相关的一系列理论。一个是外部的，以自然科学家的方式讲述，企图解释自然的工作方式并将人类领域视为自然之组成部分。另一个是内部的，讲述故事是为了让我们理解事件的涵义，此种涵义与从自然法则中发掘的任何意义截然不同"②。第一个故事就是解释，第二个故事是理解。"理解是在行为者的思想中再现秩序；解释是以科学的方式寻找原因"③。其关键区别在于，解释是从客观角度去探寻事物发展变化的因果机制，是一种实证主义路径；而理解则是从行为者主观观念

---

① 参见 Martin Hollis and Steven Smith, "A Response: Why Epistemology Matters in International Theory," *Review of International Studies*, Vol. 22, No. 1, 1996. Alexander Wendt, *Social Theory of International Politics*, Cambridge: Cambridge University Press, 1999, p. 39. 但关于解释与理解属于认识论问题还是方法论问题，不同人有不同的认识。霍利斯、斯密斯、奥努夫、克拉托奇维尔、亚历山大·温特、戴维·德斯勒、沃尔特·卡尔斯纳斯等人虽然具体观点不同，但倾向于认为解释与理解属于认识论问题。怀特则认为解释与理解属于方法论问题，霍利斯与斯密斯有时又倾向于将解释与理解划为具有本体论假设的方法论问题，亚历山大·温特有时也称这一问题是方法论问题。参见 Martin Hollis and Steven Smith, *Explaining and Understanding International Relations*, Oxford: Clarendon Press: 1990。Martin Hollis and Steven Smith, "Beware of Gurus: Structure and Action in International Relations", *Review of International Studies*, Vol. 17, No. 4, 1991。Martin Hollis and Steven Smith, "Structure and Agency: Further Comment", *Review of International Studies*, Vol. 18, No. 2, 1992。Friedrich Kratochwil, *Rules, Norms and Decisions: on the Conditions of Practical and Legal Reasoning in International Relations and Domestic Affairs*, Cambridge: Cambridge University Press, 1989, Nicholas G. Onuf, *World of Our Making: Rules and Rule in Social Theory and International Relations*, Columbia: University of South Carolina Press, 1989。Alexander Wendt, "The Agent-Structure Problem in International Relations Theory", *International Organization*, Vol. 41, No. 3, 1987。Alexander Wendt, *Social Theory of International Politics*, 1999, p. 39。David Dessler, "What's at Stake in the Agent-Structure Debate?", *International Organization*, Vol. 43, No. 3, 1989。Walter Carlsnaes, "The Agency-Structure Problem in Foreign Policy Analysis", *International Studies Quarterly*, Vol. 36, No. 3, 1992。另见怀特在其2006年的专著的第六章和第七章对施动者—结构问题认识论和方法论的讨论。Colin Wight, *Agents, Structures and International Relations*, Cambridge: Cambridge University Press, 2006。

② Martin Hollis and Steven Smith, *Explaining and Understanding International Relations*, Oxford: Clarendon Press, 1990, p. 1. 本书认为解释与理解是基于对自然世界与社会世界的不同的两种分析方式，故从认识论上讨论这一问题。

③ Martin Hollis and Steven Smith, *Explaining and Understanding International Relations*, Oxford: Clarendon Press, 1990, p. 87.

出发去建构事件的内涵与意义，是一种诠释主义路径。

经过行为主义革命洗礼过的国际关系研究，一般注重对行为的因果机制进行科学的研究，因果解释模式成了外交政策分析的通用模式。然而，随着各种"后主义"的兴起，注重诠释、理解的文化心理视角（比如建构主义）也在社会科学研究领域有了一席之地。随之而来的结果是，虽然有关解释与理解是否代表两种不可跨越的认识论一直存在激烈争论，但在外交政策的实际分析中理解与解释已经成了两种并行不悖的路径。在承认这种区分的基础上，本书将用"分析"一词统指解释和理解。

三　外交政策分析的四大基本类型

基于上述方法论与认识论的区分，外交政策的分析就有四大基本类型①（见图 2 - 2）。

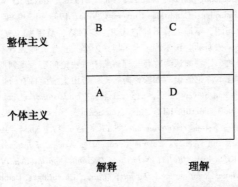

图 2 - 2　外交政策分析的四大基本类型

类型 A 和 D 分析的出发点是个体。这两个类型不太关注行为体的环境，类型 A 主要研究制约或促使行为体行动的客观机理，类型 D 主要从行为体的观念出发去诠释行为的动机与意义。类型 B 和 C 则强调行为体所处的环境对行为体本身的约束（类型 B）或建构（类型 C）。本书将按照外交政策分析的这四大基本类型对外交政策分析的文献进行回顾与总结。

---

① 这一分类源于霍莉斯和斯密斯的划分，参见 Martin Hollis and Steven Smith, *Explaining and Understanding International Relations*, Oxford: Clarendon Press, 1990, p. 5.

第二节　外交政策分析的模式与难题

虽然，自肯尼思·华尔兹以来那些企图构造国际政治结构理论的理论家们严格区分国际政治与外交政策研究，但国际政治与外交政策其实是一枚硬币的两面，只是切入点不同而已。正如斯蒂芬·斯密斯指出的，"虽然认为作为比较路径发展的外交政策分析是外交政策行为理论的最明显的来源，但记住这一点是重要的，即关于国际关系主题的所有视角都包含了有关外交政策的陈述。……因此，外交政策理论是内在于国际关系理论的"。① 因此，我们不能得出这样的结论，即外交政策研究与国际政治研究或系统理论与还原理论是两个无法跨越或毫无关系的领域。其实，虽然切入点与侧重点不同，但其研究对象本质上讲却是同一的。因此，国际政治研究与外交政策研究其实是一体两面，是两个相互联系相互补充的研究视角。故，这里的文献回顾将不仅仅限于外交政策分析领域，而是着眼于整个国际关系领域。因为，自有国际政治研究以来，人们对"如何分析外交政策及其行为?"这一问题都进行了有意或无意的探索与回答。

另外，作为一个大学科而言，中国国际关系研究仍然处于"初级阶段"，而外交政策分析则最多只能说处于"起步阶段"。因此，这里的文献回顾仅限于西方，尤其是国际关系研究的重镇——美国。

一　外交政策分析的基本方法：层次分析

正如导论所言，虽然"内外争论"在外交政策分析中产生了较大影响，但这种争论却主要限于欧洲大陆并主要集中于历史学和社会学领域。国际关系领域中的研究者们，尤其是美国的研究者们熟悉的却是戴维·辛格倡导的"层次分析"。

虽然对外交政策行为的分析在各种与之相关的社会科学中早已存在，但作为一种学术自觉则开始于 20 世纪中叶。现实主义大师汉斯·摩根索在其经典著作《国家间政治：权力斗争与和平》中主要就是从国际结构、

---

① Steve Smith, "Foreign Policy Theories: An Historical Overview", *Review of International Studies*, Vol. 12, No. 1, 1986.

政府结构和个人角度分析国际政治的斗争与和平问题的。① 肯尼思·华尔兹在他的经典之作《人、国家与战争》中提出了"三个意象"的理论，分别从个人、社会和国际体系来分析战争（战争是特殊的外交政策）产生的原因。② 戴维·辛格在强调国际体系作用的同时，提出将国际体系和民族国家两个层次的因素进行平衡分析，才能理解国家的外交政策和国际关系。③ 也正是戴维·辛格的文章使层次分析法被国际关系研究者接受并被广泛地应用、充实。詹姆斯·罗西瑙将可能影响外交政策的潜在因素划分为五类，即外部因素、国内社会因素、政府结构因素、政策决策者的角色因素和决策者个人因素。据此他提出了"如果……就"设想，即根据国家大小、发达与不发达、开放与封闭等因素，可以将国家分为十六类。对于每一类国家而言，这五种因素将起着不同的作用。④ 罗伯特·杰维斯（Robert Jervis）则主张从四个层次分析外交政策和国际政治，即决策层次、官僚层次、国家本质和国内政治的运作以及国际环境。⑤ 查尔斯·赫尔曼（Charles Hermann）等则将所有影响外交政策的因素分为七类，即政治领导人的个性、决策结构和过程、政府机构的特点、民族和社会的特性、国际关系格局的特性、一个国家历史环境和过去的外交行为、国际和国内形势转换过程的特点等。⑥ 约翰·伊肯伯里（G. John Ikenberry）等人在 20 世纪 80 年代研究美国经济外交政策时，提出了解释美国外交政策的

---

① 参见 ［美］汉斯·摩根索《国家间政治：权力斗争与和平》（第七版），肯尼思·汤普森、戴维·克林顿修订，徐昕等译，北京大学出版社 2006 年版。

② 参见 Kenneth N. Waltz, *Man*, *State and War*, New York: Columbia University Press, 1959。［美］肯尼思·华尔兹：《人、国家与战争：一种理论分析》，信强译，上海人民出版社 2012 年版。

③ David J. Singer, "The-Level-of-Analysis Problem in International Relations", *World Politics*, Vol. 14, No. 1, 1961.

④ James N. Rosenau, *The Scientific Study of Foreign Policy*, New York: The Free Press, 1971, pp. 95 – 151.

⑤ Robert Jervis, *Perception and Misperception in international Politics*, Princeton, N. Y.: Princeton University Press, 1961. ［美］罗伯特·杰维斯：《国际政治中的知觉与错误知觉》，秦亚青译，世界知识出版社 2003 年版，第一章。

⑥ Maurice A. East, Stephen A. Salmore and Charles Hermann, eds., *Why Nations Act: Theoretical Perspective for Comparative Foreign Policy Studies*, Beverly Hill: Sage Publications, Inc., 1978, pp. 22 – 23.

三种分析路径,即体系中心路径、社会中心路径和国家中心路径;① 后来在其主编的有关美国外交政策的理论文集中,则从国际根源、资本主义与阶级、国民性与民主制度、公众舆论与政策合法性、官僚政治与组织文化以及认知、个性与社会心理学六个视角分别分析了美国外交政策的根源。②

　　这种层次分析法是外交政策研究兴起初期采用较广泛的方法,采用这一方法的作者从各自的理论框架出发为我们提供了一幅比较全面、系统的外交政策行为画面,然而这种列举分析的共同不足在于:其一,这种列举描述法缺乏科学理论的指导,因而科学性不足;其二,不能将不同层次相互之间的关系说清楚,因而很难提出一个整合不同层次的概念框架。

二　外交政策分析的四种路径九大模式

　　从前述有关层次分析的不同版本,我们可以发现,"我们对外交政策不是缺乏足够的解释而是供给过度"。③ 不过总结起来说,这些解释国家行为的解释项主要来自四个层次,即国际体系层次、民族国家层次、国家决策层次、国内社会层次。④ 这反映了分析方法上整体主义与个体主义争论。故,在回顾各种有关外交政策的相关文献时,笔者将从分析国家外交行为的四种路径出发进行,即体系中心路径 (system-centered approach)、民族国家中心路径 (nation-state-centered approach)、国家中心或政府决策路径 (state centered or government decision making approach) 和社会中心路径 (society-centered approach)。同时,结合前面关于分析外交政策的解释和理解的两种传统,我们可以得到常见的有关外交政策行为分析模式的总体图谱 (见表 2 - 1)。

------

　　① G. . John Ikenberry, David A. Lake, and Michael Mastanduno, "Introduction: Approaches to Explaining American Foreign Economic Policy", in G. John Ikenberry, David A. Lake, and Michael Mastanduno eds. , *The State and American Foreign Economic Policy*, Ithaca and London: Cornell University Press, 1988, pp. 1 – 14.

　　② G. . John Ikenberry ed. , *American Foreign Policy: Theoretical Essays*, 3rd, New York: Addison Wesley Longman, Inc. , 1999.

　　③ G. John Ikenberry ed. , *American Foreign Policy: Theoretical Essays*, 3rd, New York: Addison Wesley Longman, Inc. , 1999, Introduction, p. 7.

　　④ 随着全球化的发展,各种跨国社会运动 (TSM, transnational movement) 也日益影响着各国外交政策的选择,因此,还存在一种分析外交行为的跨国路径 (transnational approach),不过由于这并不构成主要分析路径而且也与本书关系不是太大,故这里将不予讨论。

表 2 - 1　　　　　　　　　　外交政策分析的四种路径九大模式

认识论 方法论	解　释	理　解
体系中心路径	物质结构约束模式	观念结构建构模式
民族国家中心路径	战略或理性选择模式	政治文化模式
国家中心或政府决策路径	官僚政治模式	认知心理模式
社会中心路径	多元主义模式 社会集团模式	公共舆论模式

　　说明：与经典的肯尼思·华尔兹的"三个意象"划分不同，这里实质上描述了"四个意象"。在华尔兹以及绝大多数主流理论家那里，由于坚持无政府状态的优先性，因而认为体系压力与国家的生存需求导致假定国家为单一行为体是合理的。笔者并不否认这种合理性，但认为在全球相互依赖这一新的时代特征下，单一行为体的假设已经受到挑战，尤其是在若干低政治领域，民族国家与国家并不再是简单同一的实体。甚至可以说，即使在高政治领域，我们也应该承认有时候国家追求的利益并不一定与民族国家的整体利益相一致，这种情况即使不是常态也至少是存在的。因而，本书强调对民族国家与国家做出区分是必要的（关于这一点，可参见第五章第二节）。

1. 民族国家中心路径

　　在外交政策分析中，大多数研究者或国务家最容易接受和应用最多的方法就是民族国家中心路径。民族国家中心路径的主要假定是国家均是相似的统一的行为体，决策者根据基本稳定的国家利益决策。虽然，在绝大多数古典现实主义者那里，国家利益主要基于国家在国际体系中的相对权力位置来定义，从这个角度来说，民族国家中心路径也属于体系中心路径。但与此同时，国家利益也可以根据国家的政治文化加以主观的定义。因此，从根本上讲，这是一种立足于民族国家自身相对稳定的客观或主观需要的分析方法，因而与那种具有"科学革命"痕迹的自上而下的体系中心路径虽然有交叉但还是不同的。根据解释与理解的不同，又主要有战略或理性选择模式和政治文化模式两种。其基本分析路径如下：

　　民族国家需要（主观或客观定义的国家利益）——→国家行为

　　（1）战略或理性选择模式

　　战略模式假定国家在客观的国家利益指导下开展外交活动。以汉斯·摩根索为主要代表开创的传统现实主义的一个重要组成部分就是现实主义外交学，其核心就是国家对利益和权力的追求，这源于人性和无政府状态的国际社会。正是这种国家动机理论构成了现实主义外交学的核心和基础。汉斯·摩根索认为，外交是国家权力的组成部分。它的任务是：第一，根据已拥有的潜在的实力来确定国家的目标；第二，评估别国的目标及其为实现这些目标已拥有的潜力和实力；第三，确定双方的目标在何种程度上可以相容；第四，决定和实施适合于实现国家目标的手段。① 罗杰·希尔斯曼认为，这种传统的战略模式确定了以下几个程序：第一步，分析家必须确定研究对象国的力量或战略目标；第二步是研究这个国家可选择哪些手段来达到这些目标。如果研究是为解释这个国家过去的行为，那么，最后一步就是设定这个国家之所以选择这种手段是因为它可以据此最有效地、最省力地达到目标。与此相似，假如研究是为了预测未来，那么，这最后一步就是设定这个国家将要选择的手段也可能最有效最省力地达到目标。② 可见，这一模式的基本假定有：第一，国际事务中的行动者是民族国家而不是单个的个人。第二，国家在国家利益目标驱动下行动。这些利益目标包括生存、安全、权力、威望等。第三，偏好既定，即利益目标具有明确的优先次序，如安全居首而权力次之。第四，完全信息，即国家能够对达到目标的可供选择的方法进行系统的研究。第五，理性选择，即国家对达到目标的方案的选择是客观和不带感情的。③

不过传统战略模式研究的是外交政策的内容和动机，而不是决策；使用的是经验主义的历史和哲学的方法；进行的主要是定性研究。正因为如此，传统战略模式虽然富有哲学启迪，却显科学性不足。20 世纪五六十年代，伴随国际政治领域"第二次大辩论"的展开，行为主义革命在国际关系研究领域的影响逐步加深，国际关系研究对科学化的追求逐步提高。与之相适应，理性选择模式成为分析一国外交行为的主流方法。这一方法假定个体行为体不仅拥有完全和不变的偏好而且拥有完全的信息和精

① Kenneth Thomson, *Masters of International Thought*, Baton Rouge: Lousiana State University Press, 1980, pp. 529 – 530, 转引自倪世雄等《当代西方国际关系理论》，复旦大学出版社 2001 年版，第 71 页。

② [美] 罗杰·希尔斯曼、劳拉·高克伦、帕特里夏·A. 韦茨曼：《防务与外交决策中的政治——概念模式与官僚政治》，曹大鹏译，商务印书馆 2000 年版，序言。

③ 关于战略模式的假定参见 [美] 罗杰·希尔斯曼、劳拉·高克伦、帕特里夏·A. 韦茨曼《防务与外交决策中的政治——概念模式与官僚政治》，曹大鹏译，商务印书馆 2000 年版，第 71—73 页。

确的计算能力。应用到国际关系领域,在理性模式中,国家被比喻为台球,国际关系就好比一场台球游戏。因而,决策者在决策一开始就有一个或一组明确的目标即客观国家利益,并能对信息与手段进行精确计算,在权衡成本与收益的过程中,做出最优决策。正如悉尼·维巴(Sidney Verba)所言:"如果决策者是理性的,知道理性规则的观察者就能够在自己的头脑中重现决策过程;同时,如果观察者了解决策者的目的所在,还能够在预知其然的同时知其所以然。"[1] 可见,按照理性行为模式的规则,外交决策过程是简单易懂的,决策行为则是一个可以预期的行为过程。正如罗伯特·基欧汉在论述理性选择概念时所说:"我们不需要去研究领导人究竟在想什么,我们可以仅仅通过在办公室中进行'思想实验',就可能获得必要的信息。"[2] 经过行为主义的改造,战略模式具有了科学化的外衣,其影响也不断增大。博弈论的流行正反映了这一趋势。

然而,虽然战略或理性选择模式被视为外交政策分析的主流模式,影响很大。但其不足也是显然的:第一,国家利益并不能完全通过客观的方式加以定义,政治文化、民族经历、意识形态等显然也影响着国家利益的边界;第二,政治并不仅仅是一件通过理性计算就可以理解的,人的理性其实总是有限的,受到种种因素的限制;第三,"这一模式似乎不能也不愿意为施动者—结构问题提供解决之道",[3] 不能实现施动者与结构的综合。

(2) 政治文化模式:文化建构模式 I

加布里埃尔·阿尔蒙德(Gabriel Almond)认为:"研究任何一个政治体系,不但要了解这个政治体系在某个特定时期里的实际作为,而且要了解它的基本倾向。"这个基本倾向(政治体系的心理方面)就是政治文化。它包括一国居民当时所盛行的态度、信仰、价值观和技能。[4] 塞

---

① Sidney Verba, "Assumptions of Rationality and Non-Rationality in Models of the International System", in J. N. Rosenau, ed., *International Politics and Foreign Policy*, New York: Free Press, 1969, p. 225.

② [美] 罗伯特·基欧汉:《霸权之后》,苏长河等译,上海人民出版社 2001 年版,第 80 页。

③ Walter Carlsnaes, The Agency-Structure Problem in Foreign Policy Analysis, *International Studies Quarterly*, Vol. 36, No. 3, 1992.

④ [美] 加布里埃尔·A. 阿尔蒙德、小 G. 宾厄姆·鲍威尔:《比较政治学——体系、过程和政策》,曹沛霖等译,上海译文出版社 1987 年版,第 15 页。

缪尔·亨廷顿著名的《文明冲突论》① 的文章于 1993 年发表后,有关文化与外交行为的关系更是受到人们的广泛关注。在理性选择或战略模式那里,国家利益是根据其在国际体系中拥有的相对权力界定的,而政治文化模式则认为,国家利益也可以被一个国家的政治文化的根本属性加以主观的界定。特定国家的国际目标及其优先事项通常与决策者出生和浸染于其中的更广泛文化所珍视的价值观相一致。② 如果对文化做广义的理解,那么不仅政治文化而且诸如意识形态、宗教、民族主义等"自有"知识③都对国家利益的界定具有深刻的影响,从而影响一国外交政策行为。

关于文化分析模式兴起与发展阶段,不同学者之间存在很大的争议。迈克尔·德什(Michael C. Desch)认为,这一分析模式经历了三次浪潮,即兴起于二战期间美国战争信息办公室管辖下的外国国民性格分析署对轴心国"国民性格"的研究,发展于冷战期间对美国和苏联不同政治文化的研究,冷战结束后得到了更好的完善。④ 而肯·布日(Ken Booth)和拉塞尔·楚德(Russell Trood)根据研究对象的不同分成冷战期间对美苏战略文化的研究和 20 世纪 80 年代后向其他国家扩展两个阶段。⑤ 江亿恩则把对战略文化的研究分成三个阶段,即 20 世纪 80 年代左右的机械决定论阶段、80 年代中期的把文化当成模糊工具阶段和 90 年代的对组织文化研究的阶段。⑥

---

① Samuel P. Huntington, "The Clash of Civilizations?", Summer, 1993, *Foreign Affairs* (http://www.foreignaffairs.com/articles/48950/samuel-p-huntington/the-clash-of-civilizations).

② 参见 David Skidmore and Valerie M. Hudson, "Establishing the Limits of State Autonomy: Contending Approaches to the Study of State-Society Relations and Foreign Policy-Making", in David Skidmore and Valerie M. Hudson eds. , *The Limits of State Autonomy: Societal Groups and Foreign Policy Formation*, Boulder, Colo. : Westview Press, 1993, p. 7。

③ 亚历山大·温特认为国家的自有知识常常来自于国内或意识形态考虑,可以成为国家判断国际形势和界定国家利益的关键决定因素,因此是研究外交政策的主要考虑。Alexander Wendt, *Social Theory of International Politics*, Cambridge: Cambridge University Press, 1999, pp. 140 – 141.

④ Michael C. Desch, "Assessing the Importance of Ideas in Security Studies", *International Security*, Vol. 23, No. 1, 1998.

⑤ Alan Macmillan, Ken Booth and Russell Trood, "Strategic Culture", in Ken Booth and Russell Trood eds. , *Strategic Culture in the Asia-Pacific Region*, New York: St. Martin's Press, 1999, pp. 4 – 7.

⑥ Alastair Iain Johnston, "Thinking about Strategic Culture", *International Security*, Vol. 19, No. 4, 1995.

有关政治文化对外交政策行为影响的比较著名的研究有：第一，布瑞歇尔（M. Brecher）的《以色列的外交政策系统：环境、形象和过程》全面探索了国家的心理文化环境及其对以色列外交政策的影响。[①] 第二，班纳吉（S. Banerjee）将国家身份与个体观念结合起来研究尼赫鲁和真纳各自建立的印度和巴基斯坦的国家身份和传统。[②] 第三，塞缪尔·亨廷顿有关美国政治价值观及其对美国外交政策的影响的分析[③]和后来著名的"文明冲突论"的观点。[④] 第四，瓦莱丽·赫德森试图分析在某个文化背景下人们的思维定式对外交政策的影响。她设计了几种外交政策形势和一个国家对每个形势可能的反应，随后，调查了三个国家，了解一般民众认为各自国家和其他相关国家会怎样应对上述形势。她发现多数情况下每一种文化都有着独特的思维模式。民众对"我们是谁?"的定义影响着"我们应该怎样做?"[⑤] 第五，杰克·斯奈德（Jack Snyder）和科林·格瑞（Colin Gray）认为弄清苏联的战略文化是理解苏联核武器政策的重要前提，而不是用美国的思维方式来思考苏联的行为。[⑥]

可见，战略或理性选择模式和政治文化模式分别侧重从客观或主观的国家利益出发去分析外交政策行为，把握住了外交政策的核心因素，能够为我们分析外交政策提供最基本的依据。然而，其不足在于：第一，国家利益是一个伸缩性极大的概念，因而用这样的概念分析问题，难以证伪；第二，国家利益的界定并不总是一个既定的结果，而是一个政治斗争的过程，是在政治过程中形成和塑造的；第三，该路径成立的一个隐含假定或前提是，国际体系制约着国家行为的范围，然而该路径由于专注于民族国家层次的因素，而对决策者所面临的决策结构涉及不多。

---

① M. Brecher, *The Foreign Policy System of Israel: Settings, Images, Process*, London: Oxford University Press, 1972.

② S. Banerjee, "The National Role Conceptions in the Study of Foreign Policy", *International Studies Quarterly*, Vol. 14, No. 3, 1970.

③ Samuel P. Huntington, "American Ideas versus American Institutions", *Political Science Quarterly*, Vol. 97, No. 1, 1982.

④ Samuel P. Huntington, "The Clash of Civilizations?", Summer 1993, *Foreign Affairs* (http://www.foreignaffairs.com/articles/48950/samuel-p-huntington/the-clash-of-civilizations).

⑤ Valerie M. Hudson, "Cultural Expectations of One's Own and Other Nations' Foreign Policy Actions Templates", *Political Psychology*, Vol. 20, No. 4, 1999.

⑥ Alan Macmillan, Ken Booth and Russell Trood, "Strategic Culture", in Ken Booth and Russell Trood eds., *Strategic Culture in the Asia-Pacific Region*, New York: St. Martin's Press, 1999, p. 4.

2. 体系中心路径

体系中心路径或者结构主义路径指对国家行为的分析主要从国际体系的结构出发,强调系统层次的分布因素(物质或观念的分布)对构成单元的因果或建构作用,而将单元视为单一的行为体。其核心假定是整体大于部分之和,整体并不仅仅是抽象的概念而是具有因果或建构效应的存在,主要有物质结构约束和观念结构建构两种模式。其基本分析路径如下:国际体系(物质或观念的分布)——→国家行为 。

(3) 物质结构约束模式

作为行为主义革命影响的产物,理性选择方法主要专注于对决策过程的精细分析以构建形式模型为目标,而对一些期望建立理解国际政治和外交政策的"大理论"的理论家来说,这并不是他们努力的目标。同样作为行为主义革命影响的产物,肯尼思·华尔兹以行为主义为方法论基础,以科学哲学为指导,借用经济学成就创立了结构主义的现实主义理论,从而真正建立起国际政治的系统理论。肯尼思·华尔兹《国际政治理论》一书的出版标志着国际关系理论研究的结构主义转向。国际关系理论家从以前的"不关心结构"[①]变成"纷纷谈结构"。一些公认的理论创新如新自由制度主义、结构建构主义都借用了华尔兹的思路。[②] 有学者形容国际关系理论界形成了一种"沃尔兹效应"。[③] 不过肯尼思·华尔兹曾反复指出:新现实主义的国际政治理论不是外交政策理论。因为他认为自己的理论是一种系统理论而不是还原理论,即从结构而不是从单元的角度来解释国际政治中的重大问题。在与华尔兹的辩论过程中,科林·埃尔曼(Colin Elman)归纳了肯尼思·华尔兹等人所阐述的国际政治理论不是外交政策理论的四点理由:①新现实主义论点的内在逻辑没有提供唯一决定的行为预测;②单元层次对国家行为的干预性影响导致对国家行为所做出的源于体系因素的预测总是不准确的;③新现实主义以进化选择机制理论为基础,所以它不能用来预测国家的行为选择;④新现实主义理论的变量概念

---

① 在华尔兹之前,也有少数学者提到了系统、结构概念,如默顿·卡普兰对系统概念的应用、斯坦利·霍夫曼使用了结构概念,但他们的系统与结构在本体论、认识论、方法论上都是个体主义的,因此,还算不上真正"关心结构"。

② 转引自薛力《从结构主义到国际关系理论》,《世界经济与政治》2007年第10期。

③ [美] 彼得·卡赞斯坦等编:《世界政治理论的探索与争鸣》,秦亚青等译,上海人民出版社2006年版,第12页。

清晰度不够，常常发生歧义，如无政府状态、权力、均势等，不便于操作，因此不能对行为进行具体的预测。[①] 然而，根据科林·埃尔曼的分析，这些理由是站不住脚的，因为国际政治理论和外交政策理论实际上并不容易分开，而且一些学者总是利用新现实主义理论来解释单个国家的外交与安全政策。[②] 可见，肯尼思·华尔兹对国际政治理论与外交政策理论这种泾渭分明的区分并无必要。因为，诚如肯尼思·华尔兹所言，虽然国际政治理论并不能对外交政策做出准确的预测，但是它毕竟能对外交政策做出预测。至少从这个意义上说，国际政治理论也是一种外交政策理论。故本书认为，严格区分国际政治理论与外交政策理论的结构主义理论均做出了某种外交政策预测，属于外交政策理论。

按照新现实主义的解释，由于国际体系的无政府状态的排列原则是不变的而单元功能具有同一性，因而影响国家行为的变量仅仅是单元间能力的分布，进一步而言就是大国权势的分布。因此，国家在国际权力结构中的相对位置就决定了国家的外交政策行为。可见，在新现实主义看来，作为因变量的国家外交行为主要是由国家在国际权力结构中的相对位置决定的，国际权力结构约束着国家外交行为的基本范围。

新自由主义并没有否认肯尼思·华尔兹的结构，承认大国间的权力分布是国际体系结构的重要因素，但国际结构的特征并不仅仅局限于此。基欧汉认为，"现实主义者所强调的权力分布当然是重要的；……但是，国际体系层次上的人类活动同样会产生重要的作用"。[③] 新自由制度主义认为，仅仅强调权力结构是不够的，还必须强调国际体系的进程，因为进程同样是国际体系的重要特征，而这种进程就表现为国际制度。可见，新自由制度主义在承认结构中权力结构的根本作用的前提下，认为国家行为主要受制于国际制度结构。

当然，不管是国家行为受制于权力结构还是制度结构，都体现了物质结构对国家行为的约束作用。其实，无论是新现实主义还是新自由主义都

---

① Colin Elman, "Horse for Course: Why Not Neorealist Theories of Foreign Policy?", *Security Studies*, Vol. 6, No. 1, 1996.

② Colin Elman, "Horse for Course: Why Not Neorealist Theories of Foreign Policy?", *Security Studies*, Vol. 6, No. 1, 1996.

③ Robert O. Keohane, *After Hegemony: Cooperation and Discord in the World Political Economy*, Princeton, New Jersey: Princeton University Press, 1984, p. 26.

是以理性选择理论为基础的，因而，国际物质结构对国家行为的约束、限制就主要体现为一种因果作用，国家行为遵守的就是一种后果逻辑（logic of consequence）。①

（4）观念结构建构模式：文化建构模式Ⅱ

虽然自肯尼思·华尔兹的结构现实主义理论诞生以来，国际关系学界形成了结构话语的霸权，一度似乎成为无法撼动的主流理论范式。然而冷战的突然结束几乎宣布结构现实主义理论的失效。冷战结束以来，为了更好地解释国际政治中的新现象，认同和文化重返国际关系学科领域。以认同、规范和文化为核心概念的建构主义成为国际关系理论的三根支柱之一。②

新现实主义与新自由主义的结构对行为体的作用主要体现为一种因果作用，亚历山大·温特则强调建构作用。因此，主流国际关系理论过去往往把国际社会的最典型特征无政府状态设定为既定状态或永久的存在，而亚历山大·温特则明确地指出，无政府状态实际上是国际社会的诸多成员即国家造就的。③ 因而，国际体系结构有着多种形式，而不是只具单一性质。由于建构主义在本体论上认为社会的核心是观念而不是物质，虽然物质确实存在，但必须通过观念才具有意义。因而，建构主义对国际结构的考察是从观念或者文化视角进行的。他提出了三种可能的国际体系结构：霍布斯文化、洛克文化和康德文化。因此，根据亚历山大·温特的理论，国家所处的国际体系文化建构着国家的身份、利益，因而最终建构着国家的对外行为。这种文化规范使国家的行为遵守"适当性逻辑"（logic of appropriateness）。

3. 社会中心路径

在体系中心和民族国家中心路径中不受重视的社会因素在社会中心路径中却成为解释外交政策行为的主要变量。在这里，社会集团被假定在外

---

① 关于后果逻辑与下面涉及的适当性逻辑概念，参见 James G. March, and Johan P. Olsen, "The Institutional Dynamics of International Political Orders", *International Organization*, Vol. 52, No. 4, 1998。转引自袁正清《建构主义与外交政策分析》，《世界经济与政治》2004 年第 9 期。

② Stephen M. Walt, "International Relations: One World, Many Theories", *Foreign Policy*, No. 110, 1998.

③ Alexander Wendt, "Anarchy is What States Make of It: The Social Construction of Power Politics", *International Organization*, Vol. 46, No. 2, 1992.

交政策形成中持续起着核心作用，① 从而突破了前两种路径对国家单一性的假定。

社会中心路径假定政治领导人最关心保持国内政治支持的高水平。因此，外交政策选择首先是根据其对决策者的国内地位的影响来判断的。这一假定的基本原理在于国内支持是领导人维持权位的前提。这一模式保留了国家主义的理性假定，但以国内（各种利益集团）目标替代了国家目标来解释政策选择。在这一模式中，国家官员或者国家机构对政策的形成没有自主的或者有意义的干预作用。其基本分析路径是：社会因素——→国家行为。

同时，根据对社会结构、核心决策者动机和影响因素的不同假定，可以区分多元主义模式、社会集团模式②和公共舆论模式三种。

（5）多元主义模式

基于社会偏好和国家行为关系的核心假设，自由主义认为国家是拥有不同利益取向的社会行为体的代表机构，发挥着传送带的作用，将个体和集团的偏好和权力转化为国家政策。因此，国家的性质以及社会利益集团才是国家国际行为的决定性因素。③ 之所以叫多元主义，是因为这一模式认为，一方面影响外交政策的利益集团在数量上是巨大的且存在交叉裂痕，因此联盟因问题与时间的不同而不断变换；另一方面，决策中心的权力是分散的，因而容易受到外部利益集团的影响。

（6）社会集团模式

与多元主义模式形成鲜明对比的是，社会集团模式假定权力集中在少

---

① 参见 David Skidmore and Valerie M. Hudson， "Establishing the Limits of State Autonomy: Contending Approaches to the Study of State-Society Relations and Foreign Policy-Making"，in David Skidmore and Valerie M. Hudson eds.，*The Limits of State Autonomy: Societal Groups and Foreign Policy Formation*，Boulder, Colo.: Westview Press，1993，p. 9。G. John Ikenberry，David A. Lake，and Michael Mastanduno，"Introduction: Approaches to Explaining American Foreign Economic Policy"，In G. . John Ikenberry，David A. Lake，and Michael Mastanduno eds.，*The State and American Foreign Economic Policy*，Ithaca and London: Cornell University Press，1988，pp. 7 – 9。

② 有关社会中心的多元主义和社会集团两种模式，参见 David Skidmore and Valerie M. Hudson，"Establishing the Limits of State Autonomy: Contending Approaches to the Study of State-Society Relations and Foreign Policy-Making"，in David Skidmore and Valerie M. Hudson eds.，*The Limits of State Autonomy: Societal Groups and Foreign Policy Formation*，Boulder, Colo.: Westview Press，1993，pp. 9 – 12.

③ Andrew Moravsick，"Taking Preferences Seriously: A Liberal Theory of International Politics"，*International Organization*，Vol. 51，No. 4，1997.

数几个社会集团手中，集团间的裂痕不是交叉的，因而在不同时间在不同问题上，联盟都是稳定和持续的。根据集团数量的不同，又可分为精英理论、马克思主义、社团主义和部门集团理论。①

（7）公共舆论模式

社会因素不仅可以通过各种政治组织或利益集团传递到国家外交行为上，而且作为民意的公共舆论也可以大大地影响国家外交决策及其政策行为。公共舆论模式挑战了有关公共舆论与外交关系的"阿尔蒙德—李普曼共识"。② 公共舆论模式假定：第一，民意并不是易变的而具有稳定性；第二，民意具有自己的结构和一贯性；第三，民意并不是无效的。民主国家对民意支持率的持续关注证实了这一点，而在非民主国家公共舆论同样发挥着潜在的制约作用。在美国，针对外国公众的公共外交由国务院负责，而针对国内公民的外交解释属于公共行政范畴，因而一般被称为"公共事务"。外交工作中的"公共事务"主要强调向本国公众、媒体或者其他机构提供关于政府目标、政策和活动的信息，③ 其最大任务是让国内民众获悉政府政策和目的，主要着眼于国内公众。进入 21 世纪，中国将这一事务称为"公众外交"。2004 年 3 月 19 日，外交部在新闻司设立一个新机构——"公众外交处"，其职责是负责对国内民众解释本国的外交政策。2009 年年底这一机构升级为"公共外交办公室"，企图将原来面向国内公众的"公众外交"纳入"大公共外交"体系。可见，中国对国内民意的重视不仅没有降低，反而加大了。

---

① 这些模式的不同主要体现在两个方面。其一，集团组织的数量。精英和社团主义理论认为外交政策受单一集团的控制，因而政策具有连贯性，而马克思主义和部门集团理论则认为至少两个以上的组织集团在争夺权力和对政策的控制。其二，社会划分的方向，即水平与垂直划分。水平划分将社会划分为统治与附属的关系；而垂直划分则将社会划分为几个相对平等的社会行为体。David Skidmore and Valerie M. Hudson, "Establishing the Limits of State Autonomy: Contending Approaches to the Study of State-Society Relations and Foreign Policy-Making", in David Skidmore and Valerie M. Hudson, ed., *The Limits of State Autonomy: Societal Groups and Foreign Policy Formation*, Boulder, Colo.: Westview Press, 1993, p. 11.

② 关于"阿尔蒙德—李普曼共识"，参见 Ole R. Holsti, "Public Opinion and Foreign Policy: Challenges to the Almond- Lippmann Consensus", in G. John Ikenberry ed., *American Foreign Policy: Theoretical Essays*, 3rd, New York: Addison Wesley Longman, Inc., 1999, pp. 361 – 392。

③ "Definition of Public Diplomacy", Public Diplomacy. org (http: //pdaa. publicdiplomacy. org/) .

4. 国家中心或政府决策路径

显然,不管是集中于体系结构、民族国家的整体需求还是社会需求,这些分析路径都属于一种环境分析,即分析决策单位(包括决策组织或决策者)所处的主客观环境对决策的影响,而把国家黑箱化,即不考虑决策单位的属性和决策过程。与此相反,国家中心路径则企图打破黑箱,去探寻决策单位内部的运作过程,由于国家中心路径主要集中于决策过程的研究,因而又可称为国家决策路径。① 决策路径试图通过探讨决策单位如决策组织过程、决策者的理性、信仰及其对形势的判断等来分析外交政策结果。其基本分析路径如下:决策单位的需要——→国家行为。

早在战略或理性选择模式占据支配地位的二战后期,SBS 于 1954 年就指出,研究外交政策的过程与研究外交政策的结果是一样重要的,"解释一个国家为什么采取它所采取的外交行动的关键,在于其决策者作为行为者对环境的判断",而"对环境的判断"又取决于决策机构内部成员的关系、他们存在的国际和国内环境以及决策者个人的个性、价值观念和认识等。② 后来,玛格丽特·赫尔曼(Margaret G. Hermann)等人提出了决策单位分析法,③ 以抓住决策过程中最核心的部分。决策单位法将研究对象确定在做出决策的政府组织或最高决策层上。政府是一系列的权力机关,针对某个具体外交政策问题,这些权力机关能够动员和做出决策。拥有这个权力的不是政府所有部门,而是"最终决策单位",外交政策行为

---

① 传统上国家中心路径主要有两种方法:第一种方法可以叫制度主义方法,即主要把国家当作组织结构或一系列法律与制度安排的结果,这种方法主要研究国家的各项制度对外交政策的影响;第二种方法则主要将国家当作行为者,并集中于最高领导人或主要政治家进行研究。但这两种方法最终都会集中于对决策的影响。因而,本书将这两种方法概括为国家中心或政府决策路径。而扎卡利亚的"国家中心"现实主义则主要集中于国家权力(state power),进一步而言就是行政机构拥有的国家权力,可以视为制度主义方法。由于前面已经有较详细的介绍,而且后面有关国家自主性的梳理中也将涉及这一视角,故这里对制度主义方法将不加以介绍。

② Richard C. Snyder, Henry W. Bruck, Burton M. Sapin, "Foreign Policy Decesion-Making as an Approach to the Study of International Politics", *Foreign Policy Analysis Project Series*, No. 3, Princeton: Princeton University Press, 1954, p. 12.

③ Margaret G. Hermann, Charles F. Hermann and Joe D. Hagan, "How Decision Units Shape Foreign Policy Behavior", in Charles F. Hermann, Charles W. Kegley, and James J. Rosenau eds., *New Directions in the Study of Foreign Policy*, Boston: Allen and Unwin, 1987, p. 311.

就是其产物。① 为此，他们认为有三种最终决策单位：强势领导人（pre-dominant leader）、单一团体（single group）和自主行动者（autonomous actors），做出外交决策的行为体一定是上述三种的一种。② 从决策单位入手分析外交决策，不同的研究者具有不同的侧重。其中最具影响的是官僚政治模式和认知心理模式。

（8）官僚政治模式

官僚政治模式认为，一个国家政府内部不同官僚机构之间的组织、官僚利益和不同机构之间的职能、权力分配决定外交政策决策的过程和结果。这一个模式因格雷厄姆·阿利森（Graham T. Allison）对古巴导弹危机过程中美国政府的决策过程进行的系统研究而得到普及。③ 后来，莫顿·霍尔珀林（Morton H. Halperin）利用杜鲁门、艾森豪威尔、肯尼迪和约翰逊政府期间美国军事和外交政策的决策和执行的大量实例，向人们揭示了官僚政治发挥作用的规律。④ 虽然阿利森和霍尔珀林对官僚政治模式的界定有所不同，⑤ 但正是他们的研究使得这一模式十分普及。

（9）认知心理模式

与前述各种强调不同结构、国家或政府层面物质或观念因素对国家决

---

① Margaret G. Hermann, Charles F. Hermann and Joe D. Hagan, "How Decision Units Shape Foreign Policy Behavior", in Charles F. Hermann, Charles W. Kegley, and James J. Rosenau eds. , *New Directions in the Study of Foreign Policy*, Boston: Allen and Unwin, 1987, p. 309.

② Margaret G. Hermann, Charles F. Hermann and Joe D. Hagan, "How Decision Units Shape Foreign Policy Behavior", in Charles F. Hermann, Charles W. Kegley, and James J. Rosenau eds. , *New Directions in the Study of Foreign Policy*, Boston: Allen and Unwin, 1987, p. 311.

③ Graham T. Allison, *Essence of Decision: Explaining the Cuban Missile Crisis*, Boston: Little, Brown, 1971. ［美］格雷厄姆·阿利森、菲利普·泽利科：《决策的本质：解释古巴导弹危机》（第二版），北京大学出版社 2008 年影印版。

④ Morton H. Halperin, *Bureaucratic Politics and Foreign Policy*, Washington D. C. : The Bookings Institution, 1974.

⑤ 值得注意的是，阿利森的官僚政治模式与后来人们普遍使用的官僚政治模式有所不同。具体而言，阿利森的官僚政治模式将国内政治以及国会与行政部门的矛盾也包括在内，而行政部门之间的决策过程，他主要将之归为"组织过程"（organizational process），即外交决策是由众多松散的组织根据不同的日常工作程序（standard operating procedure, SOP）运作的结果。后来由霍尔珀林发展起来的官僚政治模式主要集中在行政部门内部，包括了阿利森的"组织过程"所关注的内容，但不包括国内政治或国会与行政部门之间的矛盾。后者通常被称为国内政治模式（domestic politics model）或跨机构政治模式（inter-branch politics model），而根据本书的界定，则属于社会中心路径。

策的影响不同,认知心理模式关注决策者或决策小团体的心理及其对外界的认知是如何影响外交决策及其行为的。使用这一模式的研究者认为,决策者的"认知对于研究国际事务以及理解诸如权力、利益这样的核心概念至关重要",因为它们"从本质上讲是被认知的,权力和利益都是从个人对于这些概念的信仰中产生的"。① 国际关系学科中的心理学方法始于20 世纪初。英国政治家格雷厄姆·沃拉斯(Graham Wallas)在 1908 年出版了《政治中的人性》② 一书,该书成为将心理学应用于分析政治现象的开山之作。格雷厄姆·沃拉斯对政治现象中的刺激、本能与理性选择等关系进行了研究。20 世纪 30 年代,一些学者开始从认知角度对外交决策进行研究,其中大部分主要研究人们政治态度的形成、公众感情对外交政策的影响等。直到 20 世纪五六十年代,心理学特别是认知心理学才开始进入外交政策分析领域,并逐渐发展成为国际关系学的一个重要分支——心理分析学派。③

一般来说,对决策者心理产生影响的因素包罗万象。不过认知心理模式对决策的研究主要集中于微观的人的认识,主要包括认识过程、信仰体系、个性特征、小团体意识④等方面。在分析个人思维和心理环境对外交政策的影响方面,认知心理模式主要应用了操作码、认知图和意象等概念。

美国学者内森·莱特斯最早使用操作码概念对苏联领导人的行为进行了研究,并写出了《政治局的操作码》⑤ 的研究报告,后经修改与充实,以《布尔什维克主义的研究》⑥ 出版。不过操作码概念直到 1969 年亚历

----

① Michael D. Young and Mark Scharfer, "Is There Method in Our Madness? Ways of Assessing Cognition in International Relations," *Mershon International Studies Review*, Vol. 42, No. 1, 1998.

② [英]格雷厄姆·沃拉斯:《政治中的人性》,朱曾文译,商务印书馆 1996 年版。

③ 参见张清敏《外交政策分析的认知视角:理论与方法》,《国际论坛》2003 年第 1 期;张平:《国外政治心理学研究的现状与展望》,《心理科学》2004 年第 6 期;王鸣鸣《外交政策分析:理论与方法》,中国社会科学出版社 2008 年版,第 122—123 页;尹继武《社会认知与联盟信任形成》,上海人民出版社 2009 年版,第 27 页。下面有关认知心理学派的文献回顾也参考了王鸣鸣、张清敏和尹继武的相关论述。

④ 参见王鸣鸣《外交政策分析:理论与方法》,中国社会科学出版社 2008 年版,第 127页。

⑤ Nathan Leites, *The Operational Code of Politburo*, The Rand Corporation, 1951, 2007.

⑥ Nathan Leites, *A Study of Bolshevism*, New York: Free Press, 1953.

山大·乔治对其内涵进行系统阐述与概念操作之后才带来广泛的运用成果。[①] 亚历山大·乔治认为，操作码是由领导人政治信仰系统所决定的对于实现目标最有效的战略和战术的认识，在这里，政治信仰系统由哲学信仰和工具信仰组成，哲学信仰决定工具信仰。[②] 根据亚历山大·乔治的论述，如何确定不同的个体信念，主要取决于对十个不同的问题的回答，即五个"哲学信念"和五个"工具信念"。[③] 通过研究这十个问题的答案，分析者就能够抓住研究对象的核心信仰以分析其操作码。在应用层面上，斯蒂芬·沃尔克（Steven Walker）对美国前国务卿基辛格的操作码的分析较为经典。[④] 后来，斯蒂芬·沃尔克又与马克·斯卡佛（Mar Schafer）、迈克尔·杨（Michael Young）合作对老布什和克林顿的操作码进行了详细分析，并指出正是由于二者不同的操作码带来了不同的外交政策。[⑤]

用认知图研究外交决策是罗伯特·艾克塞尔罗德（Robert Axelrod）和他的同事在 20 世纪 70 年代提出来的。在《决策的结构》一书中，他们主要论述了认知图的基本理论、建构方法与步骤等。[⑥] 在应用方面，杰弗里·哈特（Jeffrey A. Hart）通过对拉美决策者认知图的分析，认为认知图在简约性、通用性、描述力、解释力以及规范含义方面的丰富性五个标准上得分很高。[⑦]

---

① Alexander L. George, "The 'Operational Code': A Neglected Approach to the Study of Political Leaders and Decision Making", *International Studies Quarterly*, Vol. 13, No. 2, 1969.

② Ibid..

③ 这十个问题的具体内容原文参见 Alexander L. George, "The 'Operational Code': A Neglected Approach to the Study of Political Leaders and Decision Making", *International Studies Quarterly*, Vol. 13, No. 2, 1969. 中文参见王鸣鸣《外交政策分析：理论与方法》，中国社会科学出版社 2008 年版，第 131 页；尹继武《社会认知与联盟信任形成》，上海人民出版社 2009 年版，第 48 页，注释 24。

④ Steven G. Walker, "The Interface Between Beliefs and Behavior: Henry Kissinger's Operational Code and the Vietnam War", *The Journal of Conflict Resolution*, Vol. 21, No. 1, 1977.

⑤ Steven G. Walker, Mark Schfer, and Michael Young, "Presidential Operational Code and Foreign Conflict in the Post-Cold War World", *Journal of Conflict Resolution*, Vol. 43, No. 3, 1999.

⑥ Robert Axelrod ed., *Structure of Decision: the Cognitive Maps of Elite*, Princeton: Princeton University Press, 1976.

⑦ Jeffrey A. Hart, "Cognitive Maps of Three Latin American Policy Makers", *World Politics*, Vol. 30, No. 1, 1997.

　　关于意象理论的研究主要集中于国际冲突领域。一般而言，意象包括自我意象、他者意象以及多主体意象等。关于意象在外交决策中的作用，西方学者有过许多论述。肯尼思·华尔兹·博尔丁（Kenneth Boulding）曾指出，对于自我和他者的意象会影响外交决策过程；罗伯特·杰维斯（Robert Jervis）论述了对于敌人错误的意象会产生消极的影响；奥利·霍尔斯蒂（Ole Holsti）则具体分析了杜勒斯对于苏联的意象是如何影响其外交政策立场的。①

三　外交政策分析的三大关键难题

　　上述外交政策分析的文献回顾是从四种分析路径进行的。从这种回顾中我们看到了不同路径都具有自己独特的方法论、认识论以及含蓄的本体论承诺，然而不同路径、模式的存在虽然为我们提供了"远近高低各不同"的景象，却无法为我们描述一个连贯一致的图画。因为，上述模式对涉及外交政策分析的三大关键难题②并没有给出回答或回答不一致：第一，到底谁是外交政策的施动者？体系中心和民族国家中心路径都含蓄地认定是抽象的单一的民族国家在按照结构功能的要求行动，然而抽象的国家是不具备施动性的，单一的国家在国家—社会日益分化的大众政治时代也是不存在的；社会中心路径虽然打破了单一国家的假定在国家—社会分化的大背景下讨论国家决策行为，但侧重点一般在社会的输入，而对国家决策的结构与过程关注较少，即这一路径仅仅抓住了"政策需求"，而不是"政策供给"；而国家中心或政府决策路径并没有赋予国家以真正的本体论地位，而是将国家分解为各种零件，如官僚组织、单一决策团队和最高决策者，企图通过对各个零件的解剖来分析"零件的组合"即国家的

①　Michael Young, Mark Scharfer, "Is There Method in Our Madness? A Way of Assessing Cognition in International Relations", *Mershon International Studies Review*, Vol. 42, No. 1, 1998.

②　扎卡利亚认为关于国家外交政策的假设有两点是不清楚的：第一，谁代表"民族国家"对国家权力、安全的增减进行认知？第二，学者应如何客观地衡量这些特征？参见 Fareed Zakaria, *From Wealth to Power*: *The Unusual Origins of America's World Role*, Princeton: Princeton University Press, 1998, p. 24. 本书认为，他的第一点抓住了问题的本质，但他并没有很好地解决这个问题，而第二点虽然重要但并不是根本性的。霍利斯与斯密斯曾经指出，对国家外交政策的解释存在三个理论争论：其一，国际国内因素的相对重要性；其二，体系影响其构成因素的方式及程度；其三，个体行为者给予其政策偏好的理由的重要性。参见 Martin Hollis and Steven Smith, "Roles and Reasons in Foreign Policy Decision Making", *British Journal of Political Science*, Vol. 16, No. 3, 1986。本书则主要从施动者—结构问题角度提出了这三个难题。

决策，然而对于复杂的人类社会而言，整体并不等于部分之和，因而，这种通过分析个体来理解整体的方法，虽然有益却代替不了对整体的单独分析。因此，这里的问题就是：到底谁是外交政策的施动者？我们必须在抽象的民族国家概念与单独的个体之间找寻到一个施动者代表。第二，如何处理施动者与结构的关系？一旦明确或隐含地假定了外交决策的施动者，那么就必须对施动者与结构的关系进行回答。因为"施动者与结构的属性均与对社会行为的解释具有相关性"①。而这四种路径要么专注于结构要么专注于具体的决策者，而没有对二者的关系与互动进行回答。第三，如何整合不同层次（即层次分析）、不同属性（即物质和观念）以及内政外交（即内外两个大局）的因素以提供一个综合分析框架？单独从任一路径任一模式的分析看，这种分析可能都是吸引人和具有一定说服力的，但很显然，任一外交决策显然又不能通过一个模式得到全面立体的描述与分析。然而，"因为外交政策行动几乎总是源于多种起因，如果我们的目标是超越言辞以理解潜藏于国家外交政策的复杂现实的话，我们最好以多因方式思考"②。因此，如何整合不同路径与不同模式以提供一个综合分析框架是任何研究者均面临的真正难题。可见，我们对外交政策的分析还不够成功。

第三节　外交政策分析的综合努力

之所以对有关影响或决定国家外交行为的原因和因素具有差距如此巨大的看法并由此形成了至少四种分析路径和九种分析模式，是因为不同学者基于爱好或学术旨趣的不同而从各自的视角出发去分析自己感兴趣的问题。这些分析路径是：其一，体系中心路径，即从国际体系结构出发自上而下地分析（解释或理解）国家行为；其二，民族国家中心路径，即从国家本身的客观利益或主观目标、价值出发去分析国家行为；其三，国家中心或政府决策路径，从各种政府组织或个体决策者视角自下而上地去分析国家行为；其四，社会中心路径，即从社会力量

---

① Alexander Wendt, "The Agent-Structure Problem in International Relations Theory", *International Organization*, Vol. 41, No. 3, 1987.

② Eugene R. Wittkopf, Charles W. Kegley, Jr., James M. Scott, *American Foreign Policy: Pattern and Process*,《美国外交政策：模式与过程》，北京大学出版社 2004 年影印版，第 16 页。

对国家决策影响的视角去分析国家行为。也正是这种"画地为牢"的研究路径、层次和方法的限制,使得有关国家行为的分析虽然"百花齐放"甚为壮观,但却各执一词无法对话,因而,最终损害了理论的发展与学科的吸引力。这表明,外交政策分析要想取得新的突破,必须要进行整合不同模式的综合分析的努力。肯尼思·华尔兹曾指出:"第三意象描述了国际政治的轮廓,但是没有第一和第二意象就不能知道决定政策的动力,第一和第二意象描述了世界政治中的动力,但没有第三意象就不可能评估其重要性或预测其结果。"[1] 哈威·斯塔尔(Harvey Starr)则明确地提出了"跨越界线"的要求。他指出:"不仅对于国际关系而且对于政治学所有次领域来说,那些能够在他们的理论和研究设计中'跨越各种界线'的学者们,已经更富有成效地开展了研究。界线能够表明某种现象的界限,在理论、概念和研究设计中这种简化和说明是有价值的。然而,界线也常成为障碍,它能够阻碍我们对现象的思考和理论化的方式,也能阻碍我们研究周遭世界的方式。作为学者,我们必须意识到这些限制我们思想的人为界线或障碍,同样我们要有意识地去找到能够提出富有生机的理论和有效的研究设计的各种方法。"[2]

当然,随着国际关系学科的发展,各种跨越界限的综合分析努力也层出不穷,并取得了不小进展。

一 新古典现实主义

鉴于结构现实主义无法对国家行为做出预测,新古典现实主义企图从单元层次内部来解释国家对外行为,试图把国内结构同国际体系结构联系起来,[3] 并同时引入观念因素以弥补纯粹物质主义的不足。除了法里德·扎卡利亚之外,在综合努力方面做出较大贡献的还有杰克·斯奈德(Jack Snyder)、斯蒂芬·埃弗拉(Stephen Van Evera)、兰德尔·施韦勒(Ran-

---

① Kenneth N. Waltz, *Man, the State and War*, New York: Columbia University Press, p. 238.

② Harvey Starr, "Introduction: the Future Study of International Relations, Two-Level Games, and Internal-External Linkages", in Harvey Starr ed., *Approaches, Levels, and Methods of Analysis in International Politics: Crossing Boundaries*, New York: Palgrave Macmillan, 2006, p. 1.

③ [美] 詹姆斯·多尔蒂、小罗伯特·普法尔茨格拉夫:《争论中的国际关系理论》(第五版),阎学通等译,世界知识出版社 2003 年版,第 94 页。

dall Schweller)等人。

在继承现实主义传统的基础上,斯奈德借助国内因素提出了解释国家对外扩张过度的新理论。通过考察英、德、日、俄(即苏联)和美国五个重要国家的对外扩张史,他发现,帝国过度扩张源于国内利益集团挟持政府实现自身利益,是穷兵黩武的总参谋部人员、战略性的神话制造者、帝国主义的卡特尔导致国家走上了扩张过度的道路。①

斯蒂芬·埃弗拉则将研究的重点放在国家偏好和对权力的感知上,而非国际体系的权力结构。在他看来,国家对权力的感知受到四个因素的影响:处于统治地位的政治精英、自利的官僚、军国主义和民族主义意识形态。这些偏好和社会利益集团的相对权力决定着国家对权力的感知。斯蒂芬·埃弗拉还把国家的行为与国内多元利益集团的偏好和权力联系在一起,认为强大的利益集团联合起来,通过误导和胁迫弱小集团发动战争来获取自身狭隘的利益。②

施韦勒同样强调外交政策不是单纯由民族国家权力决定的,而是由政府能力决定的。他还认为,单从权力分配入手并不能很好地分析国际政治,尤其不能解释国家究竟会采取制衡还是追随强者的政策。若要寻找原因,要考察国家目标,即该国是现状国家还是修正主义国家。③

当然,新古典现实主义为了弥补结构现实主义解释具体国家行为的不足,引进了国内政治与部分观念因素,部分地实现了内政外交和物质观念因素的综合,但在新古典现实主义看来,内政因素必须被置于分析的第二位,因为他们认为长期来看国家外交政策不能超越国际环境赋予的限制与机会。比如法里德·扎卡利亚就认为:"一个好的外交政策理论应该首先探讨国际体系对国家行为具有什么效应,因为一个国家在国际关系中最有

---

① Jack Snyder, *Myths of Empire*: *Domestic Politics and International Ambition*, Ithaca, NY: Cornell University Press, 1991.

② Stephen Van Evera, *Causes of War*: *Power and the Roots of Conflict*, Ithaca, NY: Cornell University Press, 1999, pp. 9 – 10.

③ Randall Schweller, "Bandwagoning for Profit: Bringing the Revisionist State Back in", in Sean M. Lynn-Jones and Steven E. Miller eds., *The Cold War and After*: *Prospects for Peace*, Cambridge: MIT Press, 1993, pp. 249 – 286.

效力的可概括的特征就是其在国际体系中的相对位置。"① 可见，新古典现实主义在引入国内变量或观念因素的同时都有一个基本前提，即承认国际相对权力这一客观现实对国家互动结果的深刻影响。也就是说，在新古典现实主义那里，国内政治各种因素并不是主要和独立的自变量，而是干预变量，② 同样，观念因素虽然得受到重视，也仅仅是扮演着干预变量角色而处于附属性地位。因此，新古典现实主义仅仅是结构现实主义的自然延伸，用于解释结构现实主义解释不了的各种国家行为，并不能真正完成理论综合的任务。

二　经典的外交政策分析

瓦莱丽·赫德森指出："外交政策分析的真正前途必须是理论整合，这种整合将跨越不同层次以发展出一个有关外交政策决策的更完整的视角。"③ 根据瓦莱丽·赫德森的观点，虽然理论整合存在四个障碍，即庞大与多样化的数据信息、充满偶然与创造性的动态决策、信息缺失和理论综合的结果因人而异④，但是在经典的外交政策分析领域仍然存在不少有价值的综合努力。

1. 詹姆斯·罗西瑙的"前理论"（pre-theory）⑤

当外交政策分析学科还不存在的时候，詹姆斯·罗西瑙早在 20 世纪 60 年代就希望理论整合成为外交政策分析者优先考虑的事项这一天的到来。在《前理论和外交政策理论》一文中，他写道：

"识别各种（影响）因素不是追踪其影响；理解影响外部行为的过程不是解释此一过程在某些而不是另一些条件下如何和为何起作用；承认外交政策除了受外部因素还受内部因素塑造，不是去理解这两种因素是如何混合的或者表明一种因素占据主导的条件。……外交政策分析缺乏综合的

---

① 转引自 Gideon Rose, "Review: Neocalssical Realism and Theories of Foreign Policy", *World Politics*, Vol. 51, No. 1, 1998。

② 这一观点可参见 Gideon Rose, "Review: Neocalssical Realism and Theories of Foreign Policy", *World Politics*, Vol. 51, No. 1, 1998。

③ Valerie M. Hudson, *Foreign Policy Analysis: Classic and Contemporary Theory*, Plymouth: Rowman & Littlefield Publishers, Inc., 2007, p. 165.

④ Ibid., pp. 166 – 167.

⑤ 前理论即为创立更完善的大理论所做的理论准备。

可验证的系统归纳……外交政策分析缺乏通用理论。"①

正是基于这样的评估,在该文中他鼓励学者系统地发展通用的可验证的理论,不过这一通用理论不是"一般行为者"理论而是"具体行为者"理论。他认为外交政策分析研究者应该模仿现代基因之父孟德尔,孟德尔通过仔细的观察和比较从植物的表型中区分出基因。因此,詹姆斯·罗西瑙假定民族国家之中也存在基因,且这种潜在的基因将会向我们显示外交政策分析中不同层次变量的相对重要性。其整合工作是通过选定"基因"变量和不同层次的变量系列②进行的:第一,詹姆斯·罗西瑙选定的民族国家的基因变量是规模、财富和政治体系且每一个又分为对立的两类,即按规模分为大国与小国,按财富分为发达与欠发达,按政治体系分为开放与封闭。第二,詹姆斯·罗西瑙确定了个人层次变量(如领导人的个性)、角色变量(如国家角色观念)、政府变量(如国内政治)、社会变量(如国家属性以及国家统一性这样的文化变量)以及系统变量(如两级、多级等)作为不同层次的变量系列,不同层次的变量系列的重要性将根据国家类别的不同(即基因的不同)进行排列。根据这样的综合,詹姆斯·罗西瑙得出了表2-2以说明这种整合。

从表2-2我们可以得出几点一般性结论:第一,个人层次变量对发达的开放国家而言最不重要,而对欠发达国家最重要;第二,角色变量对发达国家而言最重要,但对任何国家而言,其排序都不低于三;第三,小国相对于大国而言体系效应重要得多;第四,政府变量对任何国家而言其排序都不超过三,而对欠发达但开放的国家最不重要;第五,社会层次变量对封闭国家最不重要。

当然,詹姆斯·罗西瑙也认识到上述排序会根据具体涉及问题领域的不同而不同。除了设计三组基因变量和五个层次的变量系列之外,詹姆斯·罗西瑙也意识到衡量影响国家行为的内外因素的融合程度也是重要的,为此他还设计了"渗透"变量。

---

① James N. Rosenau, "Pre-theories and Foreign Policy Theory", in R. Barry Farell ed., *Approaches in Comparative and International Politics*, Evanston: Northwestern University Press, 1966, pp. 98 - 99.

② 这里的变量系列是指某一分析层次(罗西瑙划分了五个层次)上由诸多变量组成的集合。

表 2 - 2 詹姆斯·罗西瑙的"前理论"

大国				小国			
发达		欠发达		发达		欠发达	
开放	封闭	开放	封闭	开放	封闭	开放	封闭
角色	角色	个人	个人	角色	角色	个人	个人
社会	个人	角色	角色	体系	体系	体系	体系
政府	政府	社会	政府	社会	个人	角色	角色
体系	体系	体系	体系	政府	政府	社会	政府
个人	社会	政府	社会	个人	社会	政府	社会
美国	苏联	印度	中华人民共和国	荷兰	捷克斯洛伐克	肯尼亚	加纳
1964	1964	1964	1964	1964	1964	1964	1964

资料来源：James N. Rosenau, "Pre-theories and Foreign Policy Theory", in R. Barry Farell ed., *Approaches in Comparative and International Politics*, Evanston：Northwestern University Press, 1966。

可见，詹姆斯·罗西瑙的综合努力雄心勃勃，也对外交政策的综合分析贡献不小。然而，这种综合面对的变量太多，也自然给理论综合带来了太多麻烦与障碍。

2. 建立事件数据库

作为响应詹姆斯·罗西瑙企图建立跨国和多层次外交政策通用理论之艰巨任务的产物而形成的比较外交政策是外交政策分析领域中继承了科学行为主义最多遗产的一个分支。该学派认为，尽管外交政策不能进行整合研究，但外交政策行为可以。他们发现在美国政治的行为主义研究中"投票"被作为基本的"待解释项"，通过类比，外交政策分析家们提出他们可以把外交政策"事件"作为研究的"待解释项"。外交政策"事件"是一种可感知的准事实，是国际事务中可被视为"谁对谁做了什么？如何做？"的影响企图。"事件"可以按照行为的维度进行比较，如显示的正面或负面效应、使用的手段（如外交的、军事的和经济的等）以及资源承诺明晰的程度。这样，诸如战争、条约和国事访问这些截然不同的行为就可以进行有意义的理论比较和整合。①

---

① 参见 Valerie M. Hudson, "Foreign Policy Analysis：Actor-Specific Theory and the Ground of International Relations", *Foreign Policy Analysis*, No. 1, 2005。

　　这种对因变量的概念化成为比较外交政策进行理论建构的基础，为揭示不同国家不同时间外交政策行为的一般规律提供了可能。通过"事件"，就可能对大量的自变量数据进行收集并通过分析其差异决定其与因变量的关系模式。显然，这种数据收集是一项浩大的工程，然而却得到了美国政府的大力支持。据估计，美国政府主要通过"美国国防高级研究计划局"和"美国国家科学基金会"在 1967 年到 1981 年期间提供了超过五百万美元资金以建立数据库。随后不久，在美国先后出现了一批数据库，主要有：国际研究数据开发库、世界事件相互关系调查、冲突与和平数据库、各国事件比较研究等。这些数据库的建立是为了总结出国家外交行为的规律，并据此来预测不同国家的外交政策，以此供决策者参考。显然，这种跨越不同国家和时间的数据库建设的理论目标是要建立一个统一的大理论。然而，几十年过去了，比较外交政策分析家们的这一宏大目标并没有实际的理论回报。不过 CREON 第二期项目值得一提。

　　CREON 第二期项目仍然集中于决策单位，其基本模式如图 2 - 3 所示。该项目认为存在三种最终决策单位：强势领导人、单一团体和多元自主团队，做出外交决策的行为体一定是上述三种的一种，并对每一决策单位进行了细分。以最终决策单位为基础，CREON 的研究者们企图将早期提出的决策树模式和最终决策单位结合起来，以分析具体的外交政策行为。

　　从 CREON 的研究看，这种以最终决策单位为中心、以决策树为分析路径的分析方法，确实对决策过程中的各种不同层次的因素进行了有效的综合，然而其不足也不少：其一，作为分析起点的"决策时机"要比决策树模式设想的要凌乱得多，比如，大多数外交决策并不是在一个场合做出的而可能是几个决策单位综合的结果。其二，决策时机实际上是受前期决策记忆影响的，是连锁决策的延续，而在决策树模式中却被当成"白板"。其三，未考虑决策执行对决策的影响。其四，不存在完全信息来回答决策树中的每一个问题。[1] 总之，由于这一整合模式是以完全理性和完全信息为基础的，因而其与决策过程中的有限理性和有限信息的实际决策

---

　　① 参见 Valerie M. Hudson, *Foreign Policy Analysis*: *Classic and Contemporary Theory*, Plymouth: Rowman & Littlefield Publishers, Inc., 2007, p. 183。

过程相距甚远。

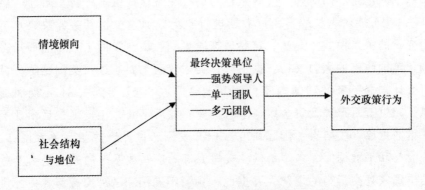

图 2 – 3   CREON 第二期项目模型

资料来源: Valerie M. Hudson, Foreign Policy Analysis: Classic and Contemporary Theory, Plymouth: Rowman & Littlefield Publishers, Inc. . 2007, p. 180。

3. 定性与定量综合

迈克尔·布泽尔 (Michael Brecher) 和乔纳森·威尔肯菲尔德 (Jonathan Wilkenfeld) 虽然一起合作过, 然而却发展了不同的理论整合方法。迈克尔·布泽尔的理论整合是通过定性的历史案例研究完成的, 而威尔肯菲尔德则通过多元回归的方法完成了另一整合。

在对以色列外交政策的研究中, 迈克尔·布泽尔发展了一个综合外交决策中输入、输出不同系列变量的框架。他假定了决策的两个重要环境即操作环境 (operational environment) 和心理环境 (psychological environment)。[①] 其基本模式如图 2 – 4 所示。迈克尔·布泽尔的框架指出了各种变量系列并表明了这些变量的相关方式, 然而他并没有阐明范围条件或整合的规则。因而, 这一努力跟詹姆斯·罗西瑙的努力一样, 更像是一个前理论的努力。

乔纳森·威尔肯菲尔德及其合作者在《外交政策行为: 国家间行为分析模式》[②] 中清楚地建构了一个具有自变量、干预变量和因变量的模式。

---

① 参见 Michael Brecher, *The Foreign Policy System of Israel: Setting, Images, Process*, London: Oxford University Press, 1972。

② Jonathan Wilkenfeld, et al. , *Foreign Policy Behavior: The Interstate Behavior Analysis Model*, Beverly Hillis, CA: Sage, 1980.

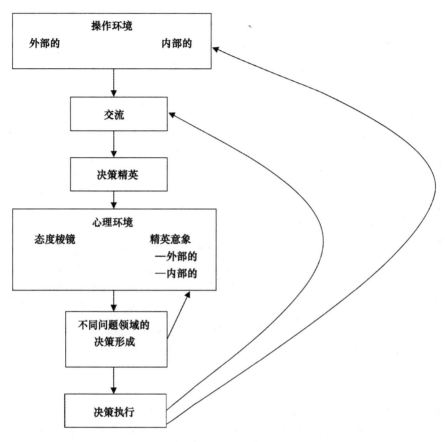

图 2 - 4　迈克尔·布泽尔的整合框架

资料来源: Michael Brecher, The Foreign Policy System of Israel: Setting, Images, Process, London: Oxford University Press, 1972。

自变量包括心理、政治、社会、国家间和全球因素。干预变量则是对国家类型的分类,基于国家能力和政府结构,威尔肯菲尔德及其合作者使用 Q - 类因素分析提出了国家的五种分类,即西方的、封闭的、发展中大国、不稳定的和贫穷的。由于受到数据的限制他们将因变量归为三类,即建设性外交、非军事冲突和武力。最终乔纳森·威尔肯菲尔德及其合作者建构的模型如图 2 - 5 所示。

　　与迈克尔·布泽尔不同,乔纳森·威尔肯菲尔德的综合框架使用了定量方法。通过使用偏最小二乘回归方法,威尔肯菲尔德及其同事不仅描述了自变量、干预变量和因变量之间的部分相关系数,而且还描述了不同自变量的相关性。这些相关系数能使我们在解释三种不同外交行为时知晓各个变量及其变量系列的"相对效力"。这种对各个变量"相对效力"的检验是很好的努力,然而由于他们没有以此为基础提出不同变量间的因果模式,他们并没有完成理论整合。

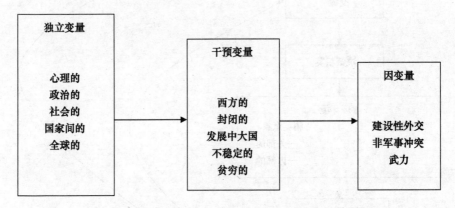

图 2 - 5   乔纳森·威尔肯菲尔德的国家间行为分析模式

资料来源: Jonathan Wilkenfeld, et al., Foreign Policy Behavior: The Interstate Behavior Analysis Model, Beverly Hillis, CA: Sage, 1980。

4. 基于规则的生产系统 (Rule-Based Production Systems)

20 世纪 80 年代后期和 90 年代早期,计算机和人工智能的进展使外交政策分析家能够使用这一新技术以实现理论整合。基于规则的生产系统就是这一进展的产物。简单地说,这一系统就是一组相互关联的"如果……那么"陈述,通过赋值可以将这些陈述转化为计算机程序。因此,"如果你能够在两个变量之间构想出具体的关系,不管其形式或准确性,你就能构造一个基于规则的生产系统"。[1]一旦这一系统构造出来,我们就能够通过给计算机编程模拟我们正研究的对象。在外交政策分析中早期的这种构造有涉及个人的 (如 JFK 系统)、国家的 (如 CHINA WATCHER

---

① Valerie M. Hudson, *Foreign Policy Analysis: Classic and Contemporary Theory*, Plymouth: Rowman & Littlefield Publishers, Inc., 2007, p. 174.

系统）以及更一般的决策系统（如 POLI、EVIN 和 SP 系统）。[①]

这一综合努力显然显示了一些优势，然而其不足也是明显的，主要有：其一，变量整合的规则完全取决于个人的理解；其二，必须考虑到每一种可能性，否则系统无法运行；其三，对规则的严格定义导致大量规则的产生，使规则设定者陷于无休止地找寻不同自变量排列带来的自变量的不同变化，使因变量被过度决定。这些不足最终使得这一综合方法与一般的综合努力显得太过强势而偏离了外交政策分析。

三 从内外辩论到内外联动

随着"内外辩论"的持续展开，越来越多的研究者认识到，完全依赖于任何一种视角都无法令人满意地分析一国的外交政策，而必须对二者加以整合。因为，在这些人看来，内外因素并不是孤立的而是互动的、相互影响的。

外交和内政互动关系的研究在早期是不对称的，学者们大多强调国际问题的国内根源，重视国内政治文化、官僚政治以及政治体制安排的差异如何影响国家的外交行为，所谓"对外政策是国内政治经济的延续"，说的就是这个道理，或者如肯尼思·华尔兹给出的经典概念阐述，即国际关系研究中的"第二意象"[②]；而对国际力量如何影响国内政治，除了相互依赖、现代化研究和跨国关系理论中有些论述以外，研究水平与前者相比总体上处于薄弱的地位，而有关内政与外交的互动的研究则显得更为薄弱。

1. "颠倒的第二意象"

彼得·古勒维奇提出的"颠倒的第二意象"反映了国际因素对国家

① 有关这些系统的介绍参见 Akihiko Tanaka, "China, China Watching, and CHINA-WATCH-ER", in Donald A. Sylvan and Steven Chan eds., *Foreign Policy Decision Making: Perception, Cognition, and Artificial Intelligence*, New York: Praeger, 1984, pp. 281–310。Michael Thorson and Donald Sylvan, "Counterfactuals and the Cuban Missile Crisis", *International Studies Quarterly*, Vol. 26, No. 4, 1982。Charles Taber, "Cognitive Process Tracing through Computational Experiments", *The Political Psychologist*, Vol. 2, No. 1, 1997。Valerie M. Hudson, "Using a Rule-Based Production System to Estimate Foreign Policy Behavior: Conceptual Issues and Practical Concerns", in Stephen Cimbala ed., *Artificial Intelligence and National Security*, Lexington, MA: Lexington Books, 1987, pp, 109–132。

② 参见［美］肯尼思·华尔兹《人、国家与战争：一种理论分析》，信强译，上海人民出版社 2012 年版。

日益增大的重大影响。他认为，国际经济环境通过中介环节，影响国内政策选择。"国际体系不仅是国内政治和结构的结果，更是后者的原因。经济联系和军事压力限制了包括政治决策、政治形式在内的一系列国内行为。因此，国际关系和国内政治之间的联系是如此紧密，使得二者必须被视作一个整体而同时研究"①。他还指出此前的政治学者们只重视国际政治的国内根源，而忽视了国内政治的国际根源，现在应该是重视国际力量如何作用国内结构的时候了。② 为此，他提出了"颠倒的第二意象"。据此，他对肯尼思·华尔兹的第二意象进行了颠倒，把研究焦点集中在国际力量影响国内政治发展的比较分析上。在古勒维奇看来，在国际体系中对国内政治体制特征的塑造产生了强有力的影响的主要有三种力量：观念和意识形态、国家间政治权力的分配状态、国际经济中经济活动和财富的分配状态。③

　　其他关于国际因素影响国内政治研究主要集中在其一般影响途径与后果上。全球化和相互依赖理论中对主权弱化的讨论最具代表性。比如，全球主义者认为，商品、劳务、资本乃至人员的跨国界流动网络的扩张会减少国家自主决策的范围，因此全球力量与国家力量之间是一种零和关系。④ 相互依赖理论中关于敏感性与脆弱性的讨论也反映了这种影响。更具体的研究则有：罗纳德·罗戈斯基（Ronald Rogowski）借助斯托尔普珀—萨缪尔森模型，把国内政治抽象出来，提出了国际贸易变化影响国内政治联盟与分裂的假说。⑤ 詹姆斯·罗西瑙提出了"沟通行为体"⑥ 概念作为传递国际影响的中介。海伦·米尔纳和罗伯特·基欧汉认为，国际化通过三种途径影响了国内政治：

---

①　参见 Peter Gourevitch，"The Second Image Reversed：The International Sources of Domestic Politics"，*International Organization*，Vol. 32，No. 4，1978。

②　Peter Gourevitch，"The Second Image Reversed：The International Sources of Domestic Politics"，*International Organization*，Vol. 32，No. 4，1978.

③　Ibid. .

④　Linda Weiss ed.，*States in the Global Economy：Bring Domestic Institutions Back in*，Cambridge：Cambridge University Press，2003，pp. 5 – 10.

⑤　参见 Ronald Rogowski，*Commerce and Coalitions：How Trade Effects Domestic Political Alignment*，Princeton：Princeton University Press，1989。

⑥　是指那些为特定政治目标而沟通国际与国内的政治环境的群体，使得商品、服务、政策、价值规范等能在国际和国内之间流动。在全球化背景下，这些群体包括国际组织、跨国公司、政府内部涉及管理跨国关系的部门、具有影响力的国内政治联盟等。

塑造新的政策偏好和政治同盟;引发国内经济和政治危机;削弱政府对宏观经济政策的控制。[①]

"颠倒的第二意象"的研究,虽然并没有打破内政与外交的界限,但这种研究实质上把外交与内政连接起来了,尽管这种连接只是单向的,但很显然这为我们实现内政外交互动的研究提供了新的思想激励。

2. 内外联动

诚如彼得·古勒维奇所言,国际与国内的性质同属"政治",故可以以相同的概念与范畴加以理解;另外,当今研究的议题已不在于二者间是否存在区别,而在于如何研究二者间的模糊互动关系。[②] 因此,如何整合国内国际两个层次成为国际关系研究者们期望有所理论突破的新领域。

有关内外联动的研究最重要的进展应该是罗伯特·普特南以国家谈判者为核心,以获胜集合为主要概念的"双层博弈"理论框架。"在国家层次上,国内集团为了促使政府采纳有利于它们的政策而对政府施压以寻求自身利益,政治家则通过在这些集团中建立联盟以保证权力。在国际层次上,一国政府会最大化自身满足国内压力的能力,同时最小化外部发展的不利影响。只要国家是相互依赖并且是主权的,中央政策决策者就不能忽视这两个层次博弈中的任何一个。"[③] 因此,国际协议是国家的政策制定者同时与国际层次和国内层次两股力量进行博弈的结果。然而,罗伯特·普特南的研究虽然颇具启迪,尤其是其对互动的重视,但罗伯特·普特南的理论模型也有其不足:其一,它仅仅是谈判理论;其二,只适用于非零和博弈而不适用于对冲突的研究,如他主张国内要求改变现状的压力越大,国际合作就越有可能,此一说法无法解释军事冲突为何发生在国内改变现状呼声最高时刻。其三,在"双层博弈"模型中我们也找不到国家的位置。因为,罗伯特·普特南模型中享有突出战略机遇与困境的仅仅是政治家,这些政治家追求最大化政治支持和实现个人目标,仅仅是社会的

---

① [美]罗伯特·基欧汉、海伦·米尔纳:《国际化与国内政治》,姜鹏、董素华译,北京大学出版社2003年版,第255页。

② Peter Gourevitch, "Domestic Politics and International Relations", in Walter Carlsnaes, Thomas Risse, and Beth A. Simmons eds., *Handbook of International Relations*, London: Thousand Oaks, Calif.: SAGE, 2002, p.328.

③ Robert D. Putnam, "Diplomacy and Domestic Politics: The Logic of Two-Level Games", *International Organization*, Vol. 42, No. 3, 1988.

纯粹"代理"。①

另一个有关内外联动的重要成果是莉莎·马丁（Lisa Martin）和贝思·西蒙斯（Beth Simmons）提出的"国际制度替代国内制度"的逻辑。他们在为《国际组织》创刊50周年所做的文献回顾中指出研究者需要发展真正的国际制度与国内政治互动的理论。为此，他们提出了"国际制度替代国内制度"的逻辑。比如，支持自由贸易的出口商和消费者联盟、分享国际社会规范的社会集团和政党、国内司法系统等，往往愿意将权威从国内层次转移到国际层次。这样决策权威的转移往往会削弱国家的自主性。②

但是，在"颠倒的第二意向"提出二十多年后，彼得·古勒维奇在对内外互动的最新总结中，仍然指出，若干新理论，如新自由主义或建构主义，所关切的仍是国家在体系内的变化与行为，真正对所有因素，包括国际与国内因素在内的全面的综合研究仍然存在不足，尚需努力。③ 可见，内外联动的研究努力尽管雄心勃勃，但仍然任重道远，尤其对于理解内外联动时代的外交并增强统筹国内国际两个大局的本领而言更是如此。

四　外交政策综合分析的出路

随着外交政策分析的发展，外交政策分析经历了从层次分析寻找单一原因到综合不同层次因素的努力，尤其是内外互动的研究颇具启迪。这种综合努力显然取得了不小的进步，也为我们分析外交政策提供了更富启迪的向导。然而，对于外交政策分析的三个难题这些综合努力仍然没有解决。首先，对于到底谁是外交政策的施动者的问题，这些努力仍然徘徊在抽象的国家或者具体的行动者或组织上；其次，关于施动者与结构的关系问题，这些综合努力仍然很少涉及；最后，关于层次、内外互动以及物质

---

①　对"双层博弈"模型理论特征的讨论见 Andrew Moravcsik："Introduction：Integrating International and Domestic Theories of International Bargaining"，in B. Evans，Harold K. Jacobson，and Robert D. Putnam ed.，*Double-Edged Diplomacy*：*International Bargaining and Domestic Politics*，Berleley，Los Angeles London：University of California Press，1993. pp. 3 – 34。

②　参见 Lisa Martin and Beth Simmons，"Theories and Empirical Studies of International Institutions"，*International Organizations*，Vol. 52，No. 4，1998。

③　Peter Gourevitch，"Domestic Politics and International Relations"，in Walter Carlsnaes，Thomas Risse，and Beth A. Simmons eds.，*Handbook of International Relations*，London：Thousand Oaks，Calif. ：SAGE，2002，pp. 309 – 310。

观念因素的这三大整合虽然均有一些富于启迪的探索，但一个综合的分析框架还没有出现。

　　本书认为，要真正解决这三大关键问题实现层次内外与属性的三大整合，关键在于解决社会科学中长期存在的"施动者—结构"问题。因为，外交政策行为说到底就是作为施动者的国家如何与其所处的国内外结构互动的问题。为此，本书将在下一章对社会科学中的"施动者—结构"问题进行梳理与总结，并提出自己的解决方式，以为本书奠定坚实的哲学基础。

第 三 章

施动者—结构论战：借鉴与超越

　　要解决外交政策分析中的三个难题以寻求外交政策综合分析的出路，其核心在于解决施动者与结构的关系问题，而这一问题的实质是集体行为问题。其实，不仅在国际关系领域，而且在一般的任何社会科学学科中都存在这样一个基本问题，即如何分析集体行为。正如玛格丽特·阿彻（Margaret S. Archer）所言："联系人类行动与社会结构的根本问题贯穿于社会学理论的发展史"①。围绕这个问题的争论最终刺激了哲学社会科学中的"施动者—结构"问题的产生及其解决这一问题的种种努力。

第一节　社会科学中的施动者— 结构论战：界定与争论

一　施动者—结构论战的界定

　　在哲学社会科学中广泛存在的"施动者—结构"问题或者"施动者—结构"论战②在社会理论发展史上以多种二分法的形式呈现出来，如"个人与社会""行动与结构""行为者与系统""部分与整体""个人主义与整体主义""微观与宏观""唯意志主义与决定论""主观主义与客观主义"等。"施动者—结构"问题严格地讲是一个哲学问题，这个问题或论战起源于人类社会中两个不容置疑的真理，即第一，人类世界的各种行动、事件及其结果背后的唯一推动力是人类的施动性；第二，人类的施

----

　　① Margaret S. Archer, "Morphogenesis Versus Structuration: on Combining Structure and Action", *The British Journal of Sociology*, Vol. 33, No. 4, 1982.
　　② 关于论战一词，戴维·德斯勒在其 1989 年的文章中最早使用，虽然当时实际上并没有真正的论战，但随后围绕这一问题的广泛争论反映了戴维·德斯勒的预见性。

动性只有在具体的历史环境中才能实现，这一环境为行动提供了可能并影响其过程。"人创造历史，但不是在自己选择的环境中创造的"。正如马克思这句经常被引用的格言那样，这些基本真理要求我们在对人类行为进行解释时必须做到两点：其一，必须承认施动者的施动性；其二，必须承认结构因素的相关性。因此，"施动者—结构问题"其实就是指提出一种满足这两种要求的理论是很困难的。用挑起这一论战的国际关系学者亚历山大·温特的话说就是，"缺乏一个明确的方法来概化这些实体及其关系"①。而后来人们普遍使用"施动者—结构"论战一词则表明在"施动者—结构"问题上不同学者采取了不同的态度，提出了不同的解决思路做出了不同的综合努力，因而构成了一种"论战"状态。

二　社会科学中的施动者—结构论战

亚历山大·温特曾经指出，"所有的社会科学理论至少都体现了对'施动者—结构'问题的含蓄解决"②。在社会科学中主要有两种综合施动者—结构论战的努力。一种是在一般系统理论中提出的"形态生成方法"，其中最著名的倡导者是沃尔特·巴克利（Walter Buckley）和阿彻。另一个视角是"结构化"理论，其主要的代表人物是安东尼·吉登斯。

其一，结构化理论。在结构化理论看来，社会科学研究的主要领域既不是个体行动者的经验，也不是任何形式的社会总体的存在，而是在时空向度上得到有序安排的各种社会实践。③ 因此，对于结构化理论而言，实践意识的观念具有根本性的意义。正是基于此，安东尼·吉登斯提出了"结构二重性"原理。结构二重性原理是结构化理论的关键，行动者和结构二者的构成过程并不是彼此独立的两个既定现象系列，即某种二元论，而是体现着一种二重性。在结构二重性观点看来，社会系统的结构性特征对于它们反复组织起来的实践来说，既是后者的中介，又是它的结果。相

① Alexander Wendt, "The Agent-Structure Problem in International Relations Theory", *International Organization*, Vol. 41, No. 3, 1987.
② Ibid. .
③ ［英］安东尼·吉登斯：《社会的构成：结构化理论大纲》，李康等译，生活·读书·新知三联书店1998年版，第60页。

对于个人而言,结构并不是什么"外在之物":从某种特定的意义上来说,结构作为记忆痕迹,具体体现在各种社会实践中,"内在于"人的活动,而不像涂尔干所说的是"外在"的。不应将结构等同于制约。相反,结构总是同时具有制约性与使动性。① 正是基于结构二重性概念,安东尼·吉登斯企图克服、超越三种二元论,即唯意志主义与决定论、主体与客体、共时性与历时性。

虽然安东尼·吉登斯的结构化理论在综合行为体与结构方面具有很大吸引力,但并不是没有问题。第一,结构只是一种虚拟存在。作为社会实践的中介与结果,结构并不独立存在,也就是说"在行为体知道其在日常活动中做什么的知识之外,并无什么独立的存在"。② 因而,结构只是一种只能通过行为者体现出来的虚拟存在。第二,缺乏对不同结构属性的区分,夸大了唯意志论。正如阿彻指出的那样,安东尼·吉登斯并不理解"在任何给定时间,一些属性比其他属性更具弹性或对变迁产生更多抵制力"。正是这一缺乏使安东尼·吉登斯实际上夸大了唯意志论而最小化了结构限制。第三,二重性概念丧失了分析变迁的潜力。因为,"在概念上坚持行动自由和严格的限制同时存在阻碍了任何有关在何种条件下何者占据主导的理论说明"③。因此,结构化理论无法回答行动者的行动选择问题,即何时何者将占据主导,因为此时行为体将倾向于复制或改变已有社会结构。第四,方法论悬置将理论上的二元论转换成了方法论的二元论。安东尼·吉登斯提出,在系统属性的研究中,主要有两种方法,即制度分析与战略行动分析的交替。在制度分析中将战略行动悬置而将结构属性视为"社会系统的长期重复的特征",④ 而在将社会系统建构作为战略行动时,安东尼·吉登斯又将制度分析悬置而研究行动者对社会关系中规则与资源的动员从而产生了一个对立的景象,即"变迁或其潜力内在于社会

---

① [英]安东尼·吉登斯:《社会的构成:结构化理论大纲》,李康等译,生活·读书·新知三联书店1998年版,第89—90页。

② Anthony Giddens, *The Constitutions of Society: Outline of the Theory of Structuration*, Cambridge: Polity Press, 1984, p. 26.

③ Margaret S. Archer, "Human Agency and Social Structure: A Critique of Giddens", in Jon Clark, Celia Mondgil and Sohan Modgil eds., *Anthony Giddens: Consensus and Controversy*, London: Falmer Press, 1990, p. 82.

④ Anthony Giddens, *Central Problem on Social Theory: Action, Structure and Contradiction in Social Analysis*, London: Macmillan, 1979, p. 80.

再生产的所有时刻"①,因而,系统的延展性不仅极高而且是随时发生的。因此,方法论悬置产生了结构或者长期循环或者整体转变的对立现象。因而,安东尼·吉登斯事实上是将行为体与结构互动问题从理论上的二元论转化成了方法论上的二元论,并没有从理论上解决行为体—结构问题。②

其二,"形态生成论"。形态生成指使系统的给定形式、结构或状态产生变迁的一系列复杂的交替过程,但是存在一个最终状态即结构细化,这与安东尼·吉登斯仅仅作为一个"虚拟模型"存在的社会系统大为不同。细化结构对安东尼·吉登斯来说,最多被作为循环的社会实践来分析,而对总体系统理论家来说,细化结构具有不能单独归于实践的属性,尽管这些属性源于实践。③ 这种涌现属性暗示了在最初互动及其结果之间存在非连续性,因而,形态形成说在分析结构与行为关系时采用了分析性二元论。"当然,行为是无止境的并且对于系统的延续与进一步细化是必不可少的,但是后来的互动行为因为受制于前期行为的结构结果将不同于前期行为。因此,形态生成视角不仅是二元的而且是连续的,处理一个无止境的循环,即从结构环境到社会互动再到结构细化的循环,因而就解开了结构与行为的辩证互动。"④ 事实上,这种历时性中的辩证互动基于两个前提:第一,结构逻辑上先于改变此结构的行为;第二,结构细化逻辑上后于这些行为。不过值得注意的是,虽然对结构与行为关系的分析要求我们从中截取一个横断面,但需要记住的是,各个横断面在逻辑和实际上都是连续的,任何一个横断面都连接着前后的形态循环链条,这可称为历时性结构化。因此,时间在形态生成论视角中是一个重要因素。因此,这种从时间入手的分析性二元论使研究何时不同程度的决定论或唯意志论占据主导的问题成为可能。因为"形态生成论通过分析不同结构和文化背

---

①　Anthony Giddens, *Central Problem on Social Theory: Action, Structure and Contradiction in Social Analysis*, London: Macmillan, 1979, p. 114.

②　关于方法论悬置引起的问题,参见 Margaret S. Archer, "Morphogenesis Versus Structuration: on Combining Structure and Action", *The British Journal of Sociology*, Vol. 33, No. 4, 1982。

③　参见 Margaret S. Archer: "Morphogenesis Versus Structuration: on Combining Structure and Action", *The British Journal of Sociology*, Vol. 33, No. 4, 1982。

④　Margaret S. Archer, "Morphogenesis Versus Structuration: on Combining Structure and Action," *The British Journal of Sociology*, Vol. 33, No. 4, 1982.

景中对不同社会集团的不同程度的限制与自由,处理了两方面各自的重要性"。①

然而,这种将行动与结构之间的无止境的互动分割为不同时间段的方法虽然能够分析不同时间段上何者占据主导的问题,但却很容易让人得出这样的结论,即行为体的任何行动都将引起整体结构的细化或变迁。"因此,阿彻并没有具体说明在特定的时间点上,存在相互重叠的不同类型的结构属性。当然,最重要的结构是那些嵌入最深的结构,也就是说,那些在特定历史时期提供行动的总体框架的结构,例如封建主义。而且这些深层结构是最不太可能发生变迁的。即使每一行动都能改变结构,我们也不得不在那些对于行动条件重要的深沉结构属性与对于行动条件没有或只有很少有意义影响的微观结构属性变迁之间做出区分"。②

基于上述分析,对于结构化理论与形态形成论的异同,我们可以列表如下:

表3-1   结构化理论与形态生成论异同比较

	比较项	结构化理论	形态生成论
不同	核心概念	二重性	分析性二元论
	过程与状态	有过程也有最终形态	有过程但无最终形态
	结构的存在	虚拟存在	实际存在
	方法论	方法论悬置	时间分割
	时间	被抽空	实际变量
相同	本体论	行动结构互为前提	
	实践	行动塑造社会实践,并产生互动的无意识结果	

综上所述,对于结构化理论来说,行为体—结构关系体现为一个互为本体的无始无终的流动的过程,时间在这种无止境的流动中事实上被抽空

---

① Margaret S. Archer, "Human Agency and Social Structure: A Critique of Giddens", in Jon Clark, Celia Mondgil and Sohan Modgil eds., *Anthony Giddens: Consensus and Controversy*, London: Falmer Press, 1990, p. 82.

② Anders Bieler and Sdam David Morton, "The Gordian Knot of Agency-Structure in International Relations: A Neo-Gramscian Perspective", *European Journal of International Relations*, Vol. 7, No. 1, 2001.

为仅仅一个概念而已，最终结构二重性的概念和方法论悬置办法就使对具体历史环境下的行为体—结构互动无法进行分析。而形态形成说则在无止境的互动中从时间上对这种互动做出了分割与凝结，从而使对具体历史环境下的行为体—结构互动情况的分析成为可能，但由于没有对不同类型的结构属性做出区分，而将难以变化的深层结构与容易变化的表层结构平等对待，给人一种任何行动都能改变结构的印象，最终损害了深层结构具有稳定性的一面。但是，结构化理论与形态生成论两种综合施动者—结构互动关系的努力无疑为国际关系领域相关的争论提供了思想资源与深化探讨的灵感。至少有一点是肯定的，即通过这种争论，越来越多的研究者承认，对社会行为的分析必须同时关注施动者与结构。用巴斯卡的话说就是："这样社会不是人类施动性的无条件创造（唯意志主义），但是二者相互都不能独立存在（物像化）。个体行动既不完全决定（个体主义）也不完全被社会形式决定（决定主义）。"① 而马克思则指出："人创造历史，但不是在自己选择的环境中创造的。"可以说，这构成了我们分析国家外交行为的基本原则。

第二节　国际关系中的施动者—结构问题：论战与出路

"像所有社会系统一样，国际政治系统是由不同的施动者与结构构成的。而且这两方面是相互关联的"。② 作为一个靠借用其他学科的概念、假设和思想资源得以发展和完善的国际关系学科，对社会科学中施动者—结构问题也做出了回应。1987 年亚历山大·温特发表了《国际关系中的施动者—结构问题》一文，从此点燃了国际关系领域中有关施动者—结构问题的激烈辩论。虽然这场辩论很少被写入教科书，但这场辩论是比通常大家接受的三次或者可能是五次大论战③更深刻的辩论，因为，这一辩论涉及如何认识国际政治的本体论、认识论和方法论这些根本问题。

---

① Roy Bhaskar, "Emergence, Explanation, and Emancipation", in Paul Secord ed., *Explaining Human Behavior*, Beverly Hills: Sage Publications, 1982, p. 286.

② Gil Friedman and Harvey Starr, *Agency, Structure, and International Politics: From Ontology to Empirical Inquiry*, London and Ney York: Routledge, 1997, p. 3.

③ 参见哈里·古尔德《行为体—结构论战的实质意义》，载［美］温都尔卡·库芭科娃、尼古拉斯·奥鲁夫、保罗·科维特主编《建构世界中的国际关系》，第 94 页。

下面将对这一论战在国际关系领域中的进展情况做一简要回顾，[①] 并对各种解决办法进行分析，以为最终提出的解决办法提供历史与理论依据。

一   第一代理论家及其解决办法

虽然是亚历山大·温特最早点燃了国际关系中施动者—结构论战，但对国际关系中施动者—结构问题的研究自 20 世纪 50 年代以来就已存在。我们可以将斯普绕特夫妇和哈威·斯塔尔作为国际政治中施动者—结构问题的第一代理论家。斯普绕特夫妇的代表作分别有：1956 年的《国际政治语境下的人—环境关系假设》[②]、1957 年的文章《国际政治研究中的环境因素》[③]、1965 年的《人类事务的生态视角》[④]、1968 年的《国际政治研究的生态范式》[⑤]

1. 斯普劳特的"生态三重性"

斯普劳特夫妇在其著作中提出了"生态三重性"概念，即实体、环境和实体—环境关系，以处理施动者与结构的关系。[⑥] 与三重性概念对

[①]   由于这里主要关注的是施动者—结构问题的各种综合努力，故这里虽然涉及辩论过程，但并不集中于理论家们之间具体的辩论，而是集中于不同理论家提出的解决办法。因而，像霍利斯与斯密斯虽然一开始就是辩论的主要参与者，但由于他们怀疑各种解决的可能性，故这里并没有特别提及他们。

[②]   Harold Sprout and Margaret Sprout, *Man-Milieu Relationship Hypotheses in the Context of International Politics*, Princeton: Princeton University Press, 1956.

[③]   Harold Sprout and Margaret Sprout, "Environment Factors in the Study of International Politics", *Journal of Conflict Resolution*, Vol. 1, No. 1, 1957. 该文于 1969 年又被收入罗西瑙《国际政治与外交政策文集》，参见 Harold Sprout and Margaret Sprout, "Environmental Factors in the Study of International Politics", in James N. Rosenau ed., *International Politics and Foreign Policy*, New York: The Free Press, 1969。

[④]   Harold Sprout and Margaret Sprout, *The Ecological Perspective on Human Affairs*, Princeton: Princeton University Press, 1965.

[⑤]   Harold Sprout and Margaret Sprout, *An Ecological Paradigm for the Study of International Politics*, Princeton: Center for International Studies, 1968.

[⑥]   参见 Harold Sprout and Margaret Sprout, *Man-Milieu Relationship Hypotheses in the Context of International Politics*, Princeton: Princeton University Press, 1956, pp. 17 – 19. Harold Sprout and Margaret Sprout, *An Ecological Paradigm for the Study of International Politics*, Princeton: Center for International Studies, 1968, pp. 11 – 21。Harold Sprout and Margaret Sprout, "Environmental Factors in the Study of International Politics", in James N. Rosenau ed., *International Politics and Foreign Policy*, New York: The Free Press, 1969, p. 42。

应，他们又提出了三种处理三重性的方式，即环境可能论、认知行为主义和环境概然论。环境可能论指结构并被定义为"一系列限制人的机会和所能采取的行动的种类及其结果的因素"①。认知行为主义代表"人对其统觉（apperceive，即以过去的经验感知和理解）到的环境做出反应时的简单而熟悉的原则"。②而环境概然论则代表了政治行为中的不确定性概念，指"借助于一般模式和普通或特殊个人对既定环境的反应得出的解释或预测"③。也就是说，施动者环境的特征"提供了某种结果发生概率的暗示"④斯普劳特夫妇的"生态三重性"提出后，取代了过去存在的"环境决定论"，即"决策者在给定的环境特征中没有选择的能力"。⑤

2. 哈威·斯塔尔的"机会与意愿"模式

以"生态三重性"为基础，哈威·斯塔尔于1978年提出了"机会与意愿"模式，后来又与莫斯特（Benjamin A. Most）对这一模式进行了发展。基于环境可能论，"机会"主要指"互动的可能性"，换句话说，指人的行为受到客观环境中的实际可能性的限制，这些限制因素包括地缘因素和人类控制环境的技术。同时，"机会"也指"允许创造机会的能力的存在"⑥。可见，所谓"机会"指受环境限制的实际或潜在的可能性。与认知行为主义密切相关，"意愿"指"选择和选择的过程……这样意愿指选择的意愿（即使选择是不行动）和应用可能的能力去促进某些而不是其他政策选择的意愿"⑦。

---

① Benjamin A. Most and Harvey Starr, *Inquiry*, *Logic*, *and International Politics*, Columbia, SC: University of South Carolina Press, 1989, p. 27.

② Harold Sprout and Margaret Sprout, "Environmental Factors in the Study of International Politics", in James N. Rosenau ed., *International Politics and Foreign Policy*, New York: The Free Press, 1969, p. 45。

③ Harold Sprout and Margaret Sprout, *Man-Milieu Relationship Hypotheses in the Context of International Politics*, Princeton: Princeton University Press, 1956, p. 50.

④ Benjamin A. Most and Harvey Starr, *Inquiry*, *Logic*, *and International Politics*, Columbia, SC: University of South Carolina Press, 1989, p. 27.

⑤ Harold Sprout and Margaret Sprout, "Environmental Factors in the Study of International Politics", in James N. Rosenau ed., *International Politics and Foreign Policy*, New York: The Free Press, 1969, p. 44.

⑥ Benjamin A. Most and Harvey Starr, *Inquiry*, *Logic*, *and International Politics*, Columbia, SC: University of South Carolina Press, 1989, p. 30.

⑦ Benjamin A. Most and Harvey Starr, *Inquiry*, *Logic*, *and International Politics*, Columbia, SC: University of South Carolina Press, 1989, p. 23.

对于"机会与意愿"框架来说，"机会"与"意愿"二者对分析国际关系现象都是必不可少的，因为这一框架的根本前提是"需要对国际关系现象的环境或结构层次和决策或选择层次二者都做出全面的描述与解释"①。这种前理论假设对"机会""意愿"的同时强调，可以被看作是对国际关系中施动者—结构问题的表述。

综上所述，事实上在亚历山大·温特提出施动者—结构问题并引起人们广泛注意之前，主要是一些认知心理学家和国家冲突研究者们已经注意到了对国际现象的研究必须同时注意施动者及其环境，而不能单独聚焦于某一方面。然而，遗憾的是，第一代理论家们企图把环境限制与决策过程联系起来，但是这种联系并不是互动的，因为他们实质上在明显具有还原主义特征的解释建议中将环境因素作为给定的以支持决策层次的解释。②另外，对于如何将施动者与其结构连接起来的机制第一代理论家也没有涉及，也许这就是后来的施动者—结构辩论很少提及第一代理论家的原因。

二　第一次辩论与不同解决办法：1987—1997

自 20 世纪 80 年代以来，新现实主义的主导地位逐渐受到挑战，非主流理论对主流理论的批判一般均借用了其他学科的概念，施动者—结构辩论也正是在此时介入了国际关系理论的论战之中。参与这次富有建设性与对话性质论战的主要有亚历山大·温特、戴维·德斯勒、沃尔特·卡尔斯纳斯、吉尔·弗里德曼与哈威·斯塔尔等。这轮论战主要围绕不被第一代理论家重视的本体论问题。③

施动者—结构论战的核心概念问题是：施动者和结构是如何被连接起来的？④ 换句话说就是，如何认识国际关系中的施动者、结构的属

① Benjamin A. Most and Harvey Starr, *Inquiry*, *Logic*, *and International Politics*, Columbia, SC: University of South Carolina Press, 1989, p. 23.

② Walter Carlsnaes, "The Agency-Structure Problem in Foreign Policy Analysis", *International Studies Quarterly*, Vol. 36, No. 3, 1992.

③ 事实上，论战除了本体论问题还包括认识论问题，因而参与这次论战的还有霍利斯、斯密斯、贾布瑞和斯蒂芬·陈等人，由于这里主要关注论战的本体论方面及其对施动者—结构问题提出的解决办法，故这里所列代表人物不包含这些人。在下面关于施动者—结构论战的认识论方面的论述中，将涉及这些人的观点。

④ 参见哈里·古尔德：《行为体—结构论战的实质意义》，载〔美〕温都尔卡·库芭科娃、尼古拉斯·奥鲁夫、保罗·科维特主编：《建构世界中的国际关系》，肖锋译，北京大学出版社2006 年版，第 94 页。

性及其相互关系？第二代理论家围绕这一问题提出了各自的解决办法。①

1. 亚历山大·温特的"结构—历史分析"

1987 年亚历山大·温特《国际关系理论中的施动者—结构问题》一文首次对国际关系中的施动者和结构问题进行了实质性探索。通过对肯尼思·华尔兹和沃勒斯坦版本结构主义的批判，亚历山大·温特指出了二者的共同问题，即他们都将某种本体论上的事先存在之物视为既定和无须质疑之物。对肯尼思·华尔兹来说，国家是先于结构存在的既定之物，而对沃勒斯坦来说，结构既先于国家存在也构建了国家。因而，肯尼思·华尔兹没有国家理论属于本体论的个体主义，而沃勒斯坦没有体系理论属于本体论的整体主义。为此，亚历山大·温特借鉴了他认为综合了个体主义和结构主义精华的"结构化理论"，并以罗伊·巴斯卡（Roy Bhaskar）的科学实在论作为"结构化理论"的支撑。在亚历山大·温特看来，结构化理论"是一个思考真实社会世界体系的概念框架元理论"。② 这个方法，"通过赋予施动者和结构同等的本体论地位从而避免了个体主义和结构主义的负面影响"③。因此，正如亚历山大·温特所言，通过本体论的综合"这一概化促使我们重新思考（国家）施动者和体系结构的根本属性"。④

亚历山大·温特虽然主要把施动者—结构问题视为本体论问题，但他进而认为结构化本体论使得采纳两种虽然不同但互补的解释形式成为必要。他指出从结构化理论视角看，对社会行为的解释尤其与两类问题有关，即"如何问题"和"为什么问题"⑤。前者回答的是行为的可能性范围，后者探究的则是具体行为。虽然亚历山大·温特想保留二者的区别，但他相信不仅能够而且也必须把二者加以综合才能提供足够的解释。为

---

① 需要注意的是，从辩论一开始，以霍利斯与斯密斯为主的一方就质疑各种解决企图的可行性与可能性。

② Alexander Wendt, "The Agent-Structure Problem in International Relations Theory", *International Organization*, Vol. 41, No. 3, 1987.

③ Ibid. .

④ Ibid. .

⑤ 具体而言，"如何问题"就是"行为 X 如何可能?"而"为什么问题"就是"为什么是行为 X 而不是 Y 发生了?"参见 Alexander Wendt, "The Agent-Structure Problem in International Relations Theory," p. 362。

此，亚历山大·温特提出了"结构—历史分析"的研究议程。"这一议程
的核心就是，使用结构分析以将国家施动者的存在状况理论化，使用历史
分析去解释社会结构的起源与再造"。① 亚历山大·温特认为结构—历史
分析虽然是通过方法论悬置实现的——将结构和施动者轮流作为暂时给定
因素以分析另一因素的解释效力——但是这一方法论困难决不能掩盖两种
分析方法的不可分割的事实。因为"社会行为，是由施动者及其结构的
属性共同决定的"。②

  2. 戴维·德斯勒的"转型模式"

  戴维·德斯勒指出虽然科学实在论因为其科学实践观的连贯性和说服
力而得到了广泛的认可，但是这些观点在社会科学中对于实质理论建构的
意义却没有得到足够的挖掘。③ 为此，戴维·德斯勒企图以科学实在论为
基础构建一个有关国际政治结构分析的进一步研究纲领。肯尼思·华尔兹
的结构现实主义被戴维·德斯勒称为"位置模式"。因为国际体系被概化
为互动单元的无意识创造，其结构源于本体论上既定单元的定位，正是这
种体系层次上的位置分布限制着国家行为。戴维·德斯勒对这种"位置
模式"提出了反驳，但他没有求助于经验事实的简单证伪，而是提出了
一个与之竞争的"转型模式"。

  根据戴维·德斯勒的解读，理论所具有的解释力源于本体论上的博大
精深。为此，转型模式在行动与结构之间有两个重要的假定：其一，结构
既促使行动的发生同时也限制其可能性；其二，结构既是行动的媒介也是
行动的结果。④

  国际关系结构的科学实在论方法的出发点是承认只有存在着相应的行
为手段的情况下，才可能发生国家行为。戴维·德斯勒根据安东尼·吉登
斯的结构化理论指出了两个必要的手段：其一，国家必须拥有资源，即物
质能力；其二，国家必须拥有可资利用的规则，以此与他国交流和协调行
动。规则是"行动的媒介，正是通过这一媒介行动才成为可能，也才借

---

① Alexander Wendt, "The Agent-Structure Problem in International Relations Theory", *International Organization*, Vol. 41, No. 3, 1987.

② Ibid..

③ David Dessler, "What's at stake in the agent-structure debate?", *International Organization*, Vol. 43, No. 3, 1989.

④ Ibid..

以再造和转变行动本身"①。戴维·德斯勒进而指出，在肯尼思·华尔兹的位置模式中，资源的重要性（即权力的分布）得到了承认，但规则在国家行动中的作用未被理论化。②

但科学实在论坚持认为所有的社会行动依赖于规则的预先存在，这表明即使在无政府状态下规则也是国家行动的基本前提。③ 基于此，戴维·德斯勒对位置模式与转型模式进行了比较。④ 肯尼思·华尔兹的位置模式事实上也含蓄地依赖于无意识规则的分布。因而，转型模式与位置模式的区别不在于是否承认规则的效能而在于它们对于规则与行动的关系的观念的不同。在位置模式的本体论中，规则（习俗与规范）是行动的固定参数，被无意识地再造，并通过对行为的限制以维持规则结构。而在转型模式的本体论中，规则是行动的物质条件，施动者占用这些规则并可能通过行动有意识地再造或改变这些规则。进一步而言，在位置模式中，结构是理性、自利行为体生存竞争的无意识的副产品，是行动的外在结构。而在转型模式中，结构是人类活动的中介，原则上讲，结构可以通过这一活动而改变，任何给定行动将再造或改变结构的某些方面，而结构本身则可能既是无意的也是有意的产物。因而，戴维·德斯勒最后指出，比较而言，肯尼思·华尔兹理论的弱点是明显的：其本体论——对意向性规则的忽视——不能使其理论涵盖意向性结构。因此，转型本体论比肯尼思·华尔兹的本体论更丰富更综合，因而也能够提供一个更有解释力的理论。⑤ 他认为这一模式具有三个优势⑥：其一，转型模式通过关注国家内部的决策过程能将结构与单元层次的理论连接起来；其二，转型模式不仅为单元与

---

① David Dessler, "What's at Stake in the Agent-Structure Debate?", *International Organization*, Vol. 43, No. 3, 1989.

② Ibid. .

③ Ibid. .

④ 对两种模式的比较参见 David Dessler, "What's at Stake in the Agent-Structure Debate?", *International Organization*, Vol. 43, No. 3, 1989。

⑤ 关于转型模式的更大解释力，戴维·德斯勒指出，第一，军事技术在华尔兹位置模式中被归于单元层次因而不属于结构，就显得奇怪和有悖于直觉，因为军事技术并不是单元的特征。而在转型模式中，结构作为行动的物质资源，就能涵盖军事技术。第二，转型模式还可以将国际制度的创造与维持涵盖于结构概念之中。参见 David Dessler, "What's at Stake in the Agent-Structure Debate?", *International Organization*, Vol. 43, No. 3, 1989。

⑥ 参见 David Dessler, "What's at Stake in the Agent-Structure Debate?", *International Organization*, Vol. 43, No. 3, 1989。

体系理论的垂直联系而且也为国际政治中不同问题领域中的水平联系奠定了基础;其三,结构理论的转型模式为解释和平变迁提供了潜在基础,而这被认为是对国际关系理论家的最紧迫的挑战,因而这也构成了施动者—结构辩论中最关键的潜在收益。

3. 沃尔特·卡尔斯纳斯的"外交政策变迁动态模式"

显然亚历山大·温特与戴维·德斯勒主要以安东尼·吉登斯与巴斯卡的结构化理论和科学实在论为理论之源,而沃尔特·卡尔斯纳斯(Walter Carlsnaes)则明显地吸纳了阿彻的"形态生成论"的基本思想,并将之应用于外交政策分析。①

沃尔特·卡尔斯纳斯认为施动者—结构问题包括两个相互联系的方面:一个是严格的本体论方面,另一个是广义的认识论方面。他认为本体论比认识论更重要,本体论关注的是施动者与结构的基本属性及其相互关系。而当涉及施动性的性质(客观的还是主观的,理性的还是诠释性的)时就属于认识论问题。基于本体论与认识论的区分沃尔特·卡尔斯纳斯将当代外交政策分析方法归为四类:个体—客观方法(如理性选择理论)、集体—客观方法(如世界体系理论)、集体—诠释方法(如埃里森的官僚组织模式)和个体—诠释方法(如各种心理认知理论)。根据沃尔特·卡尔斯纳斯的理解,客观方法均割裂了施动者与结构的互动,而集体—诠释方法只是接近了这种互动,而只有个体—诠释方法才能解决施动者与结构的动态互动难题,因为这一方法"将偶然性置于核心,与另外三种方法相比,给予了决策者更多的自主性,这种自主性比社会化的施动者所允许的要多得多"②。因而,沃尔特·卡尔斯纳斯断言施动者—结构问题可以得到解决。

沃尔特·卡尔斯纳斯进而认为,安东尼·吉登斯以及所有那些追随其思想的学者没有抓住施动者与结构要素的互动。对安东尼·吉登斯来说,这两者仅仅是互为前提的,任何一方没有简化为另一方的附庸,但同时它们也还是相互混淆在一起的。为了克服结构化理论的不足,沃尔特·卡尔斯纳斯借鉴了阿彻的"形态生成论"方法,对其早

---

① 关于沃尔特·卡尔斯纳斯的主要观点请参见 Walter Carlsnaes, "The Agency-Structure Problem in Foreign Policy Analysis", *International Studies Quarterly*, Vol. 36, No. 3, 1992。

② Walter Carlsnaes, "The Agency-Structure Problem in Foreign Policy Analysis", *International Studies Quarterly*, Vol. 36, No. 3, 1992.

年提出的解释模式进行了改造，提出了"外交政策变迁动态模式"
（见图 3 - 1）。

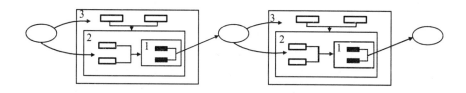

图 3 - 1　外交政策变迁动态模式

资料来源：Walter Carlsnaes, The Agency-Structure Problem in Foreign Policy Analysis, *International Studies Quarterly*, Vol. 36, No. 3, 1992。

说明：（1）图中的阿拉伯数字 1、2、3 代表解释外交政策行为的三个面向，即意向性（intentional dimension）、倾向性（dispositional dimension）和结构（structural dimension）三个面向。意向性面向指决策者的偏好与选择；倾向性面向指决策者的认知与价值观；结构性面向指决策的客观条件和制度背景。（2）图中三个椭圆表示因变量外交政策行为。

"外交政策变迁动态模式"具有这样一个根本假定，即对外交政策变迁的解释必须检视这一政策从过去到现在的变迁轨迹。因而这包括了两个虽然不同但却是相互交织的过程：其一，检视三个面向的具体变迁。其二，确定促使这些变迁发生的根源。变迁的根源可能有两种，第一是不受决策者控制的外部因素，第二是前期决策的有意或无意影响，而变迁的根源大多数是前者。因而，沃尔特·卡尔斯纳斯最终认为这种动态循环模式反映了有目的施动者和具有使动与限制作用的结构的历时性互动，因而"解决"了外交政策分析中的施动者—结构问题。

4. 吉尔·弗里德曼的"方法论个体主义模式"

以哈威·斯塔尔的"机会与意愿模式"为基础，吉尔·弗里德曼（Gil Friedman）与哈威·斯塔尔合作提出了一个"方法论个体主义模式"[①] 以处理施动者—结构问题。不过他们对结构与施动者进行了新的概化。

首先，他们从本体论角度对肯尼思·华尔兹、亚历山大·温特、戴

---

① 关于这一模式及其论证过程，参见 Gil Friedman and Harvey Starr, *Agency, Structure, and International Politics: From Ontology to Empirical Inquiry*, London and New York: Routledge, 1997。

维·德斯勒进行了批评。他们认为亚历山大·温特与肯尼思·华尔兹、戴维·德斯勒的理论均不满足因果解释的两个本体论标准。这两个标准是：第一，变量必须是自主且不可还原的实体，第二，可变性标准，即施动性与结构的属性必须假定为变量，而绝不能是常量。① 因此，肯尼思·华尔兹对自助的解释自相矛盾，更不能解释结构变迁。亚历山大·温特的生成性视角存在的问题在于将施动性等同于社会角色，而社会关系所赋予的是社会角色而不是施动者，因而亚历山大·温特不会承认这一事实，即施动者可能时常扮演与多种不同利益相联系的竞争性的社会角色，因而在某一给定的决策背景下，可能在某种程度上看重其中某一个角色扮演。所以，尽管戴维·德斯勒与亚历山大·温特的互为主体的本体论似乎更能解释社会变迁，但都没有充分地提供一些变化参数或者机制以解释这些社会变迁。

他们认为虽然澄清本体论问题是重要的，但是哲学思考的价值最终依赖于其对经验理论的贡献。为此，他们提出以国际政治精英及其价值为中心构建经验主义的解释模式。他们认为分析单元问题是一个有用的起点，并认为"施动性的核心在于解释的能力与在不同行为选择、不同利益、认同、决策程序等之间做出选择的权力"②。正是施动性的这一属性决定了国际政治中的施动者就是国际政治精英。"这些个体通过法律上或事实上拥有的权力对影响国际关系进程的各种决策的形成与执行施加影响"。③将分析单元集中于个体国际政治精英具有两个重要的理论意义：其一，承认国际政治施动者位于若干同心圆结构之中。同时由于不同施动者面临一系列不同的结构，各个施动者对其所处的结构的解读也不同，这就在施动者—结构问题中植入了一个变化维度。其二，突出了社会选择对解释国际政治结果的中心地位，而施动性价值构成了这一选择过程中不可缺少的组成部分。为此，他们认为通过借用马斯洛的动机理论可以观察到价值需求的变化和社会的变迁。

---

① 关于因果解释的两个本体论标准，参见 Gil Friedman and Harvey Starr, *Agency, Structure, and International Politics*：*From Ontology to Empirical Inquiry*, London and New York：Routledge, 1997, pp. 11 - 12。

② Gil Friedman and Harvey Starr, *Agency, Structure, and International Politics*：*From Ontology to Empirical Inquiry*, London and New York：Routledge, 1997, p. 11。

③ Ibid. , p. 18。

可见，在吉尔·弗里德曼"方法论个体主义模式"中，施动者被转化为具有解释和选择权力的国际政治精英，这些精英在多面向和动态的社会政治背景（即结构）下行动，而价值需求则成为连接施动者—结构的桥梁与理解社会变迁的机制。

三　第二次辩论：挑战问题本身（1997—　　）

如果说持续了约十年的第一次辩论大家围绕施动者、结构的属性及其关系进行各自的理论概化与理论对话的话，那么第二次辩论的中心则有所转移。总体上讲，第二次辩论企图从施动者—结构问题的外围来寻求解决办法，因而对问题本身提出了挑战。这种挑战主要来自后结构主义和新葛兰西主义。

1. 罗克珊·林恩·多蒂的"非确定性实践"

罗克珊·林恩·多蒂（Roxanne Lynn Doty）指出，此前的一些研究者声称已经解决了施动者与结构问题是没有根据的。因为这些人，不能接受"非确定性"在施动者—结构问题的中心地位。[①] 但尽管如此，罗克珊·林恩·多蒂认为这场对话也包含了一些重要的能引起对国际关系批判性理解的洞见与切口。她首先对亚历山大·温特、戴维·德斯勒所依赖的结构化理论与科学实在论进行了批评[②]：（1）科学实在论由于固守结构的实在观念，没有给施动性留下空间，而这正是结构化理论与形态生成论所需要的，因而科学实在论似乎更适合与结构决定论相关的理论。（2）结构化理论的"悬置"概念，虽然是一个方法论设计，但却无处不在，这与其互为本体的本体论逻辑不一致。而形态生成论虽然将时间引入作为实际变量，但时间分割方法实质是"悬置"的另一种形式。为此，她指出之所以存在这种不足，"困境在于表述施动者—结构问题的对抗逻辑，即施动者与结构被界定为各自具有基本属性的不同的完全构建的和对立的实体，而施动者—结构问题实际所界定的核心结构特征使这一区分难以成立"。[③]

---

① Roxanne Lynn Doty, "Aporia: A Critical Exploration of the Agent-Structure Problematique in International Relations Theory", *European Journal of International Relations*, Vol. 3, No. 3, 1997.

② 这种批评见 Roxanne Lynn Doty, "Aporia: A Critical Exploration of the Agent-Structure Problematique in International Relations Theory", *European Journal of International Relations*, Vol. 3, No. 3, 1997。

③ Roxanne Lynn Doty, "Aporia: A Critical Exploration of the Agent-Structure Problematique in International Relations Theory", *European Journal of International Relations*, Vol. 3, No. 3, 1997.

因而，她指出，"当前构造的施动者—结构问题遇到了一个难题，即一个由其自身引起而又无法自身解决的悖论"。① 为此，她提出对这一问题的后结构主义的凝视会帮助我们推进这一问题，具体而言，就是要重新概化实践的本质与意义。

罗克珊·林恩·多蒂指出，虽然亚历山大·温特、戴维·德斯勒和沃尔特·卡尔斯纳斯均承认实践对施动者—结构问题的意义，但是"他们没有赋予实践以分析的优先性，而正是实践促使了施动者—结构辩论"。② 他们企图"'驯服'实践，即控制实践的散漫与不稳定性。这导致了对实践的限制性理解，这进而阻碍了在既有施动者—结构问题中有效地提出实践概念"。③ 她认为只要实践被去中心化且其非确定性得到承认，那么就能克服施动者和结构的二元对立。"实践由于其具有与情景相联系的复杂含义而具有自主性，这种自主性既不能被还原为抉择主体的意图、意志、动机或解释也不能被还原为社会建构的客观的限制性和使动性机制"。④ 总之，施动者与结构均是非确定性的、去中心化的实践效应，实践本体论将替代施动者或结构的本体论。

2. 科林·怀特的"三维施动性理论"

科林·怀特认为罗克珊·林恩·多蒂对亚历山大·温特、戴维·德斯勒和沃尔特·卡尔斯纳斯有关施动者—结构争论的著作的误读表现在五个方面⑤，并对此进行了批判性评论。以此为基础，他凝视了罗克珊·林恩·多蒂后结构主义的凝视，指出其问题在于，实践意味着什么、实践的根源在哪里，这些问题罗克珊·林恩·多蒂并没有说清楚，而她通过宣称实践本质的非确定性与去中心化，导致了"不确定的决定论"⑥。因而，罗克珊·林恩·多蒂"不能解释实践，当然除非求助于更

---

① Roxanne Lynn Doty, "Aporia: A Critical Exploration of the Agent-Structure Problematique in International Relations Theory", *European Journal of International Relations*, Vol. 3, No. 3, 1997.

② Ibid..

③ Ibid..

④ Ibid..

⑤ 这五个误读，参见 Colin Wight, "They Shoot Dead Horse Don't They? Locating Agency in the Agent-Structure Problematique", *European Journal of International Relations*, Vol. 5, No. 1, 1999。

⑥ Colin Wight, "They Shoot Dead Horse Don't They? Locating Agency in the Agent-Structure Problematique", *European Journal of International Relations*, Vol. 5, No. 1, 1999.

多的实践，这是一个恶性循环论证"①。她处理的是实践问题而不是施动者—结构问题。

虽然对罗克珊·林恩·多蒂做出了严厉的批评，但是怀特承认罗克珊·林恩·多蒂提出了关于施动性的一些根本问题并构成了其提出"施动性的多维视角"的基础。怀特认为"施动性概念在国际关系中没有得到多少关注"②，在施动者—结构辩论中大家更多关注的是结构问题。因而，"缺乏的是对施动者内涵、谁以及什么能成为施动者的理论探讨"③。为此，在对亚历山大·温特国家体系工程批评的基础上，通过借鉴巴斯卡的复合社会本体论，他提出了关于施动性的批判现实主义理论，即施动性的多维透视以实现施动者—结构关系的平衡。④ 他认为根据斯皮瓦克⑤（Gayatri Spivak）的观点，社会领域里的施动性理论包括三个方面即责任性、意象性和主体性，其中主体性是最根本的，因为正是在"主体性自由"中才发现了施动性，这就是怀特"三维施动性理论"中的施动性1，相当于自我。施动性2指施动性1在社会文化系统中成为施动者的方式，在一定意义上，施动性2先于施动性1存在。然而，尽管施动者总是处于一定社会文化系统并受其建构，但他们并不是社会文化系统所有部分的施动者。只有当施动者认同于一定的集体与团体时才能成为施动者，因而施动性2可以理解为身份，它随着人生经历的变化而变化而不是静止的。施动性3指施动性1代表施动性2占据的职位，可以简单地理解为角色。因此，施动性具有三维性质，对施动者行为的分析必须从三个维度去理解。

---

① Colin Wight, "They Shoot Dead Horse Don't They? Locating Agency in the Agent-Structure Problematique", *European Journal of International Relations*, Vol. 5, No. 1, 1999.

② Ibid..

③ Ibid..

④ 下面关于怀特的理论可参见 Colin Wight, "They Shoot Dead Horse Don't They? Locating Agency in the Agent-Structure Problematique", *European Journal of International Relations*, Vol. 5, No. 1, 1999. Colin Wight, *Agents, Structures and International Relations*, Cambridge: Cambridge University Press, 2006, pp. 177－215。

⑤ 佳亚特里·C．斯皮瓦克（Gayatri Chakravorty Spivak, 1942－）是美籍印度裔女学者。她生于印度加尔各答市，1963年移居美国。现为美国匹兹堡大学英语与文化研究系教授。作为继爱德华·赛义德之后出现的一位后殖民主义的重要理论家，斯皮瓦克正在引起学术界的关注与重视。

但是"在何种程度上将国家当作施动者是有效的？"① 这个对于国际关系研究者至关重要的问题他在 1999 年的文章中并没有解决。7 年之后在《施动者、结构与国际关系》一书中，怀特强调必须从施动性的三个层面并结合有关关系结构的解释来分析国家。这样，"国家可被视为以不同方式结构化的结构体"。② 其施动性通过"具体的施动者"来实现。

可见，与一般研究者集中于施动者—结构问题中结构一端不同，怀特建议从多维视角去透视施动性问题，并提出了一个"三维施动性理论"，以此超越罗克珊·林恩·多蒂指出的施动者—结构难题。

3. 菅波秀正的"施动者—叙述—结构三位一体"

菅波秀正 (Hidemi Suganami) 企图从后结构主义的"叙述"角度重塑他认为已经变得混乱和无意义的施动者—结构辩论。他认为施动者和结构这种二分法本身就是错误的，施动者解释可能已经部分是结构解释了，反之亦然，因为"社会仅仅部分是社会，施动者仅仅部分是施动者，部分是因为讲述它们的故事"。③ 为此，他仿造历史上"奇异的三位一体"提出了社会事件是机会巧合、机制过程和意志行动三者综合作用的结果④。在国际关系领域，他反对科学实在论并对结构化理论进行了修正，提出了（正如其文章标题所表明的）"施动者—叙述—结构"的三位一体，叙述成为突破施动者和结构二分法的联结机制。

4. 安德鲁斯·比勒和亚当·莫顿的"新葛兰西历史主义视角"

安德鲁斯·比勒 (Anderas Bieler) 和亚当·莫顿 (Adam David Morton) 将国际关系中的施动者—结构辩论分为两个阶段，以此为基础，他们指出，在整个辩论中由罗伯特·科克斯 (Robert W. Cox) 发展的新葛兰西历史主义视角受到了忽视。他们认为科克斯及其他运用新葛兰西视角的

① Colin Wight, "They Shoot Dead Horse Don't They? Locating Agency in the Agent-Structure Problematique", *European Journal of International Relations*, Vol. 5, No. 1, 1999.

② Colin Wight, *Agents, Structures and International Relations*, Cambridge: Cambridge University Press, 2006, p. 218.

③ Hidemi Suganami, "Agents, Structures, Narratives", *European Journal of International Relations*, Vol. 5, No. 3, 1999.

④ "机会巧合"，指偶然同时发生，不是说事件没有原因，而是指两个或者更多的没有因果联系的事件同时发生；"意志行动"，仅仅意味有意图的行动，而不是自由不受限制的行动；"机制过程"，是对世界某部分按照其内在机制运转之方式的叙述性再现，其与行动者追求实现目标的"目的性过程"相对。参见 Hidemi Suganami, "Agents, Structures, Narratives", *European Journal of International Relations*, Vol. 5, No. 3, 1999。

学者对施动者—结构问题的处理超越了过去将这一问题视为"鸡与蛋命题"的共识,因而这一视角受到忽视是不能原谅的。

新葛兰西视角主要包括历史主义方法和历史结构的社会本体论。科克斯主要在继承詹巴蒂斯塔·维科和安东尼·葛兰西思想的基础上提出了历史主义方法。这一方法关注特定时代的历史结构,聚焦于构建社会物质世界之历史结构的主体间性,因此社会世界就能够通过历史来分析历史创造者的心智变迁过程而得到理解。[①] 在对历史结构的分析中,科克斯主要强调两点:其一,当前的社会关系在某种程度上已被过去确定;其二,在历史过程中意识到综合客观与主观因素是重要的。因而,科克斯指出,在这种历史结构分析中包含了一个诠释性过程,"探究者的思想进入了历史过程——观察者与观察对象、施动者与结构缠绕在一起了"。[②]"结构是通过集体的人类活动历时性的形成的。反过来,结构又塑造了个体的思想和行动。历史变迁被构想为结构与行动者互动关系。"[③] 正是通过这一诠释性历史方法,结构被置于具体的历史之中,同时寻求揭示存在于诸多施动者之中的有关制度与过程的共享理解。[④] 从而在历史结构中实现了施动者与结构的连接。

历史结构的社会本体论指"持续的社会实践,它由集体的人类活动创造,并通过这一活动而转变"。[⑤] 在历史结构中存在三种互动性因素:观念、物质能力和制度。观念有主体间意义和社会秩序的集体意象两种;物质能力指有形的资源;制度则是前两个的混合物。这三个因素再现了复杂的现实,但均在三个活动领域中运转,即社会生产关系、国家形式和世

① 关于新葛兰西历史主义方法,参见 Anders Bieler and Sdam David Morton, "The Gordian Knot of Agency-Structure in International Relations: A Neo-Gramscian Perspective", *European Journal of International Relations*, Vol. 7, No. 1, 2001。

② Anders Bieler and Sdam David Morton, "The Gordian Knot of Agency-Structure in International Relations: A Neo-Gramscian Perspective", *European Journal of International Relations*, Vol. 7, No. 1, 2001.

③ Robert W. Cox, "Critical Political Economy", in Björn Hettne ed., *International Political Economy: Understanding Global Disorder*, London: Zed Books, 1995, p. 33. 转引自 Anders Bieler and Sdam David Morton, "The Gordian Knot of Agency-Structure in International Relations: A Neo-Gramscian Perspective", *European Journal of International Relations*, Vol. 7, No. 1, 2001。

④ Anders Bieler and Sdam David Morton, "The Gordian Knot of Agency-Structure in International Relations: A Neo-Gramscian Perspective", *European Journal of International Relations*, Vol. 7, No. 1, 2001.

⑤ Robert W. Cox, *Production, Power and World Order: Social Forces in the Making of History*, New York: Columbia University Press, 1987, p. 5.

界秩序。①

安德鲁斯·比勒和亚当·莫顿最后指出，正是通过这种历史主义方法，这一视角将施动性置于历史中去理解，并企图综合解释与诠释两种分析社会的方法。但是，这并不是说新葛兰西视角提供了施动者—结构问题的最后解决办法，施动者—结构问题仍然是一个无法解决的难题。

四 解释与理解：施动者—结构辩论的另一面

在施动者—结构辩论中，虽然多数人认为本体论问题是根本性的，但事实上认识论问题从一开始也构成了这场辩论的另一个战场。就认识论而言，施动者—结构辩论主要围绕两个问题展开，即认识论与本体论的关系和解释与理解的关系。这里将主要集中于后者对这一辩论做一概述。②

在认识论上，以马丁·霍利斯与斯蒂芬·斯密斯的"两个故事"最为著名，即外部的故事（解释）与内部的故事（理解）。③ "理解是在行为者的思想中再现秩序；解释是以科学的方式寻找原因"。④ 因而，他们认为"总有两个故事要讲"，这是很难协调的。⑤ 尼古拉斯·奥努夫

---

① 关于历史结构的分析框架，参见 Robert W. Cox, "Social Forces, States and World Order: Beyond International Relations", *Millennium*, Vol. 10, No. 2, 1981。［美］罗伯特·W. 科克斯：《社会力量、国家与世界秩序：超越国际关系理论》，载［美］罗伯特·O. 基欧汉编《新现实主义及其批判》，郭树勇译，北京大学出版社 2002 年版，第 200—203 页。

② 关于本体论与认识论的关系，辩论主要在霍利斯、斯密斯阵营与贾布瑞、斯蒂芬·陈阵营之间展开。在霍利斯与斯密斯看来，任何本体论如果没有建立起其所主张的认识论根基标准的话，就仅仅是一种教条罢了。而贾布瑞和陈则要求摒弃判断"普遍性认识论合法性"的标准，而倾向于将注意力集中在本体论上。参见 Martin Hollis and Steven Smith, "A Response: Why Epistemology Matters in International Theory", *Review of International Studies*, Vol. 22, No. 1, 1996。Vivienne Jabri and Stephen Chan, "The Ontological Always Rings Twice: Two More Stories About Structure and Agency in Reply to Hollis and Smith", *Review of International Studies*, Vol. 22, No. 1, 1996。

③ 参见 Martin Hollis and Steven Smith, *Explaining and Understanding International Relations*, Oxford: Clarendon Press, 1990。也可参见导论中对解释与理解的讨论。

④ Martin Hollis and Steven Smith, *Explaining and Understanding International Relations*, p. 87.

⑤ 参见 Martin Hollis and Steven Smith, *Explaining and Understanding International Relations*, Oxford: Clarendon Press, 1990。Martin Hollis and Steven Smith, "Beware of Gurus: Structure and Action in International Relations", *Review of International Studies*, Vol. 17, No. 4, 1991。Martin Hollis and Steven Smith, "Structure and Agency: Further Comment", *Review of International Studies*, Vol. 18, No. 2, 1992。Martin Hollis and Steven Smith, "Two Stories about Structure and Agency", *Review of International Studies*, Vol. 20, No. 3, 1994。

（Nicholas G. Onuf）和弗雷德里克·克拉托奇维尔（Friedrich Kratochwil）也持这种观点。① 然而，亚历山大·温特质疑这种基于实证主义基础上的划分是有问题的，他认为"两个故事似乎是实证主义解释的遗产，这一遗产迫使社会生活的研究者必须在严格界定的选择之间做出抉择"。② 因而，他从科学实在论的视角指出，观念主义本体论并不一定要求采纳后实证主义或诠释主义认识论。③

菅波秀正则在对施动者—结构问题进行后结构主义凝视中，通过聚焦于"叙述"，指出了解释与理解并不是相互排斥的，而是同一个叙述过程。他指出，马丁·霍利斯与斯蒂芬·斯密斯将两个故事并置模糊了故事是一种解释性设计同时也是能够被理解的事物这一事实。"……因此，讲故事是一种'解释'形式，正如听故事是一种'理解'形式一样。这样，'解释'与'理解'就能被视为同一硬币（叙述）的两面，即叙述性可理解"。④ 因而，解释与理解其实是双重的而不是二元的。⑤

根据安德鲁斯·比勒等人对科克斯历史主义方法的论述，我们可以看到，历史主义方法包含了理解与解释两种模式。⑥ 在这一历史主义方法中，解释不意味着建立普遍有效的因果或法则，而是企图解释特定历史范围内的人类活动的规律性，理解则是对人类活动与限制这种活动的结构的连接，这种通过历史结构赋予人类活动客观性的历史主义方法，避免了实证主义，避免了解释与理解的对立。

可见，虽然在马丁·霍利斯、斯蒂芬·斯密斯、尼古拉斯·奥努夫和弗雷德里克·克拉托奇维尔等人那里解释与理解是外交政策分析的二元

---

① Nicholas G. Onuf, *World of Our Making：Rules and Rule in Social Theory and International Relations.* Friedrich Kratochwil, Rules, *Norms and Decisions：on the Conditions of Practical and Legal Reasoning in International Relations and Domestic Affairs*, Cambridge：Cambridge University Press, 1989.

② Alexander Wendt, "Bridging the Theory/Meta-Theory Gap in International Relations", *Review of International Studies*, Vol. 17, No. 4, 1991.

③ 参见 Alexander Wendt, *Social Theory of International Politics*, Cambridge：Cambridge University Press, 1999, pp. 39 – 40。

④ Hidemi Suganami, "Agents, Structures, Narratives", *European Journal of International Relations*, Vol. 5, No. 3, 1999.

⑤ 参见 Hidemi Suganami, "Agents, Structures, Narratives", *European Journal of International Relations*, Vol. 5, No. 3, 1999。

⑥ Anders Bieler and Sdam David Morton, "The Gordian Knot of Agency-Structure in International Relations：A Neo-Gramscian Perspective", *European Journal of International Relations*, Vol. 7, No. 1, 2001.

论,是两个故事,是两种根本不同的探究方法,但菅波秀正、安德鲁斯·比勒等人则从后结构主义和新葛兰西视角对此提出了不同的看法。因而,我们看到,很多主流学者其实坚持认为两者之间并不存在不可跨越的根本界线。①

五　总结:综合的难度与可能

从上述三代理论家就施动者—结构问题展开的辩论与提出的综合解决办法看,在施动者—结构问题上,至少有一点达成了共识:对国际关系中行为的分析(不管是理解还是解释)必须诉诸施动者与结构二者的属性及其相互关系,任何单独聚焦于某一方的分析均是不完整的。然而,对于施动者与结构的本体论地位、属性、相互关系及其连接机制,迄今为止远未取得一致。然而,从这些综合努力中我们仍然可以指出一些发展、演进线索与特点以为施动者—结构问题提供进一步的思考:其一,结构不仅仅是行动的外在环境具有限制作用,而且也是行动的媒介具有使动、建构作用。在第一代理论家那里,结构往往仅仅被理解为行动的外在环境,就好比工作场所的"建筑物"一样存在,而后来的理论家们受结构化理论的影响越来越重视结构对行动的使动与建构作用。其二,施动者—结构辩论主要受社会科学理论的影响,因而可以预期,国际关系理论中施动者—结构辩论的继续进展也需要来自社会科学理论的新进展。迄今为止,国际关系中的施动者—结构辩论主要受到三个社会科学家思想的影响,即安东尼·吉登斯的结构化理论、巴斯卡的科学实在论和阿彻的形态生成论。因此,这一辩论要想取得新的成果,也许拓展社会科学中新的或是还未曾被开发的理论不失为一条有效途径。其三,本体论的拓展是促进辩论展开的

---

①　亚历山大·温特、戴维·德斯勒、沃尔特·卡尔斯纳斯认为虽然不同的本体论导致了不同的认识论,但并不存在根本差异。参见 Alexander Wendt, "The Agent-Structure Problem in International Relations Theory", *International Organization*, Vol. 41, No. 3, 1987。Alexander Wendt, *Social Theory of International Politics*, Cambridge: Cambridge University Press, 1999, p. 39。David Dessler, "What's at stake in the agent-structure debate?", *International Organization*, Vol. 43, No. 3, 1989。Walter Carlsnaes, "The Agency-Structure Problem in Foreign Policy Analysis", *International Studies Quarterly*, Vol. 36, No. 3, 1992。怀特则认为本体论优先于认识论,因而不存在预设的认识论立场,认识论是次要的,可变换的,他甚至指出这种认识论区分是没有必要的。参见怀特在其2006年的专著的第六章中对施动者—结构问题认识论的讨论:Colin Wight, *Agents, Structures and International Relations*, Cambridge: Cambridge University Press, 2006.

有效动力，因而，本体论的继续拓展也许是施动者—结构问题取得新的成果的另一有效途径。亚历山大·温特、戴维·德斯勒、科林·怀特、科克斯和安德鲁斯·比勒等的贡献体现了这一点。因此，如何进一步拓展结构或施动者的内涵、本质就显得极其重要。其四，探究连接施动者与结构的机制应是实现施动者—结构综合分析的必然出路。罗克珊·林恩·多蒂与菅波秀正的后结构主义凝视以及科克斯的历史结构概念虽然受到了诸多批评，然而这种探索却是十分具有启发意义的。这种企图超越施动者—结构二元划分的努力，启示我们，施动者、结构不能被理解为两个无法跨越的对立面，也不能简单地通过方法"悬置"或者"时间切割"来掩盖双方的内在联系，而是应该努力去探寻连接二者的内在机制，因为结构与施动者其实是人为的相对划分，实际上结构与施动者是可以相互转化的。其五，关于理解与解释的争论表明，理解与解释显然是一种不同的行为分析方式，然而却是有内在联系不可分割的一枚硬币的两面。其六，随着施动者—结构辩论的进行，越来越多的参与者开始更多的关注施动者及其实践的重要性，这也许表明，施动者—结构问题的解决最终还是要从施动者自身入手。其七，从上述六点启示中，我们可以指出最后一点启示，即施动者—结构论战的综合与超越是很困难的但不是不可能的。

第三节　超越施动者—结构论战:"结构—认知—行为"分析框架

菅波秀正指出，对国际关系领域中特定历史事件的解释，必须考虑到的因素的范围是如此广泛，因此仅仅依靠施动者和结构术语是有局限性的。"在我看来，古老的三重性方案——由广泛的机制过程、机会巧合和相关施动者的意志行为组成——为解释因素的确认与分类提供了更让人满意的模板"[①]。同理，这种三重性思维方式，为我们实现施动者与结构、个体与整体、解释与理解等这些二元划分概念的整合提供了思维指向。

虽然对行为的分析显然受到个体特征与结构环境的影响，但长期以来由于缺乏一个整合的概念框架去对这一现象进行概化，导致了不同学科对

---

①　Hidemi Suganami, "Agents, Structures, Narratives", *European Journal of International Relations*, Vol. 5, No. 3, 1999.

这一现象的不同二元概化，如"施动者—结构""部分—整体""行为体—系统""微观—宏观"等，虽然这些概化不同，但均反映了一个理论需求，即要分析社会行为就需要对行为体或施动者及其结构的本体论与认识论关系进行概化。

基于上一节中提出的六点启示与科林·怀特的总结，本书认为施动者—结构论战问题的解决需要做到两点：其一，不仅要在方法论上而且应在本体论上承认二者的相互依赖、相互生成、缺一不可。要做到这一点，既要承认个体施动者的存在与自主性，也要将施动者视为结构的构成部分。其二，在认识论上，既要看到解释与理解的不同分析形式，也必须实现二者的综合或超越。而要做到第一点，既要承认结构的外在限制、因果作用，也要承认结构的使动、建构作用。因此，这两点其实可以归结为一点，即必须以施动者为核心去理解个体与整体、解释与理解的相互关系。

方法论个体主义与方法论整体主义存在的问题在于，这种单一的方法迫使我们将原因要么向下归于个体要么向上归于整体，即用施动者—结构问题的一方去解释另一方，这种对立的方法排除了二者的辩证互动。"结果，因变量被剥夺了利用或影响自变量的潜能，因为它缺乏这样做的自主性与独立性"。[1] 科林·怀特指出，没有纯粹的方法论解释，如果用 X 解释 Y 需要对 X、Y 都做出说明。"这表明了这样的事实，即方法论个体主义与结构主义已经包含了深层的本体论承诺即使这些承诺并不明确。"[2] 约翰·拉格也指出，方法论能转化为含蓄的本体论。[3] 在第二章，本书从方法论与认识论构建了外交政策分析的四大基本分析类型（见图 2 - 2），既然方法论实际上包含了本体论（或明或暗地），与此类似，我们可以构想一个以施动者为中心的本体论、认识论与方法论三者统一的分析模式，即以施动者为中心的"结构—认知—行为"（structure-cognition-behaviour，即"SCB"）（见图 3 - 2）分析框架以为施动者—结构问题找到一个有效

---

① Margaret S. Archer, *Culture and Agency*: *The Place of Culture in Social Theory*, Cambridge: Cambridge University Press, 1988, p. 97f. 转引自 Walter Carlsnaes, "The Agency-Structure Problem in Foreign Policy Analysis", *International Studies Quarterly*, Vol. 36, No. 3, 1992。

② Colin Wight, *Agents*, *Structures and International Relations*, Cambridge: Cambridge University Press, 2006, p. 94.

③ John G. Ruggie, "Continuity and Transformation in the World Polity", *World Politics*, Vol. 35, No. 2, 1983.

的解决途径。

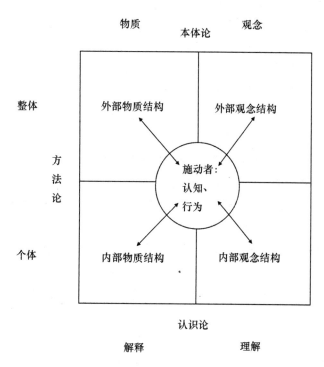

图3-2　以施动者为中心的"结构—
认知—行为"分析框架

　　科林·怀特在对国际关系中的施动者—结构论战种种解决办法总结的基础上,指出"施动者—结构问题的适当解决要求从元理论视角在社会本体论层次详述施动者、结构的属性及其相互关系,也要求提供对社会科学的哲学说明,以允许诠释性理解和结构解释之间存在妥协的可能或者超越这种二分法"。① 虽然"结构—认知—行为"分析模式远没有达到科林·怀特所提出的要求,但毫无疑问,"结构—认知—行为"分析模式提供了一种以施动者为中心实现本体论、认识论与方法论相统一基础上实现施动者—结构问题整合与超越的可能途径。

　　以施动者为中心的"结构—认知—行为"分析框架的基本假设如下:

---

　　① Colin Wight, *Agents*, *Structures and International Relations*, Cambridge: Cambridge University Press, 2006, p.94.

（1）施动者—结构问题的核心是作为集体行为体的施动者，围绕这一辩论的本体论、认识论和方法论分歧可以以施动者为中心实现综合。（2）施动者是集体行为体的代理者，故以施动者为中心，施动者结构既有内部结构又有外部结构，内外结构通过施动者实现内外互动，且根据物质与观念的不同本体论，结构又可分为客观的物质结构和主观的观念结构。（3）结构构成了施动者行动的范围、条件或手段，提供了施动者行动的可能性空间。（4）结构的存在与作用是通过施动者的认知与行为反馈实现的，认知与行为对结构起着过滤与再造作用，通过认知可以实现解释与理解的统一，即按照事实去理解，这为施动者提供了决策和行动的理由。（5）施动者行为既体现了结构的因果、建构作用，也体现了施动者的施动性或能动性，即行为既反映结构的效应（限制、使动）也可再造结构。（6）施动者的认知是连接施动者与结构的关键桥梁。施动者的行为实际上就是其将认知的外部结构化为外在行为的过程。当然，施动者本身的内部结构（即施动者的自我结构，此结构不同于施动者的内部结构）又将影响认知，但在这一模式中本书将暂时把施动者本身的内部结构视为"黑箱"，就好像社会学家只探讨人的行为而不探讨人本身的生理结构而经济学家只探讨企业行为而不探讨企业组织结构一样，故这里对此将不予以讨论。但是，需要指出的是，将施动者本身的内部结构植入"结构—认知—行为"分析框架之中也是完全可行的，那样的话，我们不仅能理解施动者与结构的互动，而且能够对促进这种互动的微观决策机制与过程进行描述。当然，这或许是以后的研究任务了。

"结构—认知—行为"分析框架表明认知是连接施动者与结构之间的桥梁，而认知又是施动者的认知，因而施动者构成了分析模式的中心，但是在强调施动者的同时必须强调施动者是在一定结构环境下的施动者而绝不是纯粹自主的行动者。在将这一分析模式应用到国际关系这一人类领域时，我们需要完成一些转换：

第一，国际关系中的施动者主要是国家，它代表民族国家这一集体行为体进行认知和决策。这一国家是国际社会—国家—国内社会视角下的国家，具有自我利益与目标的自主的行政组织实体，而不是抽象的实体，即国家拥有自主性。这将在第五章讨论。第二，虽然国家认知具有多种依据，但本书假定正是自主性构成了国家认知结构的核心。第六章也将讨论这一问题，并据此提出一个以国家为中心的自主性外交理论模式以分析全球相互依赖与内外联动时代背景下的国家自主性存在状况及其指导下的外交行为。第三，不仅国际结构而且国内结构对国家行为均具有因果或建构效应，且结构既有主观的观念结构又有客观的物质结构（权力结构与制度结构）。为此，在接下来的第四章，本书将对外交政策的决策结构进行分析。

第四章

外交行为的三维结构：国际与国内

第三章对社会科学以及国际关系中的施动者—结构问题进行了回顾，以此为基础，笔者提出了"结构—认知—行为"分析框架。为此，本章将对国家行为或外交政策行为的国际国内结构进行讨论，以为后面的模式建构与行为分析提供更充分的结构背景。

罗克珊·林恩·多蒂曾经指出施动者—结构研究者们较少注意施动性问题，而更多关注结构问题。① 她是正确的，因为"事实上，施动者总是受情景束缚的，并不是在社会真空中行动"②。因此，偏重对结构的研究这一倾向对于企图构建解释国际政治重大现象的体系理论来说是合理的。也正是这些体系理论对国际社会的结构进行了深入的分析与研究，为我们认识国家外交政策的宏观结构提供了智识指导。然而，本章将指出，由于国际体系理论对民族国家的单一化处理方式导致了其对民族国家行动的内部结构的忽视。为此，本章将在对结构的内涵、面向进行探讨的基础上，对国家行动的内外结构进行分析。首先，笔者将通过对结构的分析性归类，指出结构具有三个面向，即权力、制度与观念。其次，笔者将这一分析应用于国家外交政策的国际国内结构，指出不仅国际结构具有三个面向，而且国内结构也具有三个面向，因此对国家行为的分析与观察就不能仅仅局限在国际或国内的某一个侧面，而必须综合考虑国家在国内和国际三个维度中的综合相对位置。最后笔者对结构与行为的关系进行了分析，这为本书第二部分的行为

① Roxanne Lynn Doty, "Aporia: A Critical Exploration of the Agent-Structure Problematique in International Relations Theory", *European Journal of International Relations*, Vol. 3, No. 3, 1997.

② Colin Wight, *Agents, Structures and International Relations*, Cambridge: Cambridge University Press, 2006, p. 290.

分析奠定了基础。

第一节　结构的面向：权力、制度与观念

正如亚历山大·温特所言，"虽然结构这个概念在国际关系学界占据中心地位，但对这个概念的了解是贫乏的"①。其实，不仅在主要靠借用其他学科生存、发展的国际关系学科如此，就是在结构概念起源的哲学和社会学学界也是莫衷一是、众说纷纭，尚未取得学理共识。② 正是这种核心概念的模糊与混乱导致了不同的国际关系学者在使用国际结构一词时，所指的可能不是同一事物，有时甚至是差距很大的事物。这必然对国际关系理论本身的发展和我们对国际关系现实的理解产生混乱与困难。本节企图在整合哲学社会学领域的相关结构理论的基础上，对结构进行分析性分类，并以此为基础对国际关系理论的主流理论进行分析。

孔德曾经指出："可以将结构分解成要素、组织和器官。对社会有机体，我们也可以进行同样的分析，甚至使用同样的名词。"③ 在国际政治结构理论中，亚历山大·温特采用这种分析性方法，认为社会体系的结构包含三个因素：物质条件、利益、观念，因此，存在三种分立的"结构"，即物质结构、利益结构、观念结构。④ 因此，当我们对结构的本质及其定义达不成共识的时候，对结构的组成要素进行辨识无疑是一个不错的替代出路。

在枝繁叶茂的各种结构理论中，最具综合性的理论应该是安东尼·吉

---

① ［美］亚历山大·温特：《国际政治的社会理论》，秦亚青译，上海人民出版社2000年版，第229页。

② 作为知识分子一项事业的社会学，都以"社会结构"或"结构"概念为中心。尽管如此，结构的概念仍只是被含糊地理论化了；与其说是一个界定精确的理论术语，不如说更倾向于被当作一个比喻。参见［美］乔纳森·H.特纳《社会学理论的结构》（第七版），邱泽奇等译，华夏出版社2006年版，第429页。

③ August Comte, *System of Positive Polity or Treatise on Sociology*, London：Burt Franklin，1875，初版于1851年，第239—240页。转引自［美］乔纳森·H.特纳《社会学理论的结构》（第七版），邱泽奇等译，华夏出版社2006年版，第22页。

④ ［美］亚历山大·温特：《国际政治的社会理论》，秦亚青译，上海人民出版社2000年版，第178页。

登斯的结构化理论①,德国社会学家伯恩哈德·吉森则对宏观社会学有杰出贡献,在国际关系领域罗伯特·科克斯的历史结构主义也具有较大影响。为此,本书将通过借用安东尼·吉登斯的结构化理论、伯恩哈德·吉森的宏观社会学理论和罗伯特·科克斯的历史结构主义理论对结构,尤其是国际政治中的结构的基本构成或面向进行分析。

作为一个批判理论家,罗伯特·科克斯认为历史结构的观念是一幅具体的力量配置的图景。这种配置不以任何直接的、机械的方式决定行动,但是却对行动施加压力和限制。此种作为个人行动框架的历史结构有三个相互作用的力量范畴(表现为潜在可能性):物质力量、观念和制度(见图4-1)。物质能力是生产和摧毁性的潜能,这些潜能存在的动态形式是技术能力和组织能力,如自然资源、储存装备(如工业和军备)以及能够支配这些东西的财富。观念则有两类,即主体间观念和集体概念。制度化是一种具体的秩序稳固化持久化的手段,制度是特定观念和物质权力的混合物。② 可见,科克斯的历史结构具有三个面向:物质、观念与制度。

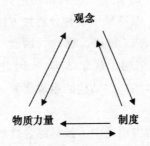

图 4 - 1   罗伯特·科克斯的历史结构

资料来源:罗伯特·W. 科克斯:《社会力量、国家与世界秩序:超越国际关系理论》,载罗伯特·O. 基欧汉编《新现实主义及其批判》,郭树勇译,北京大学出版社 2002 年版,第 201 页。

---

① 其基本理论在很多地方都曾出现,但是最综合、详尽的阐述见 Anthony Giddens, *Central Problem in Social Theory*: *Action*, *Structure and Contradiction in Social Analysis*, London: Macmillan, 1979。Anthony Giddens, *The Constitutions of Society*: *Outline of the Theory of Structuration*, Cambridge: Polity Press, 1984。或者 [英] 安东尼·吉登斯《社会的构成:结构化理论大纲》,李康等译,生活·读书·新知三联书店 1998 年版。

② [美] 罗伯特·W. 科克斯:《社会力量、国家与世界秩序:超越国际关系理论》,载 [美] 罗伯特·O. 基欧汉编《新现实主义及其批判》,郭树勇译,北京大学出版社 2002 年版,第 200—203 页。

安东尼·吉登斯认为,结构可以概括化为行动者在跨越"空间"和"时间"的"互动情境中"利用的规则和资源。[1] 规则是在社会实践的实施及再生产活动中运用的技术或可加以一般化的程序。[2] 资源是权力得以实施的媒介,是社会再生产通过具体行为得以实现的常规要素,即行动者用来处理事务的工具。[3] 虽然安东尼·吉登斯强调结构的二重性,即结构虽然具有制约性,但相对于个人而言,结构并不是什么"外在之物",而是"内在于人"的活动的,具有使动性。[4] 但为了集中研究社会系统的结构性特征,我们必须将主体的能动作用悬搁起来,在这样的悬搁之下,安东尼·吉登斯进一步将结构(规则与资源)区分为三种维度:表意、支配与合法化。[5] 其基本理念如图 4 - 2 所示。

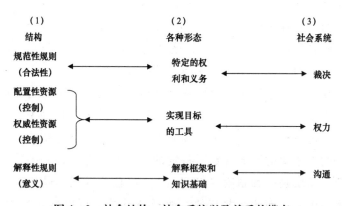

图 4 - 2 社会结构、社会系统以及关系的模态

资料来源:[美] 乔纳森·H. 特纳:《社会学理论的结构》(第七版),邱泽奇等译,华夏出版社 2006 年版,第 453 页。

---

[1] [美] 乔纳森·H. 特纳:《社会学理论的结构》(第七版),邱泽奇等译,华夏出版社 2006 年版,第 451 页;安东尼·吉登斯:《社会的构成:结构化理论大纲》,李康等译,生活·读书·新知三联书店 1998 年版,第 87—100 页。

[2] [英] 安东尼·吉登斯:《社会的构成:结构化理论大纲》,李康等译,生活·读书·新知三联书店 1998 年版,第 85 页。

[3] [英] 安东尼·吉登斯:《社会的构成:结构化理论大纲》,李康等译,生活·读书·新知三联书店 1998 年版,第 77—78 页;[美] 乔纳森·H. 特纳:《社会学理论的结构》(第七版),邱泽奇等译,华夏出版社 2006 年版,第 452 页。

[4] 参见 [英] 安东尼·吉登斯《社会的构成:结构化理论大纲》,李康等译,生活·读书·新知三联书店 1998 年版,第 89—93 页。

[5] 同上书,第 96 页。

其基本理念是：（1）资源是控制、支配要素，包括权威性资源与配置性资源。权威性资源指对人或者说行动者产生控制的各类转换能力；配置性资源指对物体、商品或物质现象产生控制的能力。（2）部分规则转化为合法性手段，规范在一个情境下的权利和义务，使事物看上去恰如其分，此为规范性规则。（3）其他规则用于创造意义，提供给人们看待和解释事件的方式，这种解释性规则促使一种在某一情境下毫无疑问具有正确性的知识的生存。[①] 虽然安东尼·吉登斯在提出规则与资源的分类时，相当含混和不精确，[②] 他自己也强调，只是为了理论分析的方便，才将规则和资源分别对待，因为在真实的经验世界中，两者同时存在于互动的行动流之中，但即便如此，我们仍然可以概化出安东尼·吉登斯所强调的结构的三个维度：由于安东尼·吉登斯强调权力是行动者所具有的"转换能力"，这种能力的大小以行动者所能动员的资源为前提，而资源的动员、使用必然赋予行动者权力，因而资源将产生权力，权力依赖于资源，因而资源结构可概化为权力结构；解释性规则包括了符号秩序与话语型态，作为一种共享的观念提供了行动者行动的意义，作为一种广义的规则，实质是一种文化或观念结构；规范性规则则以制度或法律的形式规定了特定的权利与义务，是一种狭义的或严格的规则，实质是一种制度（广义的），而且这种规则既然以法律与制度形式体现出来，因此是共享的，故规范性结构可以概化为制度结构。故此，我们也可以将安东尼·吉登斯的结构三维度，即支配、表意与合法化概化为权力、观念与制度结构三个侧面。当然，正如安东尼·吉登斯所强调的，这种区分只具有分析性质，因而并不存在三种独立的结构面向。

德国社会学家伯恩哈德·吉森在一项有关宏微观互动的杰出研究中提

---

①　参见［英］安东尼·吉登斯《社会的构成：结构化理论大纲》，李康等译，生活·读书·新知三联书店 1998 年版，第 98—99 页；乔纳森·H. 特纳《社会学理论的结构》，（第七版），邱泽奇等译，华夏出版社 2006 年版，第 452—453 页。

②　Anthony Giddens, *The Constitutions of Society: Outline of the Theory of Structuration*, Cambridge: Polity Press, 1984, p.29; Anthony Giddens, *Central Problem in Social Theory: Action, Structure and Contradiction in Social Analysis*, London: Macmillan, 1979, pp. 97 - 107.

出了进化理论模型,① 该模型将社会现实即宏观结构划分成三个面向,即符号的、实践的和物质的。从表 4 - 1 可以很明显地看出,伯恩哈德·吉森所谓的符号现实相当于本书的观念结构,实践现实则相当于制度结构,而物质现实则明显与权力结构对应。

表 4 - 1 伯恩哈德·吉森的进化理论模型

	过程	情境	结构
符号现实	对环境的理性解读	符号核心结构 构想的相关模式	世界观 道德
实践现实	行动	实践的核心结构 有效的规则与规范 社会地位引起的利益	有效的制度 分化的结构
物质现实	有机行为	物质核心结构 物质资源 可用的各种技术	物质资源 集体规模 专家技术结构

资料来源: Berhard Giesen, "To Unpack Micro and Macro: Link Small with Large and Part with Whole", in Jeffery Alexander et al. eds. , *The Micro-Macro Link*, Berkeley: University of California, 1987, p. 349。

综上所述,我们在对结构的本质不能达成一致的时候,通过对结构的分析性分类也可以加深对结构本质的理解。综观几个具有影响的学者对结构的分析,作者认为结构具有权力、制度与观念三个面向。因此,所谓结构就是指行为体在权力、制度与观念这三个面向中所占据的相对空间位置的综合图景。

然而,需要注意的是,这种分类只是分析性的。在实际的社会结构中,并不存在截然分开的三个面向,而是以不同方式或模式相互组合在一起的,正是这种不同组合而不仅仅是某一种因素(如权力)的分布构成了行为体的行动结构。为此,下文对国际国内结构三个面向的分析也只是

————————

① 伯恩哈德·吉森也讨论了其他几个联系模型,如协调模型即个人行动与宏观社会效应、分类分析模型即语言与言语行为、对抗模型即社会压制与个人自主。参见 Berhard Giesen, "To Unpack Micro and Macro: Link Small with Large and Part with Whole", in Jeffery Alexander et al. eds. , *The Micro-Macro Link*, Berkeley: University of California, 1987。

分析性的。

第二节　外交政策的国际结构

由不同国家组成的国际体系,由于存在不断的资源与信息的交换,也组成了一个系统,具有自身独特的结构。那么国家外交决策的行动结构是如何构成的? 西达·斯考切波 (Theda Skocpol) 认为,国家从根本上说具有两副面孔,从而内在地依赖于两个方面:其一是解决分化的社会经济结构;其二是国家的国际体系。① 亚瑟·斯坦 (Arthur A. Stein) 亦指出:"国际政治和国家战略反应了国内的限制与必须,也反应了来自国际经济、政治以及军事的限制与必须。"② 可见,国家外交决策是在国内与国际两个舞台上互动进行的,因而,外交政策及其行为不仅是对国际结构而且也是对国内结构及其互动的反映。本节将首先分析外交政策的国际结构,下节则转向对国际关系专家们不太重视或视为当然的国内结构的分析。

有关国家的行动结构的理论中,最著名的当属肯尼思·华尔兹对国际结构的物质主义概化以及新自由制度主义和结构建构主义在接受新现实主义部分结构观基础上的发展。为此,本书将首先对国家决策的国际结构进行阐述,这种阐述将沿着理论而不是客观现实的线索进行,因为,本书认为国际政治理论的发展事实上反映了国际政治的现实存在。

一　结构现实主义与国际权力结构

肯尼思·华尔兹《国际政治理论》一书的出版标志着国际关系理论研究的结构主义转向:国际关系理论家从以前的 "不关心结构"③ 变成 "纷纷谈结构"。一些公认的理论创新如新自由制度主义、结构建构主义

① [美] 西达·斯考切波:《国家与革命:对法国、俄国和中国的比较分析》,何俊志、王学东译,上海人民出版社 2007 年版,第 59 页。

② Arthur A. Stein, "Constraints and Determinants: Structure, Purpose, and Process in the Analysis of Foreign Policy", in Harvey Starr ed., *Approaches*, *Levels*, *and Methods of Analysis in International Politics: Crossing Boundaries*, New York: Palgrave Macmillan, 2006, p. 207.

③ 在华尔兹之前,也有少数学者提到了系统、结构概念,如默顿·卡普兰对系统概念的应用,斯坦利·霍夫曼也使用了结构概念,但他们的系统与结构在本体论、认识论、方法论上都是个体主义的,因此,还算不上真正的 "关心结构"。

都借用了华尔兹的思路。① 有学者形容国际关系理论界形成了一种"沃尔兹效应"。②

肯尼思·华尔兹不仅认为"体系是由结构和互动的单位构成"，而且强调结构使"体系成为一个整体"。③ 结构需要独立于单位并抽象掉单位的属性，因而肯尼思·华尔兹认为结构的定义应省略一切单元层次的特点，即一种结构"不能通过列举系统的实体性特征加以界定，而是系统组成部分的排列及那种排列的准则来界定"。④ 有鉴于此，肯尼思·华尔兹认为结构应当从三方面加以界定：结构首先是根据系统排列的原则界定的，而这种排列原则只有两种，即等级制原则和无政府原则；其次，结构是根据不同单元的功能来界定的；最后，结构是根据单元之间力量的分配来界定的。⑤ 由于在国际政治中各单元的排列原则始终是无政府原则并由此导致单元动能的同一性，因而肯尼思·华尔兹的结构定义实质上只有一条，即单元间能力的分布，进一步而言就是大国权势的分布，即结构现实主义的国际结构实质是结构的三个面向之一的国际权力结构。

可见，结构现实主义虽然具有简约之美并构建了一个所谓科学的现实主义国际政治理论，但肯尼思·华尔兹对结构的物质主义概化仅仅是一个很好的开端，因为结构现实主义仅仅只抓住了结构三个面向之一，虽然这个面向显然是国际结构中极为重要的甚至通常是最重要的一个侧面，但由于结构现实主义省略掉了结构中的其他重要内容，因而必然会遭到不断的批评。⑥

---

① 转引自薛力《从结构主义到国际关系理论》，《世界经济与政治》2007 年第 10 期。

② ［美］彼得·卡赞斯坦等编：《世界政治理论的探索与争鸣》，秦亚青等译，上海人民出版社 2006 年版，译者前言，第 12 页。

③ Kenneth N. Waltz, *Theory of International Politics*, Reading, Mass.: Addison-Wesley, 1979, p. 79.

④ ［美］肯尼思·沃尔兹：《国际政治理论》，胡少华等译，中国人民公安大学出版社 1992 年版，第 95 页。

⑤ 同上书，第 119 页。

⑥ 关于这种批评可见 ［美］罗伯特·O. 基欧汉编《新现实主义及其批判》，郭树勇译，北京大学出版社 2002 年版。［美］亚历山大·温特：《国际政治的社会理论》，秦亚青译，上海人民出版社 2000 年版，第 229 页。

二　新自由制度主义与国际制度结构

新自由制度主义并没有否认肯尼思·华尔兹的结构，承认大国间的权力分布是国际体系结构的重要因素，但国际结构的特征并不仅仅局限于此。罗伯特·基欧汉认为，"现实主义者所强调的权力分布当然是重要的；……但是，国际体系层次上的人类活动同样会产生重要的作用"[①]。新自由制度主义认为，仅仅强调结构是不够的，还必须强调国际体系的进程，因为进程同样是国际体系的重要特征。由于影响国际进程的体系因素有两个：体系结构和国际制度。而国际体系结构的变化是相对缓慢的，要等主要国家之间的权力关系发生根本性的改变之后才能完成。于是，新自由制度主义就可以假定国际体系结构为常数。在国际体系结构不变的情况下，国际制度就成为国际体系的最主要特征。[②] 可见，新自由制度主义在承认结构中权力结构的根本作用的前提下，认为国家行为主要受制于国际制度结构。

新自由制度主义对国际结构的制度面向的强调，使该理论对于解释国际体系中的合作具有相当效力，对于认识当今国际社会中日益发展壮大的国际组织、国际机制的重要作用具有重要意义。然而，新自由制度主义仅仅是在结构现实主义的基础上增加了一个新变量（即制度），其制度结构对国家行为的作用机制仍然与结构现实主义一样体现为一种单向度的因果机制，而行为体及其与结构的互动作用仍然没有得到应有的重视。这为建构主义的发展留下了理论空间。

三　结构建构主义与国际观念结构

在行为体与结构的相互关系上，与单独强调结构而把行为体给定的结构主义相反，亚历山大·温特则强调两者的"互构"。主流国际关系理论过去往往把国际社会的最典型特征无政府状态设定为既定状态或永久的存在，而亚历山大·温特则明确地指出，无政府状态实际上是国际社会的诸

---

① Robert O. Keohane, *After Hegemony: Cooperation and Discord in the World Political Economy*, Princeton, New Jersey: Princeton University Press, 1984, p. 26.

② 秦亚青:《权力·制度·文化——国际政治学的三种体系理论》,《世界经济与政治》2002 年第 6 期。

多成员即国家造就的。① 因而，国际体系结构有着多种形式，而不是只具有单一性质。由于建构主义在本体论上认为社会的核心是观念而不是物质，虽然物质确实存在，但必须通过观念才能具有意义。因而，建构主义对国际结构的考察是从观念或者文化视角进行的。他提出了三种可能的国际体系结构：霍布斯文化、洛克文化和康德文化。因此，根据亚历山大·温特的理论，国家所处的国际体系文化建构了国家的身份、利益，因而最终决定了国家的对外行为，文化或观念结构才是国际体系结构的根本特征。

　　不过值得注意的是，亚历山大·温特对文化的定义是："社会共有知识"，② 是社会成员通过互动产生的共同观念，是社会成员共同具有的理解和期望。因而，亚历山大·温特所强调的文化结构主要是一种共有观念结构，虽然他也认为不同的私有观念、自有知识在诸多行为体之间积累起来后，也会给国际体系结构增加一层能够影响结果的互动内容，但是，他认为即使是自有知识的"分配"也不能构成体系层次的文化内容。③ 事实上，不管是共有观念结构还是私有观念结构都是国际观念结构中非常重要的组成部分，尤其对于那些缺乏互动的行为体之间的关系而言，私有观念结构显得更加突出④。因而，亚历山大·温特的结构观主要只关注了结构的观念面向，而在观念面向方面也主要集中在共有观念即"文化"结构上。

四　小结

　　从上述分析可知，从结构现实主义到新自由制度主义再到结构建构主义，国际关系理论不断地发展，形成了三足鼎立之势。结构现实主义突出强调了国际结构中的物质尤其是权力面向，强调这种权力结构对国家行为产生了一种因果效应；新自由制度主义则在承认权力结构作用的基础上，

---

　　① 参见 Alexander Wendt, "Anarchy is What States Make of it: The Social Construction of Power Politics", *International Organization*, Vol. 46, No. 2, 1992。

　　② Alexander Wendt, *Social Theory of International Politics*, Cambridge: Cambridge University Press, 1999, p. 141.

　　③ 参见［美］亚历山大·温特《国际政治的社会理论》，秦亚青译，上海人民出版社 2000 年版，第 200 页。

　　④ 注意到这一点，对于研究不同行为体之间由于缺乏"文化"而造成的误解与冲突是有意义的。

注意到了制度进程的作用，强调制度进程对国家行为产生了因果效应，对国家行为的外部制约因素的认知更进了一步；而结构建构主义则批评了前两者对行为体认同与利益形成的漠视因而只看到了物质结构的因果作用而忽略了结构对国家身份、利益的建构作用，而建构是通过观念即共享知识进行的，因而强调只有充分认识国际结构的观念面向，才能充分认识结构对行为体的建构作用。因此，"总结三种体系理论，我们可以看出，结构现实主义的体系特征是权力，新自由制度主义的体系特征是制度，建构主义的体系特征是文化"。① 三种理论都分别强调了国际结构的某一个面向，并关注该结构对行为体的作用（因果或建构作用），属于整体主义结构研究。

这种整体主义研究，不仅为我们提供了一个简洁、优美的国际政治分析工具，而且也为我们把握国家行动的外部结构提供了理论指导。之所以在国际政治理论工具箱中，出现了三足鼎立的局面，是因为各个理论从各自的理论需要出发，各自仅仅只抓住了国际政治丰富现实的某个面向，而事实上国际结构是由权力、制度与观念的不同组合构成的复合形态。因此，国家在国际结构中的位置或其国家实力应是该国在国际权力结构、国际制度结构和国际观念结构的相对空间分布位置。

第三节　外交政策的国内结构

国际关系中这种聚焦于国际结构的整体主义研究，虽然为我们提供了一个简洁、优美的国际政治分析工具，但同时存在一个严重不足：由于过度强调国际结构的作用，而将行为体（民族国家）单一化处理（即"黑箱化"），因而忽视了其内部结构对行为体的作用。正是这个不足，导致了在提供有关国际政治现象的分析方面，这三大结构理论出现了"供应不足"的困难，尤其是对于那些由行为体内部属性与行为导致的国际现象并不能提供满意的分析，这直接导致了国际关系中各种"去黑箱化"的努力。

---

① 秦亚青：《权力·制度·文化——国际政治学的三种体系理论》，《世界经济与政治》2002 年第 6 期。

一　"把国内结构带回来"

正是由于主流结构理论过度关注行为体的外在结构而忽视了行为体自身及其内部属性，让主流结构理论面临冷战如此重大的国际现象而失语，这激起了理论界的"不满"。最近二十多年来，把各种各样的非体系因素"带回来"的"去黑箱化"研究不断出现，比如"把跨国关系带回来"[1]"把国家带回来"[2]　"把国内政治带回来"[3] 以及"把政治家带回来"[4]等，这些对国家自身及其内部特征的关注的研究让我们见证了国际关系学科中"层次回落"现象。[5] 这种"层次回落"有其必然性，反映了传统国际政治理论严格区分国内、国际因素这一做法的缺陷。

肯尼思·华尔兹认为，混淆系统的不同层次之间的区别，一直是国际政治理论发展的主要障碍。[6] 他进而认为，国际政治理论的主要目的在于解释为什么即使个体行为随着时间而改变，但系统层次的行为却仍有规律。对该问题，他认为从国家层面入手，如传统现实主义，并不能很好地理解。而新现实主义则相反，是为了解释国际政治的结果而出现的，是国际层次的系统理论。为此，他批判了简化方法，认为该理论着眼于单元或国家层次上，通过行为者属性的差异来解释国际政治，如从个人等国内层次上考察战争的原因等，充其量不过是一种外交政策或者国家的理论，而不能解释发生在系统层次上的国际政治现象。为此，肯尼思·华尔兹宣称，如果结局不仅受到变量的特性的影响，而且也受到他们组织方式的影

---

① Thomas Risse-Kappen, ed., *Bringing Transnational Relations Back in*: *Non-State Actors*, *Domestic Structures and International Institutions*, Cambridge: Cambridge University Press, 1995.

② Peter B. Evans, Dietrich Rueschemeyer, and Theda Skocpol eds., *Bringing the State Back In*, New York: Cambridge University Press, 1985; John M. Hobson, "'Bringing the State Back In, Kicking the State Back Out': Reconstructing the Identity of the Discipline of International Relations?", *Cooperation and Conflict*, Vol. 37, No. 4, 2002.

③ Helen V. Milner, "Rationalizing Politics: The Emerging Synthesis of International, American, and Comparative Politics", *International Organization*, Vol. 52, No. 4, 1998.

④ Daniel Byman and Kenneth Pollack, "Let Us Now Praise Great Men: Bringing the Statesman Back In", *International Security*, Vol. 25, No. 4, 2001.

⑤ 李巍、王勇：《国际关系研究层次的回落》，《国际政治科学》2006 年第 3 期；陈小鼎：《国际关系研究层次的上升与回落》，《世界经济与政治》2008 年第 7 期。

⑥ ［美］肯尼思·沃尔兹：《国际政治理论》，胡少华等译，中国人民公安大学出版社 1992 年版，第 73 页。

响,那么分析法就不够用了,就需要系统方法了。① 为了把单元与系统层次区分开,肯尼思·华尔兹指出,对结构的界定必须略去单元的属性和他们的联系。肯尼思·华尔兹认为结构是指一系列约束性环境。这样的结构充当了选择器的作用,它的运转情况并不像所得税那样可以被看到、被检查和被观察到。因为结构影响着系统内的行动,但不是直接地影响,影响是通过行为主体的社会化和行为主体间的竞争实现的。② 正是通过这种约束性的结构定义,肯尼思·华尔兹严格地将单元及其互动等排除在了系统层次之外。

肯尼思·华尔兹对体系理论与还原理论的区分虽然已经成了国际关系学界的定式,但肯尼思·华尔兹未做任何分析就把"互动"加进还原主义的定义之中的做法③却受到质疑。罗伯特·基欧汉和约瑟夫·奈关于相互依赖的研究和对制度进程的强调就希望将进程互动当作独立的分析层次。巴里·布赞(Barry Buzan)、查尔斯·琼斯(Charles Jones)和理查德·利特尔(Richard Little)对此也做过评论,④ 虽然他们对肯尼思·华尔兹理论基本上持同情态度,但他们也批评肯尼思·华尔兹把互动理论和属性理论混为一谈。

亚历山大·温特同样对肯尼思·华尔兹将互动归为还原主义理论的做法提出了批评,他认为互动与属性是不同的事物,"因为互动可能产生单凭属性无法预测的突现效应。属性理论完全是'由内到外'的解释,互动理论则包括外部环境特征,所以有着'由外到内'的一面"。⑤ 为此,亚历山大·温特指出,施动者及其互动是使结构产生因果力的关键。他进而提出了互动结构,这一结构的本质和作用不同于肯尼思·华尔兹的结构,但是国家间互动理论与肯尼思·华尔兹结构理论一样都关系到国际体

---

① [美] 肯尼思·沃尔兹:《国际政治理论》,胡少华等译,中国人民公安大学出版社 1992 年版,第 44—45、78 页。

② 同上书,第 92 页。

③ 华尔兹最初把还原主义理论定义为"把原因设定在个体或者国家层次上"的理论,但在下一段中,他未做任何分析就把互动加进了他的定义之中。参见 Kenneth N. Waltz, *The Theory of International Politics*, Reading, Mass.: Addison-Wesley, 1979, p. 18。

④ Barry Buzan, Charles Jones, and Richard Little, *The Logic of Anarchy*, New York: Columbia University Press, 1993, pp. 49–50.

⑤ Alexander Wendt, *Social Theory of International Politics*, Cambridge: Cambridge University Press, 1999, p. 145. 同时也参见亚历山大·温特:《国际政治的社会理论》,秦亚青译,上海人民出版社 2000 年版,第 185 页。

系的逻辑,因而也是"结构"理论。为了避免与肯尼思·华尔兹结构理论相混淆,亚历山大·温特将互动结构称为"微观"结构,因为这种结构是从施动者的视角描述世界的,而将肯尼思·华尔兹定义的结构称为"宏观"结构,因为肯尼思·华尔兹的结构是从体系视角描述世界的。[①]亚历山大·温特对互动结构的强调丰富了我们对国家行动结构的理解。然而,尽管亚历山大·温特承认国家具有自我结构[②],但出于构建体系理论的需要,他却将国家自我结构及其对国家行为的可能影响排除在了理论之外。

亚历山大·温特认为,无论是什么样的体系理论,它能够成立的事实表示国内或单位层次与体系层次可以分离开来,并提供了两个理由,即国内外互动密度与权威形式的差别,[③] 虽然确实还存在这种差别,但是全球相互依赖时代国内外互动的增加也是引人注目的。[④] 因而,对国家行为及其决策的分析绝不能为了保持所谓的体系理论的纯粹性而牺牲了理论的完

---

① 参见 Alexander Wendt, *Social Theory of International Politics*, Cambridge:Cambridge University Press, 1999, pp. 146 – 147。同时也参见亚历山大·温特《国际政治的社会理论》,秦亚青译,上海人民出版社 2000 年版,第 186—187 页。在这里顺便指出部分学者对微观、宏观结构的误解是有益的。陈寒溪和肖欢容指出,"在亚历山大·温特的逻辑中,观念结构是'微观结构''互动结构',华尔兹的权力结构则是'宏观结构'"。(陈寒溪、肖欢容:《国际政治结构:概念的批判》,《外交评论》2009 年第 4 期。)需要注意的是,正如亚历山大·温特指出的,这种分析(指宏观结构与微观结构)对结构的物质性或文化性并不过问(Alexander Wendt, *Social Theory of International Politics*, Cambridge:Cambridge University Press, 1999, p. 147),因而我们绝不能将宏观结构等同于华尔兹的物质结构而用微观结构来指称亚历山大·温特的观念或文化结构。事实上,亚历山大·温特的文化结构既包括宏观结构(如集体知识、权力分布)也包括微观结构(如共同知识),而且建构主义对文化研究做出的主要贡献是在微观和宏观两个层次,尤其是在宏观层次上对建构作用的分析(Alexander Wendt, *Social Theory of International Politics*, Cambridge:Cambridge University Press, 1999, p. 144)。亚历山大·温特只是认为华尔兹只分析了结构的宏观层面而忽视了互动结构,亚历山大·温特本人提出了要重视互动结构或微观结构,但并不是说亚历山大·温特的文化结构就是微观结构,其实,亚历山大·温特的三种无政府文化都是宏观结构。

② Alexander Wendt, *Social Theory of International Politics*, Cambridge:Cambridge University Press, 1999, p. 147.

③ Alexander Wendt, *Social Theory of International Politics*, Cambridge:Cambridge University Press, 1999, p. 13. 同时也参见亚历山大·温特《国际政治的社会理论》,秦亚青译,上海人民出版社 2000 年版,第 14—15 页。

④ 即使亚历山大·温特强调内外之别,他也承认过去两个世纪以来尤其是二战以来,国际体系已经经历了实质性的制度分化,因而,国际关系的内容并不是不变的。参见 Alexander Wendt, *Social Theory of International Politics*, Cambridge:Cambridge University Press, 1999, p. 14.

整性。

亚历山大·温特认为,宏观结构需要互动结构做基础,因为,宏观结构的产生和再造只能是微观层次上实践和互动结构的结果,[①] 这显然是正确的,然而同样正确的是,互动结构的产生和再造也需要内部结构做基础,没有对内部结构的理解,我们对国家行动的理解也将是不全面的。

事实上,"自从 19 世纪中叶以来,在国际政治经济的演化过程中,国际与国内因素就一直密切地相互交织在一起",[②] "国际关系和国内政治之间的联系是如此紧密,使得二者必须被视作一个整体而同时研究"。[③]正是对结构理论集中于国际结构的不满,导致了一些学者回归国家及其国内结构或国家—社会关系的努力。新古典现实主义就企图从单元层次内部来解释国家对外行为,试图把国内结构同国际体系结构联系起来。[④] 其主要代表人物有杰克·斯奈德、斯蒂芬·埃弗拉、兰德尔·施韦勒、法里德·扎卡利亚等。新古典现实主义的系列努力及其成功表明,对国家行为的分析仅仅停留在国家行动的国际结构是不够的,因为,国家内部结构对国家行为的影响同样不可忽视。

事实上,亚历山大·温特在其早期的文章中,曾经指出构建施动者的结构有两种明显不同的种类,即外部(或社会)结构和内部(或组织)结构。两者解释施动者不同的因果效力和利益,前者解释社会的后者解释内部的。[⑤] "国内外社会结构赋予国家因果效力……也正是通过这些因果效力国家才首先成为国家。" "社会结构构建了国家和国家行动的条件,确实如果没有社会结构原则我们就不能谈论国际关系的基石,如国家、国家权力和外交政策等。换句话说,国内外结构生成了国家互动的'游戏

---

① Alexander Wendt, *Social Theory of International Politics*, Cambridge: Cambridge University Press, 1999, p. 150.

② Peter J. Katzenstein, "Introduction: Domestic and International Forces and Strategies of Foreign Economic Policy", *International Organization*, Vol. 31, No. 4, 1977.

③ Peter Gourevitch, "The Second Image Reversed: The International Sources of Domestic Politics", *International Organization*, Vol. 32, No. 4, 1978.

④ [美] 詹姆斯·多尔蒂、小罗伯特·普法尔茨格拉夫:《争论中的国际关系理论》(第五版),阎学通等译,世界知识出版社 2003 年版,第 94 页。

⑤ Alexander Wendt, "The Agent-Structure Problem in International Relations Theory", *International Organization*, Vol. 41, No. 3, 1987.

规则'（广泛定义的话也包括国家施动者本身）。"①

罗伯特·吉尔平给自己定的目标是构建一种国际政治变革的理论,②研究的是结构与体系的变化,但他在重点研究行为体的互动和霸权的兴替时,明智地注意到外交政策的主要决定因素包括国际体系的结构和社会的内部条件两方面③。彼得·卡赞斯坦也指出,在相互依赖时代,对外经济战略取决于国内外力量的互动,国内结构和国家所处的国际环境的不同要求国家采取不同的对外经济战略。为此,他对发达工业国家面临共同的挑战（石油危机）为何做出了不同的反应这一问题的回答是,民族国家的国内结构是关键干预变量,没有这一变量就不能理解相互依赖与政治战略的相互关系。因此,他认为,如果没有对国内结构的系统分析,今日之国际政治经济将难以理解。④ 彼得·古勒维奇也指出,不管外部压力多大,都不可能是完全决定性的,对外部压力做出灵活反应总是可能的,这需要从国内政治角度去解释不同的选择。⑤

为此,我们可以指出,国内结构与国际结构一样对于分析国家行为而言是必不可少的。肯尼思·华尔兹忽视了单元内部结构的差异,亚历山大·温特则由于构建体系理论的需要而将国家内部结构（当然也包括国家本身的结构）排除在体系理论之外了,20 世纪 70 年代复兴的国家主义研究则更加重视国内结构的差异对国家行为的影响,而新古典现实主义则借鉴了国家主义的成果也将关注视角转移到了单元内部以发展现实主义理论。因此,如果我们理论构建的目标不是体系理论而是外交政策理论的话,就必须同时重视国内与国际结构对国家行为的影响。

二 国内结构：内涵与分类

事实上,新古典现实主义对国内结构的关注源于更早的国家主义学者

① Alexander Wendt, "The Agent-Structure Problem in International Relations Theory", *International Organization*, Vol. 41, No. 3, 1987.

② Robert Gilpin, *War and Change in World Politics*, Cambridge: Cambridge University Press, 1981, p. XⅢ.

③ Kenneth N. Waltz, *The Theory of International Politics*, Reading, Mass.: Addison-Wesley, 1979, p. 87.

④ 参见 Peter J. Katzenstein, "Introduction: Domestic and International Forces and Strategies of Foreign Economic Policy", *International Organization*, Vol. 31, No. 4, 1977.

⑤ Peter Gourevitch, "The Second Image Reversed: The International Sources of Domestic Politics", *International Organization*, Vol. 32, No. 4, 1978.

对"国内结构"的深入研究。通过引入国内结构的概念,国家主义者解释了各个国家在面对相同国际压力时所做出的不同政策反应。① 那么什么是国内结构? 我们可以如何去识别不同的国内结构呢?

托马斯·里斯-卡彭(Thomas Risse-Kappen)认为,国内结构"是指国家的政治制度、社会结构以及连接两者的政策网络。国内结构包括了政治和社会制度中的组织机构及其运行惯例,体现在法律与惯例中的决策规则与程序,以及深嵌于政治文化中的价值与规范"。② 基于这个制度视角的定义,托马斯·里斯—卡彭认为国内结构包含了三个方面:其一,集权化或分权化的政治制度结构或国家结构;其二,根据社会分裂和组织程度划分的强社会和弱社会;其三,一致同意和极化的政策网络及其运行中的规范。为此,他区分了六种国内结构,它们分别为国家控制型、国家主导型、僵局型、社团合作型、社会主导型和脆弱型。③

安德鲁·考太尔和詹姆斯·戴维斯认为,国际制度不仅在国家互动层次上影响国家行为,而且也通过影响国内政治行为者的行动而影响国家的政策选择,并提出了影响国家行为的两个因素,即国内制度环境和国际规则或规范的国内知晓度。与里斯—卡彭不同,他们认为,国内结构指"决策权威的组织和国家—社会关系的模式",④ 且这种结构即使在同一个国家内也将随着问题领域的变换而不同。决策权威组织体现为一个从集权到分权的连续体,而国家—社会关系则指给予社会接触、参与具体领域政策提出的制度安排,体现为一个从紧密到分离的连续体。当社会被排除于政策形成过程之外时,国家—社会关系就是分离的;反之,则是紧密的。根据这两种结构区分维度,他们描述了四种国内结构,即集权分离型

---

① Peter J. Katzenstein, "International Relations and Domestic Structure: Foreign Economic Policies of Advanced Industrial Stares", *International Organization*, Vol. 30, No. 1, 1976; Peter J. Katzenstein, ed., *Between Power and Plenty: Foreign Economic Policies of Advanced Industrial Stares*, Madison: University of Wisconsin Press, 1978; Thomas Risse-Kappen, ed., *Bring Transnational Relations Back In: Non-state Actors, Domestic Structure and International Institutions*, Cambridge: Cambridge University Press, 1995.

② Thomas Risse-Kappen, ed., *Bring Transnational Relations Back In: Non-state Actors, Domestic Structure and International Institutions*, Cambridge: Cambridge University Press, 1995, p. 20.

③ Thomas Risse-Kappen, ed., *Bring Transnational Relations Back In: Non-state Actors, Domestic Structure and International Institutions*, Cambridge: Cambridge University Press, 1995, pp. 20 – 25.

④ Anddrew Cortell and James Davis, "How Do International Institutions Matter: The Domestic Impact of international Rules and Norms", *International Studies Quarterly*, Vol. 40, 1996.

（类型Ⅰ）、集权紧密型（类型Ⅱ）、分权分离型（类型Ⅲ）和分权紧密型（类型Ⅳ）。① 然而，他们对国内结构的探讨事实上还有第三个维度，即国际规则或规范的国内知晓度。"国际规范的国内知晓度大致源于其在国内政治环境中被授予的合法性"。虽然难以衡量，但这种合法性可被设想为从宣示性声明到具体政策抉择的连续体。对国际规则的一次性宣示性支持不可能使该规则具备足够的知晓度，但权威官员对支持的反复性宣示则表明该国致力于遵守国际规则，且这种行为将培育更广泛的国内支持，提升国际制度的合法性。

可见，国内结构的识别主要涉及政治制度或国家结构、社会组织程度以及国家—社会关系。根据上文对结构基本面向的识别和本书的需要，本书认为，国内结构主要涉及两个方面，即政治制度结构和国家—社会关系。政治制度结构涉及国家权力的运用，实际上就是权力结构，可以从集权与分权的程度加以衡量；国家社会关系则涉及国家和社会如何把相互的要求输入对方的制度、机制和网络，尤其是社会中各种组织或个人的利益要求是否能够通过合法的或有效的渠道输送到国家政策议程中，因而这实际上体现为国家—社会之间的制度结构。然而，国家—社会关系不仅存在制度化的一面，而且也存在观念的一面，尤其是国家的议程是否具有合法性也是影响国家—社会关系的重要因子，即国家—社会关系的观念结构。为此，本书的国内结构是指政治制度和国家—社会关系的结构而不包括国家—社会视角下国家的自我结构，并具体表现为权力结构、制度结构和观念（合法性）结构，不同的国内结构构造将塑造不同的国家行为。

国内结构不仅能够按照结构成分分为三种结构，而且也可以主要根据国家—社会关系中国家、社会相互作用的大小进行简单分类，以利于我们对国内结构的观察。在早期卡赞斯坦的研究中，他通过比较美国与法国国内结构的不同，按照国家与社会的关系把国内结构分为强国家—弱社会的国家中心型和弱国家—强社会的社会中心型两类。② 虽然这一划分显然漏掉了若干有关国家—社会关系的细节，但非常清楚地指出了国家和社会

---

① 参见 Anddrew Cortell and James Davis，"How Do International Institutions Matter：The Domestic Impact of international Rules and Norms"，*International Studies Quarterly*，Vol. 40，1996。

② Peter J. Katzenstein，"International Relations and Domestic Structures：Foreign Economic Policies of Advanced Industrial States"，*International Organization*，Vol. 30，No. 1，1976。

各自在国家政策中的地位与作用，因而对于分析国家政策的宏观走势是有用的。因此，本书对国内结构的分析不仅将涉及结构的三个面向，而且将主要从国家与社会的强弱关系入手去分析其对国家行为的趋势性影响。

第四节　结构与行为

任何行为，无论是个体行为还是集体行为，都是在一个结构中完成的。因而，对行动结构的分析构成了行为理论的基础。国家外交决策行为是在国际和国内的结构背景下展开的，因此，理解国际和国内结构与国家决策行为之间的关系自然构成了分析决策行为的基础。那么，国内外结构与国家决策行为构成了什么关系？是仅仅限制了国家的行为选择还是决定了国家的行为结果？此种限制是消极的还是积极的？

一　结构：限制还是决定？

罗伯特·吉尔平认为，"结构限制了而且实际上强有力地影响了行为"，[1] 甚至指出，国际政治中的结构重要到了扮演行为体"行动的决定因素"的程度，就像结构在经济市场和国内政治系统中发挥的作用那样。[2] 国际政治中的现实主义尤其是新现实主义以及各种结构理论几乎都认为是结构决定了国家行为。但事实并非如此。事实上，国际体系理论很少能够提供准确的预测。亚瑟·斯坦（Arthur A. Stein）指出，即使是古老的均势理论也不能对国家的具体行为做出准确预测：第一，面对外部势力不均衡的情势，国家既可以通过内部动员也可以通过外部结盟来实现均势。第二，均势理论既可以用来解释国家的遏制战略也可以用来解释战争行为。第三，面对权力变迁或外部威胁，国家并非除了威慑战略之外别无选择，事实上还有一系列其他可供选择的战略，如逢迎、绥靖、安抚和追

---

① 罗伯特·吉尔平：《政治现实主义的丰富传统》，载［美］罗伯特·O. 基欧汉编《新现实主义及其批判》，郭树勇译，北京大学出版社 2002 年版，第 290 页。

② Robert Gilpin, *War and Change in World Politics*, Cambridge: Cambridge University Press, 1981, pp. 86, 95.

随等。①

为此,亚瑟·斯坦通过区分"限制因素"与"决定因素"对结构与行为的关系做出了恰当的分析,他认为:"国际体系将限制所有国家的行为。但是,除非限制是如此之强以至于迫使国家只有一个具体选择,否则体系因素只是限制了一系列可能性而不是决定了一个具体选择。在此种情形下,国际体系不能用来充分地解释外交政策。"②他接着说,"国际政治体系理论代表了对限制而不是决定的论证。……国际体系理论只能模糊地描绘国家行为的最终模式,并不能提供有关国家行为的具体推导"。③"虽然体系促使了行为的发生,但它并不能单独决定某个具体的行为结果"。④

斯坦不仅讨论了国际体系中的限制因素,而且也讨论了国内的限制因素,如经济发展水平和人口对国家军事政策的限制,但这并不是决定因素。他强调对能力与意图的区分,"估计一个国家能做什么与估计该国将要做什么并不相同","各国并不总是选择其能够做到的"。⑤这种对意图与能力的区分表明,虽然对国家具体行为存在一个最终的物质限制,但这并不能决定国家的具体行为。

因此,结构与行为是限制关系而不是决定关系,国内外结构对国家行

---

① 参见 Arthur A. Stein, "Constraints and Determinants: Structure, Purpose, and Process in the Analysis of Foreign Policy", in Harvey Starr ed., *Approaches*, *Levels*, *and Methods of Analysis in International Politics: Crossing Boundaries*, New York: Palgrave Macmillan, 2006, p. 190. 在这些战略中,斯坦提到了逢迎、绥靖与安抚,并没有提到追随,虽然这些概念意思大致相似,但还是有些细微不同。其实,现实主义谈及较多的与均势相对的另一个战略应该是追随。与均势相比,追随这个词是相当新的一个词,是由昆西·赖特(Quincy Wright)在其 1942 年《战争的研究》一书中创造的,华尔兹 1979 年出版的《国际政治理论》将这个词普及了,在该书中华尔兹错误地认为是斯蒂芬·埃弗拉(Stephen Van Evera)创造了该词。

② Arthur A. Stein, "Constraints and Determinants: Structure, Purpose, and Process in the Analysis of Foreign Policy", in Harvey Starr ed., *Approaches*, *Levels*, *and Methods of Analysis in International Politics: Crossing Boundaries*, New York: Palgrave Macmillan, 2006, p. 189.

③ Arthur A. Stein, "Constraints and Determinants: Structure, Purpose, and Process in the Analysis of Foreign Policy", in Harvey Starr ed., *Approaches*, *Levels*, *and Methods of Analysis in International Politics: Crossing Boundaries*, New York: Palgrave Macmillan, 2006, pp. 188 – 189.

④ Arthur A. Stein, "Constraints and Determinants: Structure, Purpose, and Process in the Analysis of Foreign Policy", in Harvey Starr ed., *Approaches*, *Levels*, *and Methods of Analysis in International Politics: Crossing Boundaries*, New York: Palgrave Macmillan, 2006, pp. 190 – 191.

⑤ Arthur A. Stein, "Constraints and Determinants: Structure, Purpose, and Process in the Analysis of Foreign Policy", in Harvey Starr ed., *Approaches*, *Levels*, *and Methods of Analysis in International Politics: Crossing Boundaries*, New York: Palgrave Macmillan, 2006, p. 194.

为构成了限制，限定了国家行为的可能范围，但并不能决定国家的具体行为。

二　消极限制与积极限制

需要注意的是，斯坦对结构限制的作用仅仅集中在物质（经济、权力、人口等）的因果限制作用上，而对于制度与观念的作用，尤其是观念的建构作用，并没有涉及。因而，仅仅讨论物质结构对行为的限制而言，此种限制只能体现为一种消极限制。正如斯坦所言，限制是消极的而不是积极的，是通过排除诸种可能性实现的。[①] 例如，当俄罗斯由于油价下跌而导致外汇短缺时，这要求俄罗斯必须有所反应。俄罗斯或者相应减少从世界市场的购买，或者增加石油或其他产品的出口，或者增加借贷，或者综合采取这些政策。可见，客观环境并没有决定俄罗斯必须采取某一具体政策，而仅仅是限制了其所能采取的政策范围，这些政策选择是不以俄罗斯的主观意识为转移的，超出选择范围的政策不能成为其选择。

因此，物质结构通过排除某些政策选项，消极地限定了政策界限但并不决定其具体政策行为。此种结构与行为的关系可表示为：如果存在 X，那么不会出现 Y，或者如果出现 X，那么可能出现 Y。这种关系不能表述为：如果存在 X，就会出现 Y，这种决定性关系。因此，限制关系相当明确地排除了某种可能（如大象不能飞、弱国不能称霸），但是并不能预测其具体行为。

事实上，物质虽然是重要的，但物质只有通过观念才具有意义。因此，结构不仅仅具有物质内容，还具有观念内容。亚历山大·温特在讨论结构时涉及了结构的两个层次、两种事物和两种作用，[②] 虽然他重点讨论的是结构对属性的建构作用，但他也认为，文化对于施动者产生的因果和建构作用可以只针对施动者的行为。可见，结构（物质或观念）对行为不仅存在因果限制作用，还存在建构作用。由于这种建构是通过身份认知而不是客观的物质结构实现的，体现了结构对行为的建构，即行为体应该

---

① Arthur A. Stein, "Constraints and Determinants: Structure, Purpose, and Process in the Analysis of Foreign Policy", in Harvey Starr ed., *Approaches*, *Levels*, *and Methods of Analysis in International Politics*: *Crossing Boundaries*, New York: Palgrave Macmillan, 2006, p. 191.

② 参见 Alexander Wendt, *Social Theory of International Politics*, Cambridge: Cambridge University Press, 1999。第四章。

做符合其身份的行为，因而与那种排除某种可能行为的限制不同，观念结构建构了一个积极的行为范围，是一种积极限制。如在中美日三角关系中，假定美日是同盟关系，中美、中日是敌对关系，当中国对日本采取敌对行动时，那么这种文化结构（不管物质结构如何），可以较明确地告诉我们一个事实，即美国一定会采取支持日本的行为。然而尽管我们可以得到有关美国行为的积极预测，但是这种支持行为的具体内容与行为却不得而知。这表明，限制不管是消极的（即因果作用）还是积极的（即建构作用），终归只能是限制而不是决定。因此，由于结构分析只能提供一个行为的选择范围，对于外交政策分析显然是不够的，而如果要明确国家行为的具体选择，这需要决策分析。

三 结构分析与决策分析

正如上文所分析的，除非结构限制让行为体别无选择，否则结构仅仅起着限制作用，并不能提供足够的因果关系，因而结构是不充分的但又是必要的行为条件。为此，要弄清楚国家的具体行为选择我们不得不转向决策分析。

结构分析，是指通过对行为体结构的分析、描述，然后从中得出行为结果。例如，在新现实主义看来，作为因变量的国家外交行为主要是由国家在国际权力结构中的相对位置决定的，国际权力结构约束着国家外交行为的基本范围；新自由制度主义则在承认结构中权力结构的根本作用的前提下，认为国家行为主要受制于国际制度结构；根据亚历山大·温特建构主义理论，国家所处的国际体系文化建构着国家的身份、利益，因而最终建构着国家的对外行为；而官僚政治模式则从官僚组织的政治互动中解释国家行为。可见，在结构分析中，对行为条件的分析不涉及人及其认知的作用，这种分析不依赖于个体的信仰、认知和感情等意向性因素。

可见，结构分析悬置或者不考虑支撑行动的施动者的动力。[1] 然而，"社会行为，是由施动者及其结构的属性共同决定的"，[2] 因此，结构理论

---

[1] Anthony Giddens, *Central Problems in Social Theory*, London: Macmillan, 1979, p. 81.

[2] Alexander Wendt, "The Agent-Structure Problem in International Relations Theory", *International Organization*, Vol. 41, No. 3, 1987.

单独没有提供也不能提供一个对行动的完整解释,① 而只能解释行动的可能性或不可能性。② 用亚里士多德的话说,结构是行为的主因但不是行为的直接原因。③ 因此,一个完整的解释必须既求助于行为的主因也必须求助于行为的直接原因,而直接原因只能在施动者理论中探寻到。④ 为此,要完整地分析行为体具体的行为选择,我们还需要聚焦于施动者的决策分析。

人类的行为是目标驱动的,对行为的任何选择都有某种理由作为支撑,是在目标驱动下计算的结果,因此,行为体的目标、利益对行为的发生至关重要。决策分析"将行为概化为人类选择的结果,这一结果是由决策的理由和决策过程决定的"。⑤ 因此,当结构环境仅仅构成了行动的限制或提供了行动机会而不构成"绝对命令"时,结构分析就不够了,此时只有决策分析才能填补结构因素不能确定的空白。因而,如果我们要研究的是外交决策行为而不仅仅是国际政治结果,那么结构分析与决策分析二者缺一不可。当然,如果环境构成了"绝对命令"而让行为体别无选择时,此时仅仅结构分析就能够准确地预知其外交行为。比如,我们不需要了解美国及其内部政治,也不需要了解其总统的个性和政治偏好,就能预测到美国对珍珠港事件的反应。然而,在大多数情况下,结构分析提供的是有关国家行为的大致范围(消极的或积极的),而决策分析则能告诉我们在人类认知参与的情况下,国家将在某一情境下如何选择,这将是本书接下来的主要任务。

---

① David Dessler, "What's at Stake in the Agent-Structure Debate?", *International Organization*, Vol. 43, No. 3, 1989.

② Alexander Wendt, "The Agent-Structure Problem in International Relations Theory", *International Organization*, Vol. 41, No. 3, 1987.

③ 转引自 David Dessler, "What's at Stake in the Agent-Structure Debate?", *International Organization*, Vol. 43, No. 3, 1989。

④ David Dessler, "What's at Stake in the Agent-Structure Debate?", *International Organization*, Vol. 43, No. 3, 1989.

⑤ Arthur A. Stein, "Constraints and Determinants: Structure, Purpose, and Process in the Analysis of Foreign Policy", in Harvey Starr ed., *Approaches, Levels, and Methods of Analysis in International Politics: Crossing Boundaries*, New York: Palgrave Macmillan, 2006, p. 195.

第 五 章

外交行为的施动者：国家及其自主性

外交政策及其行为是决策主体在目标驱动下进行选择的结果。其中有
两个关键的决定性要素，即主体和目标。为此，本章将首先对国际关系中
的施动者问题进行回顾，并明确外交决策的主体是国家—社会视角下的具
有自我利益、目标的行政组织实体——国家，而非传统意义上的民族国
家。接着本书将指出，国家的根本目标是维护国家自主性，正是对国家自
主性的追求赋予了国家施动性。最后本书将尝试提出以国家为中心的自主
性外交理论模式以分析外交政策行为。

第一节　国际关系中的施动者争论

将国家建构为施动者是国际关系理论的第一步，甚至可以说国际关系
学科本身也依赖于此。[1] 但是，由于国家并不是可以"直观"的实体，因
而对于"到底谁是外交政策的施动者？"这个问题不同分析路径分析模式
给出了不同的回答，"国家作为施动者"的地位并没有得到完全的巩固，
而是受到了不同的挑战。体系中心和民族国家中心路径都含蓄地认定是抽
象的单一民族国家在按照结构功能的要求行动；社会中心路径集中强调社
会输入对政策的影响，似乎也认定存在一个抽象的国家在行动，但国家仅

---

　　[1]　Colin Wight, *Agents, Structures and International Relations*, Cambridge：Cambridge University Press, 2006, p. 177. 阿什利将这称为"国家行为者"模式。Richard Ashley, "The Poverty of Neo-realism", in Robert. O. Keohane, ed., *Neorealism and Its Critics*, New York：Columbia University Press, 1986, p. 286. ［美］罗伯特·O. 基欧汉编：《新现实主义及其批判》，郭树勇译，秦亚青校，北京大学出版社2002年版，第260页。

仅是实现社会个人或集团利益的工具或制度组织；[①]　而一般的国家中心或政府决策路径通常把施动者地位赋予最高决策者、单一决策团队、官僚组织等个人或组织。因此，这里的关键问题是：到底谁是外交政策的施动者？如果将这个问题细化，那么就有第二个问题，即外交决策中的施动者到底是作为整体的传统的民族国家还是国家或者是国家领导人或某一权力组织？如果是个人或组织，那么个人或组织如何实现对国家的代表？如果是国家，那么国家到底是什么？其与传统的民族国家有何不同？从已有外交政策分析文献看，决策主体往往在不同作者甚或同一作者那里不断地在抽象的国家或个人之间游移，[②]　而即使当他们把国家当成决策主体时，也往往未对国家进行"本体论探究"[③] 而把国家抽象化或拟人化处理。

亚历山大·温特指出，"这些涉及本体论和认识论的问题，不仅仅与国际政治有关，而且与任何人类社团有关，所以，我们对这些问题的回答也不仅仅专门用来解释国际政治。但是国际关系学者必须回答这些问题，至少必须含蓄地给予回答，因为如果他们不对国际社会中可能发现的事物、这些事物间的关系以及发现这些事物的方式等做出有力的假设就无法进行研究"。[④] 因此，"本体论问题虽然看上去很难探寻，但对于我们怎样和应该怎样思考国际政治生活是至关重要的"。[⑤]

在国际关系领域，尤其是在新现实主义那里，以及在亚历山大·温特的结构建构主义那里，国际社会的无政府组织原则将国家构建为一个相似的个体决策单位。然而由于本体论的不同，肯尼思·华尔兹与亚历山大·温特有关国家的看法有所不同，因而国家的施动性也是不同的。

---

① 由于社会中心路径主要将国家作为社会利益竞争的场所，下文将不再具体涉及这一路径。

② 我们可以看看基欧汉的这句话："国家领导人概化情境的方式受到国际制度的强烈影响，即国家不仅塑造国际体系，也被国际惯例尤其是此种实践所塑造。"在这句话中，基欧汉轻易地从"国家领导人"游移到了"国家"。Robert Keohane, *International Institutions and State Power：Essays in International Relations Theory*, Boulder, Colo.：Westview Press, 1989, p. 6.

③ "本体论探究"借用了怀特的用语，参见 Colin Wight, *Agents, Structures and International Relations*, Cambridge：Cambridge University Press, 2006。

④ Alexander Wendt, *Social Theory of International Politics*, Cambridge：Cambridge University Press, 1999, p. 5. 同时也参见 [美] 亚历山大·温特《国际政治的社会理论》，秦亚青译，上海人民出版社 2000 年版，第 5—6 页。

⑤ [美] 亚历山大·温特：《国际政治的社会理论》，秦亚青译，上海人民出版社 2000 年版，第 44 页。

　　肯尼思·华尔兹在建立国际政治的体系理论时，使用的是 unit 一词。unit 有个体和单元之意，是一种客观存在之物。这种用法表达了肯尼思·华尔兹的国际政治理念：一是结构和单元分属于不同的领域和层次，彼此界限分明，并把结构置于中心位置，把单元排除在外，他把这种分析看成是国际政治理论的重要发展。二是结构决定单元，也就是尽管结构产生于单元的互动，但结构一旦产生，它就凌驾于单元之上。单元是结构的木偶，它只是被动地接受外在结构的刺激，并做出反应，单元层次的互动对结构没有影响。① 为此，新现实主义企图通过方法论整体主义去克服"还原主义"的不足，但又陷入了本体论的个体主义，即新现实主义把国家看成既定的，因而没有国家理论。最终新现实主义既没有国家理论也没有生成性结构观（如沃伦斯坦的世界体系论），施动者在新现实主义那里彻底死了或消失了。

　　"然而，很明显，某种模式的国家理论对于构建国际关系理论是必须的，且这种国家理论能极大地影响国际关系理论的内容。"② "这就要求对世界和国内政治经济的生成性结构进行理论化，正是这些结构将国家构建成具有某种因果力量和利益的特定施动者。"③ 为此，亚历山大·温特在处理国际政治中的结构与行为体的关系时，使用的是 agent 及 agency。在当代社会学理论中，"正统的施动者概念将人严肃地视为行动的发起者"。④ 因而，施动者表示一种能够发起行动并通过行动而与结构建立了某种联系的个体，它并不是被动地接受环境刺激的既定客体，而是行动主体，具有反思能力与施动性。亚历山大·温特在其《国际关系中的施动者—结构问题》、《无政府状态是国家造就的》和《国际政治的社会理论》三部作品中，清楚地展示了与肯尼思·华尔兹静态结构理论不同的动态结构理论。结构不是一经构建就外在于行为体的客观环境，而是通过行为体的实践不断再造的，其具有三种逻辑产生了三种无政府文化，即霍布斯文化、洛克文化和康德文化。反过来，不同的结构文化又构成了行为体行动

---

　　① 袁正清：《从单元—结构到行动者—结构》，《世界经济与政治》2004 年第 7 期。

　　② Alexander Wendt, "The Agent-Structure Problem in International Relations Theory", *International Organization*, Vol. 41, No. 3, 1987.

　　③ Ibid. .

　　④ Alex Callinicos, Introduction to Second Edition, in *Making History*: *Agency*, *Structure*, *and Change in Social Theory*, 2nd, Leiden, Boston: Brill Academic Publisher, 2004.

的资源与媒介,并建构行为体的身份、认同与利益。因而,如果说肯尼思·华尔兹的外在结构窒息了国家的施动性的话,亚历山大·温特的生成性结构就激活了国家的施动性,并再造了结构的多种逻辑,国家成为国际关系中的施动者。因此,施动者与结构并不是一种简单的决定与被决定关系而是一种互构关系。亚历山大·温特早期的两篇文章《国际关系中的施动者—结构问题》和《无政府状态是国家造就的》很清楚地显示了亚历山大·温特对行动者之反思能力和施动性的重视,这也是其对国家进行理论化的努力。然而,当亚历山大·温特试图构建一个与肯尼思·华尔兹抗衡的国际政治系统理论时,他转向了体系理论和整体主义。1999 年出版的《国际政治的社会理论》尽管对肯尼思·华尔兹结构理论的还原主义进行了结构化理论的改造,对肯尼思·华尔兹物质主义进行了批判,但在构建其文化建构主义的过程中,他对国家的理论化仍然不够,尤其对国家的内部建构因为理论需要而没有涉及。[①] 最终,亚历山大·温特自己呼吁的国家理论化任务他自己也没有彻底完成。

显然在肯尼思·华尔兹那里,国家行动的施动者是一只"看不见的手"即无政府状态下的安全竞争,因而,肯尼思·华尔兹虽然给了国家行为者地位,却没有赋予国家任何反思力与施动性,最终国家只是被结构力量任意裹挟的木偶;而在亚历山大·温特那里,虽然具有将国家理论化的雄心,但出于理论构建的现实需要,他做出了妥协,最终将国家的施动性局限在结构化抽象的理论层面而找不到施动性之内在根源与机制。故,在体系中心路径那里,国家对内对外均是作为单一的抽象的整体存在的,国家仍然是一个"黑箱",而抽象的国家是不会有真正的反思力和施动性的。这正是主流国际关系理论对"冷战"意外终结"失语"的主要根源。

针对这一现象,马丁·霍利斯与斯蒂芬·斯密斯指出我们必须彻底反思,"必须重新审视施动性的本质,对新现实主义来说,人类施动性与结构层次上的解释基本上是无关的,然而冷战体系的崩溃似乎极大地依赖于

---

① 亚历山大·温特在早期认为国家的理论化包括了国内经济、国内政治、国际经济与国际政治结构。但在构建其结论理论的过程中,对国家内部因素则没有涉及。亚历山大·温特认为,如果我们感兴趣的是国家体系怎样运作而不是国家体系中各个部分是怎样建构的话,就必须把国家的存在作为给定因素,就像社会学家必须把人的存在作为给定因素一样。参见 Alexander Wendt, "The Agent-Structure Problem in International Relations Theory", *International Organization*, Vol. 41, No. 3, 1987。Alexander Wendt, *Social Theory of International Politics*, Cambridge: Cambridge University Press, 1999, p. 246。

活跃和能算计的施动者。因此，现在有关施动性的本质、结构的意涵和二者的关系这些问题与国际关系理论比任何时候都更具有相关性"。① 因而，理解人类如何认识、改造外在世界以及外在世界塑造人类的方式这些问题构成了社会科学家研究的核心，当然也是国际关系学者研究的核心。② SBS 也呼吁将人带回国际关系理论研究事业。③ 外交政策分析正是这些努力的结果。外交政策分析的"决策派"希望以"人类决策者"为中心将层次因素、物质与观念因素和内外因素整合起来，因为在外交政策分析者看来，尽管影响国家行为的解释项众多，但有一点是肯定的，即所有这些因素都必须通过人这一终极施动者起作用。因而，通过将人类决策者作为理论整合的起点似乎是一项有希望的事业。

瓦莱丽·赫德森在对外交政策领域既有的各种整合成果进行综述和总结之后，曾指出这种以人类决策者为中心的理论整合不是不可能的，"毕竟，外交政策决策者每天都在行动，在某种意义上他们在以某种方式整合不同分析层次上的各种变量以做出决策"。因此，"如果外交决策者能够潜在的实现整合，那么外交政策分析者就能够将其明确地模仿出来"。然而，他最后的结论却并不让人感到乐观。他说："外交政策分析中的理论整合肯定是可能的，但暂时看来还只是一个未实现的希望。"④

之所以集中于"具体行为体"尤其是决策者个人的外交政策分析无法取得应有回报，其原因在于传统的外交政策分析将国家仅仅界定为官方决策者这一方法论选择。为此，本书认为外交政策分析存在如下不足：

其一，国家虽然不再是单一的理性行为体，但也不能完全等同于官方决策者。

其二，人当然是包括国际关系在内的所有社会科学的根本动力，但是把人当成国际关系学科的根基就模糊了该学科与其他学科的界限，丧失了

---

① Martin Hollis and Steven Smith, "Two Stories about Structure and Agency", *Review of International Studies*, Vol. 20, No. 3, 1994.

② 参见 Valerie M. Hudson, "Foreign Policy Analysis: Actor-Specific Theory and the Ground of International Relations", *Foreign Policy Analysis*, No. 1, 2005。

③ 参见 Valerie M. Hudson, "Foreign Policy Decision-Making: A Touchstone for International Relations Theory in the Twenty-first Century", in Richard C. Snyder, Henry W. Bruck, Burton M. Sapin eds., *Foreign Policy Decision-Making (Revisited)*, New York: Palgrave Macmillan, 2002, p. 17。

④ Valerie M. Hudson, *Foreign Policy Analysis: Classic and Contemporary Theory*, Lanham, MD: Rowman & Littlefield, 2007, p. 184.

国际关系学科的独立性。

其三,瓦莱丽·赫德森正确地指出:"如果国际关系理论不能将人涵盖其中,那么这些理论家将错误地给我们描述一个没有变迁、创造性、说服力与责任感的世界。"[①] 但是,要将人的施动性植入国际关系的研究并不等于必须以"人"取代"国家"的中心地位,在坚持"国家"的中心地位的同时赋予国家以施动性二者并不冲突。国家的施动性虽然必须通过人来实现,但这并不是说国家仅仅是一个虚拟存在,相反,"国家也是人",[②] 是一个实体存在。

其四,虽然以"人"为中心的外交政策分析具有很多综合优势,[③] 但这种无所不包的分析,反而陷于过度的描述而不能提供宏观分析力。

综上所述,那种只关注于行动结构而将国家抽象化处理的理论由于没有(或没有完善的)国家理论,不关注施动性动力,最终无法分析国际政治中的变迁;相反,那种以"人"为中心的外交政策分析,完全将国家等同于或简化为决策者或某一权力组织,忽视了国家的真实存在,也没有提供一个明确的国家理论,[④] 因而最终在提供对现实丰富的描述的同时,丧失掉的是宏观的解释力。"没有国家就没有国家体系,正如没有个

① Valerie M. Hudson, "Foreign Policy Decision-Making: A Touchstone for International Relations Theory in the Twenty-first Century", in Richard C. Snyder, Henry W. Bruck, Burton M. Sapin eds., *Foreign Policy Decision-Making (Revisited)*, New York: Palgrave Macmillan, 2002, p. 4. Valerie M. Hudson, "Foreign Policy Analysis: Actor-Specific Theory and the Ground of International Relations", *Foreign Policy Analysis*, No. 1, 2005. Valerie M. Hudson, *Foreign Policy Analysis: Classic and Contemporary Theory*, Lanham, MD: Rowman & Littlefield, 2007, p. 3.

② Alexander Wendt, *Social Theory of International Politics*, Cambridge: Cambridge University Press, 1999.

③ 关于这些价值与优势参见 Valerie M. Hudson, "Foreign Policy Analysis: Actor-Specific Theory and the Ground of International Relations", *Foreign Policy Analysis*, No. 1, 2005, pp. 3 - 5。Valerie M. Hudson, "Foreign Policy Decision-Making: A Touchston for International Relations Theory in the Twenty-first Century", in Richard C. Snyder, Henry W. Bruck, Burton M. Sapin eds., *Foreign Policy Decision-Making (Revisited)*, New York: Palgrave Macmillan, 2002, pp. 3 - 8。

④ 即使包括华尔兹的国际政治理论,也包括某种程度的国家理论,在华尔兹那里,国家被假定为自私、维持现状的行为体。正如亚历山大·温特所言:"人的行为在很大程度上是由意图驱动的,所以,最严格的宏观理论至少要含蓄地对意图的本质和分配做出假定。……国际体系理论学者不可避免地要以一种国家理论作为基础,就像社会学家不可避免地要以关于人的理论作为基础一样。" Alexander Wendt, *Social Theory of International Politics*, Cambridge: Cambridge University Press, 1999, p. 195. [美] 亚历山大·温特:《国际政治的社会理论》,秦亚青译,上海人民出版社 2000 年版,第 249 页。

人就没有（人类）社会一样"。① 为此，我们必须正视国家的本体存在，找回并赋予国家在国际关系、外交决策中的施动者的本体论地位。那么国家是什么呢？国家的施动性或其根本目标体现在哪里？

第二节　国家及其自主性

本书认为，国家既不是抽象的存在也不是能够化约为个人的实体组织或个人，而是具有自我利益、目标的国际关系的施动者。为此，本节将提出，国家是具有自我的本体存在，并指出正是国家对自主性的追求赋予了国家施动性促使国家成为施动者。

一　国家是什么？

早在 20 世纪 30 年代，C. H. 泰特斯就声称搜集到了 145 种不同的国家概念，② 国家概念之复杂可见一斑。本书并不打算探讨这一复杂问题，仅仅是从相关概念的区分中指出国家的本质。在英语中，国家概念可以用 country、land、nation、state、nation-state 表示。为了弄清国家的本质我们需要对这几个概念加以区分。country 强调地理或地域意义，land 带有一定程度的文学和情感色彩，nation 是民族和文化层面的理解，这三个概念相互较容易区分。容易混淆的是 state 与 nation-state，但这对于理解国家自主性概念却是至关重要的。state 与 nation-state 基本同义，人们很少对此做出区分。然而，二者并不是同一的，而是有重要区别的两个概念。

约翰·伊肯伯里（G. John Ikenberry）等人早在 20 世纪 80 年代末就指出，系统理论抹杀了国家与民族国家的区分。③ 系统理论通过"将国家与民族国家概念同一实现了理论的简洁，但是对特定案例的解释需要对国内政治过程进行更多的评估，尤其是国家的角色与效力。……通过聚焦于

① Alexander Wendt, *Social Theory of International Politics*, Cambridge: Cambridge University Press, 1999, p. 194. 同时也参见亚历山大·温特《国际政治的社会理论》，秦亚青译，上海人民出版社 2000 年版，第 248—249 页。

② 参见［美］戴维·伊斯顿《政治体系》，马清槐译，商务印书馆 1993 年版，第 102 页。

③ G. John Ikenberry, David A. Lake, and Michael Mastanduno, "Introduction: Approaches to Explaining American Foreign Economic Policy", in G. John Ikenberry, David A. Lake, and Michael Mastanduno eds., *The State and American Foreign Economic Policy*, Ithaca and London: Cornell University Press, 1988, p. 2.

美国国家的执行官员或组织结构，我们可以提升对美国经济外交政策的理解"。① 为此，他指出，学者需要重新思考国家在解释外交经济政策中的作用。这种重新思考将提升体系中心路径的解释效力，因为正是国家将国际结构的限制与机会转化为外交经济政策。同时，这也将提升社会中心路径的解释力，因为在政策过程中，国家官员与制度能够塑造利益集团的本质与作用。②

简单地讲，state 是一个国家—社会二元界分语境下的国内政治概念，是指掌握政治权力的具有自我利益的自主的政治行政组织。nation-state 即民族国家或国族，指在现代国家形成过程中，按照民族划分形成的政治组织形式，一般在国际政治中使用，指称整个民族、社会整体。可见，nation-state 比 state 范围更大，因为作为拥有政治权力的国家组织从来没有完全垄断过社会中的一切政治权力③，在国家之外是与国家相对独立存在的社会，④ 但是由于 state 拥有了社会主要的政治权力因而他往往能够代表、代理整个社会、民族国家在国内外行动，因而二者常常又是统一的，这也是有时人们不加以区分的原因。

nation-state 概念正反映了传统国际政治理论的假定，即在无政府的体系压力下，nation-state 与 state 几乎是同一的，被构建成单一行为体，被"黑箱化"。肯尼思·华尔兹是这样处理的，亚历山大·温特虽然看到了

① G. John Ikenberry, David A. Lake, and Michael Mastanduno, "Introduction: Approaches to Explaining American Foreign Economic Policy", in G John Ikenberry, David A. Lake, and Michael Mastanduno eds. , *The State and American Foreign Economic Policy*, Ithaca and London: Cornell University Press, 1988, p. 7.

② 参见 G. John Ikenberry, David A. Lake, and Michael Mastanduno, "Introduction: Approaches to Explaining American Foreign Economic Policy", in G. John Ikenberry, David A. Lake, and Michael Mastanduno eds. , *The State and American Foreign Economic Policy*, Ithaca and London: Cornell University Press, 1988, p. 14.

③ 关于国家与其他社会组织的边界，可参见［美］约翰·A·霍尔、G. 约翰·艾坎伯雷《国家》，施雪华译，吉林人民出版社 2007 年版，第一章。［美］贾恩弗朗哥·波齐《国家：本质、发展与前景》，陈尧译，上海人民出版社 2007 年版，第一章。

④ 国家与社会的关系是西方政治学理论的核心主题。虽然在国家社会关系上存在两种对立的看法，即一种侧重揭示国家与社会的消极对立关系，另一种侧重强调两者的正相关性，但是，人们普遍存在一个共识，即国家与社会同时具有一定的独立性与自主性，是两个相对独立的领域。因此，如果从国家—社会分析范式思考国家，我们就更容易把国家从社会中分离出来，全球公民社会的发展与相互渗透，更突出了国家与社会的这种分离。参见庞金友《现代西方国家与社会关系理论》，中国政法大学出版社 2006 年版。

内部结构对国家身份的重要性,但认为对于体系理论来说,可以不考虑这一点,他是正确的,但要解释外交政策行为,我们就需要打破这个黑箱,考虑国家内部结构。法里德·扎卡利亚敏锐地指出了这个必要,他说:"民族力量能够转化为国际影响,但国家首先需要能使这种转化成为可能的机制和制度。"① 可见民族或民族国家的力量并不必然是国家拥有的可使用的力量,其中存在一个国内结构的转换过程。为此,必须区分 nation-state 与 state,这对理解国家自主性视角下的外交政策及其行为是至关重要的。

然而,nation-state 与 state 的区分仅仅是我们理解国家本质的第一步。国家到底是什么? 通过国家主义的复兴我们可以逐渐窥见其本质。

二　国家主义的复兴

传统上有三种古典的国家研究路径,即自由主义、马克思主义和现实主义。自由主义与马克思主义看待国家的方式具有相似性:两者都把国家看作是次要的现象,并且认为它的特性与动力来自社会力量(团体或阶级)施加于它的影响。现实主义则认为,国家能够或多或少地有目的地行动,以追求更大的经济或政治目标。因而,在自由主义和马克思主义那里,国家并不是一个具有自主性的组织,而现实主义则有时明确为国家没有自主性而感到沮丧,特别相信这种情况对于外交政策行为有着不利的影响。② 正是 20 世纪七八十年代国家主义的复兴让人们发现了马克思主义和自由主义理论忽视国家的不足。

受科学行为主义的影响,20 世纪中叶社会科学丧失了对国家的兴趣。然而,20 世纪七八十年代的经济危机与国家干预在西方世界重新突出了国家的角色,而欧美以外其他国家和地区的战后经济发展与社会变革也从不同角度印证了国家的作用。因此,"在现实的政治经济发展中,国家的职能作用突显出来;在晚近的社会变迁和制度转型过程中,国家的核心地

---

① Fareed Zakaria, *From Wealth to Power*: *The Unusual Origins of America's World Role*, Princeton: Princeton University Press, 1998, p. 95.

② 参见 [美] 约翰·A·霍尔、G. 约翰·艾坎伯雷《国家》,施雪华译,吉林人民出版社 2007 年版,第一章。[美] 贾恩弗朗哥·波齐《国家:本质、发展与前景》,陈尧译,上海人民出版社 2007 年版,第一章。

位尤其昭彰,而这必然推动国家理论的再次复兴"。① 国家主义学者强调,在西方盛行的马克思主义和自由主义（或多元主义）这两个宏大理论都存在不足,二者都不能给予在政治过程中的国家以足够重视。② 其中,1985 年出版的《把国家带回来》一书表明了国家主义者的雄心。这一国家主义视角的核心概念就是国家自主性。

三　国家自主性

国家自主性概念的流行源于西方尤其是自由民主国家对国家与市民社会相互关系的争论,是 20 世纪七八十年代以来的国家主义者们感兴趣的话题。对国家自主性的研究主要是围绕着两条路径展开的。

第一条路径是由倾向于马克思主义的知识分子完成的,他们明确地提出了国家相对自主性概念并进行了详细论述。虽然马克思恩格斯的著作在国家自主性上有过模糊的暗示③,但从未使用过自主性这个词来描述国家。从总体上看,传统马克思主义认为"现代的国家政权不过是管理整个资产阶级的共同事务的委员会罢了",④ 认为国家只不过是一种代表支配阶级利益的领袖和利益集团有意识加以操纵的工具。但面临二战后西方福利国家和被统治阶级广泛的政治参与的资本主义新现实,传统马克思主义日益显得解释力不足。正是在批判上述广为流行的庸俗化观点中,

---

① 张小劲、景跃进:《比较政治学导论》,中国人民大学出版社 2001 年版,第 138 页。

② 国家主义的代表作主要有: Stephen D. Krasner, *Defending the National Interests*: *Raw Material Investment and U. S. Foreign Policy*, Princeton, NJ: Princeton University Press, 1978; Eric A. Nordlinger, *On the Autonomy of Democratic State*, Cambridge, MA: Harvard University Press, 1981; Stephen Skowronek, *Building a New American State*: *the Expansion of National Administrative Capacities*, *1877 - 1920*, New York: Cambridge University Press, 1982; Peter B. Evans, Dietrich Rueschemeyer, and Theda Skocpol eds., *Bringing the State Back In*, New York: Cambridge University Press, 1985; David Skidmore, and Valerie M. Hudson, *The Limits of State Autonomy*: *Societal Groups and Foreign Policy Formation*, Boulder: Westview Press, 1993; Peter Evans, *Embedded Autonomy*: *States and Industrial Transformation*, Princeton, NJ: Princeton University Press, 1995.

③ 如马克思对法兰西第二帝国的论述体现了其对国家自主性的观察,而恩格斯则认为,国家是"从社会中产生但又自居于社会之上并且日益同社会相异化（脱离）的力量"。参见《马克思恩格斯选集》（第 1 卷）,人民出版社 1972 年版,第 598—703 页;《马克思恩格斯选集》（第 4 卷）,人民出版社 1995 年版,第 170 页。

④ 《马克思恩格斯选集》（第 1 卷）,人民出版社 1972 年版,第 253 页。

拉尔夫·密利本德（Ralph Miliband）①、尼克斯·波朗查斯（Nicos Poula-ntzas）②、佩里·安德森（Perry Anderson）③、高兰·瑟本④（Göran Ther-born）和克劳斯·奥非（Claus Offe）⑤ 等当代的分析家们从支配阶级的直接控制中提出了"国家的相对自主性"问题。⑥ 其中尤其以密利本德和波朗查斯最具代表性。

　　首先使用国家相对独立性这个名词的是阿尔都塞。他用相对独立性来说明上层建筑和经济基础之间的关系："一方面，生产方式（经济因素）归根结底是决定性的因素；另一方面，上层建筑及其特殊效能具有相对独立性。"⑦ 但阿尔都塞的国家相对自主性理论仅仅蕴含于其多元决定理论之中。然而，阿尔都塞的这一看法深刻影响到其学生波朗查斯的学术研究，"把阿尔都塞的思想应用于阶级和国家的努力主要体现在波朗查斯的著作中"⑧。波朗查斯在阿尔都塞理论的启发下系统论述了资本主义国家的相对自主性问题，成为新马克思主义国家理论的亮点。波朗查斯将国家自主性具体化为国家"相对于经济的自主性"和"相对于政治的自主性"，他一再重申，后者是指"国家对阶级斗争领域的关系，特别是针对权力集团和阶级和派别的相对自主性"。⑨ 因此，他更为强调国家权力相对于统治阶级的自主性，这种自主性"代表一定的限度，也就是限制这

---

　　①　Ralph Miliband, *The State in Capitalist Society*, New York：Basic Books, 1969. ［英］拉尔夫·密里本德：《资本主义社会的国家》，沈汉等译，商务印书馆1997年版。

　　②　Nicos Poulantzas, *Political Power and Social Classes*, trans. Timothy O'Hagan, London：New Left Books, 1973. ［希腊］尼科斯·波朗查斯：《政治权力与社会阶级》，叶林等译，中国社会科学出版社1982年版。

　　③　Perry Anderson, *Lineages of the Absolutist State*, London：New Left Books, 1974.

　　④　Göran Therborn, *What Does the Ruling Class Do When It Rules*? London：New Left Books, 1978.

　　⑤　Clause Offe, "Structural Problems of the Capitalist State", *German Political Studies*, Vol. 1, 1974.

　　⑥　［美］西达·斯考切波：《国家与革命：对法国、俄国和中国的比较分析》，何俊志、王学东译，上海人民出版社2007年版，第28页。

　　⑦　［法］阿尔都塞：《保卫马克思》，顾良译，商务印书馆2010年版，第89页。

　　⑧　［英］戴维·麦克莱伦：《马克思以后的马克思主义》（第三版），李智译，中国人民大学出版社2008年版，第337页。

　　⑨　［希腊］尼科斯·波朗查斯：《政治权力与社会阶级》，叶林等译，中国社会科学出版社1982年版，第284—285页。

些阶级的自主性，使其实际上不生效力"①。

密利本德被称为工具主义国家观的代表，但他实际上并不否认国家的相对自主性。他对于国家相对自主性并没有一个准确的界定，而是存在着以下几种认识：第一也是从上层建筑与经济基础的关系角度来认识，他认为强调国家自主性的意义在于给政治留出地盘，以避免陷入经济决定论；② 第二是从国家相对于统治阶级的关系上来说明这种独立性，但他不是从资本主义的经济结构出发，而是从经验主义的角度把这种独立性产生的原因归结为资产阶级分裂为不同利益集团的事实，但同时他也认为，这种相对的独立性并不排斥阶级性，而是使国家以"适当灵活的方式行使阶级的任务"③；第三，和波朗查斯不同，他不认为相对自主性是资本主义国家的"专利"，也不认为这种自主仅仅限于统治阶级，而是一切国家对一切阶级都享有一定的自主性。④ 为此他指出："当国家按照马克思主义的说法代表'统治阶级'采取行动时，它多半并不按照统治阶级的指令行事。国家诚然是一个阶级的国家，是'统治阶级'的国家。但是，当它作为一个阶级的国家而行动时拥有高度的自主和独立，而且，如果它是要作为一个阶级的国家而行动的话，必须真正拥有这种高度的自主和独立。国家作为'工具'的看法不符合这一事实，并且会使现在看来是国家的一个极关重要的特征，即它对'统治阶级'的相对的自主性，以及一般说来对公民社会的相对自主性，变得模糊不清。"⑤

尽管波朗查斯和密利本德发展了国家相对自主性理论，但是他们的国家相对自主性理论是建基于经典马克思主义的基本原则，即国家的阶级工具性。他们认为，国家根本上仍然束缚于经济统治阶级，国家的主观目的仍是要维持统治阶级的统治，国家不可能侵犯统治阶级的根本利益。也就是说，在两人看来，经济基础的最终决定作用或者国家官员的社会阶级背景决定了国家不可能是一个完全自主的主体。新马克思主义的国家相对自

---

① ［希腊］尼科斯·波朗查斯：《政治权力与社会阶级》，叶林等译，中国社会科学出版社1982年版，第209页。

② ［英］拉尔夫·密利本德：《马克思主义与政治学》，黄子都译，商务印书馆1984年版，第9页。

③ 同上书，第95页。

④ 同上书，第90页。

⑤ 同上书，第79页。

主性理论本质上仍未脱离社会中心主义基本范式，这就为国家自主性理论的发展留下了很大空间。

第二条路径则是在新制度主义的推动下完成的。自主性概念虽然最早源于马克思主义理论传统，但从 20 世纪八九十年代在西方政治学界兴起的新制度主义也将国家自主性放在重要的位置上。

根据美国政治学者彼得·豪尔（Peter A. Hall）和泰勒（Rosemarcey C. R. Taylor）的划分标准，将政治学中的新制度主义分为"历史制度主义、理性选择制度主义、社会学制度主义"三种类型。① 历史制度主义主要包括回归国家学派和法团主义，主要代表人物是西达·斯考切波（Theda Skocpol）、艾瑞克·诺德林克（Eric A. Nordlinger）、彼得·埃文斯（Peter B. Evans）等人。西达·斯考切波指出国家具有一种潜在的自主性。她认为国家："可能会提出并追求一种目标，但这些目标并不是社会集团、阶级和社会的要求或利益的简单反映。"② 她明确指出，"国家应该适当地被理解为不仅仅是一个社会经济冲突展开战斗的一个场所。毋宁说，它是一套以执行权威为首，并或多或少是由执行权威加以良性协调的行政、政策和军事组织。任何国家都首先并主要是从社会中抽取资源、并利用这些资源来创设和支持强制组织和行政组织。……只要这些基本的国家组织存在，他们在任何地方都具有摆脱支配阶级直接控制的潜在自主性。"③

艾瑞克·诺德林克通过区分国家与社会三种类型的关系清楚地阐述了国家自主性的存在。类型 1 提供了对国家自主性存在的最严肃测验，在这类关系中，即使国家偏好与社会中最强势要求集团相悖也能胜出；在类型 2 中，国家与社会的偏好最开始是相悖的，但由于政府部门的精心努力，社会集团最终接受了政府的偏好；在类型 3 中，社会与国家偏好没有背

---

① Peter A. Hall, Rosemarcey C. R. Taylor, "Political Science and Three New Institutionalism", *Political Studies*, Vol. 44, No. 5, 1996.

② Theda Skocpol, "Bringing the State Back In: Strategies of Analysis in Current Research", in Peter B. Evans, Dietrich Rueschemeyer, and Theda Skocpol eds., *Bringing the State Back In*, New York: Cambridge University Press, 1985, p. 9.

③ ［美］西达·斯考切波：《国家与革命：对法国、俄国和中国的比较分析》，何俊志、王学东译，上海人民出版社 2007 年版，第 30 页。

离,因而国家在将其偏好转化为政策的时候没有来自社会的反对。① 为此,他指出:"民主国家,在将其偏好转化为权威行动过程中,虽然绝不是完全自主的,但通常具有自主性;这些国家即使其偏好与社会相悖,在经常的这种偏好转化中,也具有明显的自主性。"②

彼得·埃文斯认为,国家攸关秩序问题的解决,没有国家,市场和现代社会的其他主要制度将无法运转。③ 但国家不能被简化为官员利益的汇聚、各种政治力量的汇总或经济逻辑的简单表达。"国家是社会发展的历史产物,但这并不使之成为社会博弈中其他行为者的附属。国家必须被看做是拥有自身权利的制度或社会行为者,即使他本身被经济和社会变迁所塑造,他也影响着经济和社会变迁的进程。"④ 他认为,在发展型国家中,精心选择的精英雇员和长期的职业激励将产生团体凝聚感,这将赋予国家某种自主性,然而这些雇员并不是与社会隔绝的,与韦伯设想的正好相反,他们被嵌入一系列连接国家与社会的具体社会关系中并提供了持续和反复协商国家政策和目标的制度化渠道。他把这种矛盾的综合称为"嵌入自主性",⑤ 并以此分析了掠夺型和发展型两种国家类型和国家在工业化中的四种角色。

同样作为历史制度主义的另一个重要流派,法团主义也强调了国家的自主性,它强调"国家不必代表某一种社会力量,它有自己的目标、利益、资源和执行组织,有着管制权力和使用强权的合法性地位,它通过一系列组织实现支配和权威,国家是一个具有自主行为能力的组织实体"。⑥

理性选择制度主义则从国家"经济人"的假设角度出发,将国家作为一个重要的自主变量。诺思认为,国家是享有行使暴力的比较利益的组织,它的目的是使统治者的福利或效用最大化,其行为同样受成本收益原

---

① 参见 Eric A. Nordlinger, *On the Autonomy of Democratic State*, Cambridge, MA: Harvard University Press, 1981。

② Eric A. Nordlinger, *On the Autonomy of Democratic State*, Cambridge, MA: Harvard University Press, 1981, p. 8.

③ Peter Evans, *Embedded Autonomy: States and Industrial Transformation*, Princeton, NJ: Princeton University Press, 1995, p. 3.

④ Ibid., p. 18.

⑤ Ibid., p. 12.

⑥ 张静:《法团主义》,中国社会科学出版社 1998 年版,第 93 页。

则驱使，但同时国家又是公共利益的代表，这注定其行为具有内在矛盾性：一方面，国家要制定竞争与合作的基本规则，界定要素和产品市场的所有权结构，使统治者的租金或收入最大化；另一方面，它还要降低交易费用，使全社会总产出最大化，从而增加国家的税收。事实是，这两个目的之间并非永远和谐同一，有时甚至此消彼长、相互冲突。多数情况下，国家必须在二者之间做出无奈的选择。这就是"诺斯悖论"或称"国家悖论"，即"在使统治者（和他的集团）租金最大化的所有权结构与降低交易费用和促进经济增长的有效率体制之间，存在着持久的冲突。这种基本矛盾是使社会不能实现经济持续增长的根源"。① 这一悖论的真正根源在于有效率的产权制度的确立与统治者利益最大化之间存在矛盾。

综上所述，国家主义的核心假设是，将国家视为一个拥有自我利益、目标的自主性组织实体，而不仅仅是一个抽象概念或是不同阶级、阶层、利益集团争斗的舞台，更不仅仅是各个阶级、阶层或利益集团的工具。即"国家主义公式首先要做的就是将国家从社会彻底分离，并假定国家是具有自我目的的自主行为体"。② 故我们应将国家看成是一套具有自主性的结构——这一结构具有自身的逻辑和利益。③ 可见，国家自主性最基本的含义是指，国家应该是一个具有自主利益且不受任何阶级、阶层或利益集团控制的制度组织。而所谓"自主利益"具有两层意思：其一是国家代表社会公众以制度化的权力结构为基础，通过公共政策的制定，表达并推进公共利益的实现。因而，这里的"自主利益"是指超越任何阶级、阶层或利益集团而代表社会公众或国家的利益。这是自主性原初含义，但这种绝对自主性只能停留在想象的世界中，存在于理论层面上，在现实中是很难存在的。因为，一方面，国家主权的独立是相对的，即使是再成熟的制度化权力结构也无法摆脱其他各种非制度因素的影响。甚至马克思也承认，国家权力对统治阶级的独立，只有在各种政治力量达致理想的均衡状态时才能"暂时"存在，而国家权力对社会中各种利益的独立，更只是

---

① ［美］道格拉斯·诺斯：《经济史中的结构与变迁》，陈郁等译，上海三联书店1994年版，第25页。

② Stephen D. Krasner, "A Statist Approach of American Oil Policy toward Middle East", *Political Science Quarterly*, Vol. 94, No. 1, 1979.

③ ［美］西达·斯考切波：《国家与革命：对法国、俄国和中国的比较分析》，何俊志、王学东译，上海人民出版社2007年版，第20页。

一种"虚幻"现象。另一方面,公共利益的独立也是相对的,因为国家与社会的界限常常是模糊的,因而不可能完全不受到其他社会利益或官员自身利益和偏好的影响。① 其二是,国家作为经济人,又会通过公共权力来寻求租金最大化,追求国家组织及其官员的私利,因而,这里的"自主利益"是指统治集团或政府成员的利益。可见,前一种自主性代表了整个民族国家、社会公众的利益,具有公共性、超越性,是形式自主性;后一种自主性仅仅代表了国家组织成员的利益,国家具有寄生性、掠夺性,体现为一种实质自主性。② 然而不管是实质自主性还是形式自主性,国家一旦获得自主性,国家也必然获得了相应的国家权力与行动能力。因此,国家自主性既涉及行动能力问题,即国家有多大行动自由,又涉及利益代表或自主地位的性质问题,即国家代表谁的利益或是否具有自主性。

从实际的情况来看,多数研究者是从行动能力角度使用国家自主性概念的。"全球化与自主性"研究项目负责人威廉·D. 科尔曼(William D. Coleman)认为,自主性既可以指"能力",也可以指"价值",当我们视"自主性"为"能力"且主体是集体(如国家)时,则"国家自主"意味着国家(比如中国)拥有管理自己的能力,一国管理自身的能力越强,则它享有的国家自主性便越高。③ 詹姆斯·卡波拉索(James A. Caporaso)也认为:"国家自主性,大体上是指国家追求自我而不是完

---

① 这里的论述参见了庞金友的论述。参见庞金友《现代西方国家与社会关系理论》,中国政法大学出版社 2006 年版。

② 关于形式自主性与实质自主性的划分可参见[法]亨利·列菲弗尔《论国家:从黑格尔到斯大林和毛泽东》,李青宜等译,重庆出版社 1988 年版,第 101、140 页。王沪宁主编:《政治的逻辑——马克思主义政治学原理》,上海人民出版社 2004 年版,第 154 页。新马克思主义者亨利·列菲弗尔(Henri Lefebvre)认为"在马克思和恩格斯的著作中,没有一种'马克思主义'的国家理论,有的是好几种稍有不同的理论草图"。"第一种是'集体资本家的',即'总资本家的'国家,这种国家把占统治地位的阶级利益或部分阶级利益强加在其他阶级,特别是劳动者阶级的身上(阶级的工具);第二种是处于各个阶级之上的国家,这种国家具有寄生和掠夺性(只有实质自主性的极权掠夺国家);第三种是关心整个社会、管理市民社会的国家,这种国家甚至给市民社会带来好处(具有公共性、超越性,形式自主性)。"王沪宁认为,实质自主性即国家作为统治机器脱离并独立于社会大众利益所形成的实质上的相对自主性;形式自主性即国家表面上独立于社会各阶级之外所形成的形式上的相对自主性。

③ 参见 Louis W. Pauly, William D. Coleman, Global Ordering: Institutions and Autonomy in a Changing World, Vancouver, BC: UBC Press, 2008, Chap. 1。威廉·D. 科尔曼《中本版序》,载[加]刘易斯·波利、威廉·科尔曼主编《全球秩序:剧变世界中的机构、制度与自主性》,曹荣湘等译,社会科学文献出版社 2009 年版。

全由社会界定的议程的能力。"① "其实质就是，国家拥有的独立于社会影响而行动的能力。"② 为此，本书也将主要在"能力"意义上使用国家自主性概念，但在讨论外交性质的时候，本书将在重构国家自主性内涵的基础上，对利益代表或自主地位问题加以涉及（参见第八章）。根据本书的理解，简单地讲，在行动能力意义上，国家自主性就是指国家拥有的自我决策、自主行动的能力。

第三节　内外联动时代的复合自主性

如果说有关国家自主性在国内政治的研究取得较大进展的话，国家自主性在国际政治中的研究就要逊色得多。这样的情况也很好理解。一方面，国家自主性作为一个政治学概念，政治学学者自然很少从国际层面来思考自主性问题；另一方面，那些关注国际因素对国家行为制约的国际政治学者，主要致力于理论模式的建构，故这种关注很少深入国内政治内部，对在国内政治中才突出的自主性问题当然也不会关注。

其实，正当国家主义视角在政治学回归的时候，全球化也在广度与深度方面高歌猛进，推动着国际政治进入了全球相互依赖、内政外交深度互联内外联动时代。正是在这一全球相互依赖和内外联动时代的背景下，国家主义的回归必然带有国际主义的气息与思考，国家自主性的存在、消长自然也离不开国家的国际背景。因为，处于国内与国际社会交界面的国家事实上进行着双重博弈，③ 国家自主决策、自主行动能力必然同时受到国内与国际社会的影响与制约。为此，虽然国家自主性主要是一个政治学概念，反映的是国家的内部自主性，但这一概念很快也在国际关系领域得到

① James A. Caporaso, David P. Levine, *Theories of Political Economy*, Cambridge: Cambridge University Press, 1992, p. 181.

② James A. Caporaso, David P. Levine, *Theories of Political Economy*, Cambridge: Cambridge University Press, 1992, p. 182.

③ 关于双重博弈参见 Peter B. Evans, Harold K. Jacobson, and Robert D. Putnam, *Double-Edged Diplomacy: International Bargaining and Domestic Politics*, Berleley, Los Angeles, London: University of California Press, 1993。

了广泛应用。[①] 与此同时，国家自主性在面向复杂的国际社会的时候，其含义自然与国际社会第一大支柱——主权——缠绕不清。国家自主性与主权是什么关系？国家自主性在全球化、内外联动时代是如何体现的？

一　国家自主性与主权

自主性与主权这两个概念，有时候经常被互换使用，不作区分，似乎并没有带来什么问题，但并不尽然。比如罗伯特·吉尔平在谈到全球化与国家自主性的联系的时候，他是这样表述的："那些争论全球化已经严重削弱经济主权的人似乎相信各国政府以前就享有相当的自主性。"[②] 值得我们注意的是，"主权"与"自主性"这两个术语在同一句话里在同一个意义上被使用，即国家控制其经济的能力。在这句话里，全球化到底是削弱了主权还是自主权？其实吉尔平要表达的意思如果我们这样表达就会更清晰：全球化削弱了各国本来在经济政策方面拥有的自主性。这表明，主权与自主性是有必要区分的，虽然有时他们能够等同。

罗伯托·拉塞尔（Roberto Russel）和胡安·加百利·托开特联（Juan Gabriel Tokatlian）于 2003 年合作的一篇文章中，对自主性的含义以及在拉美的应用做了较全面、深入的分析。他们认为，"像在国际关系中应用的其他诸多术语一样，自主性概念，具有多个含义，并至少在三个不同意义上被广泛使用"。[③] 第一，作为原则/权利的自主性。在这个意义

---

① 比如约翰·伊肯伯里等人（G. John Ikenberry）在 20 世纪 80 年代研究美国经济外交政策时，提出了解释美国外交政策的三种分析路径，即体系中心路径、社会中心路径和国家中心路径，其中国家中心路径就应用了国家自主性这一概念。参见 G. John Ikenberry, David A. Lake, and Michael Mastanduno, *The State and American Foreign Economic Policy*, Ithaca and London：Cornell University Press, 1988。更早的国家主义研究可参见 Stephen D. Krasner, *Defending the National Interests*, Princeton, N. J.：Princeton University Press, 1978。Peter J. Katzenstein, ed., *Between Power and Plenty：Foreign Economic Policy of Advanced Industrial States*, Madison：University of Winsconsin Press, 1978。Peter Gourevitch, *Politics in Hard Times：Comparative Responses to International Economic Crises*, Ithaca, N. Y.：Cornell University Press, 1986。

② Robert Gilpin, *The Challenge of Global Capitalism：the World Economy in the 21st Century*, Princeton：Princeton University Press, 2000, pp. 316 – 317.

③ Roberto Russel, and Juan Gabriel Tokatalian, "From Antagonistic Autonomy to Relational Autonomy：A Theoretic Reflection from the Southern Cone", *Latin American Politics and Society*, Vol. 45, No. 1, 2003.

上，自主性意味着"在国家范围内部，外部行为者不具权威性"，① 因而其等同于"威斯特伐利亚/瓦特尔意义上的主权"②。第二，作为条件/特性的自主性。即自主性是指允许民族国家独立表达并达成政治目标的条件，或者是国家能（或不能）享有的一种介于完全依附和完全自主两个极端理想类型之间的连续体的一种特性。这个含义既适用于国内也适用于国际，可以被区分为内部自主性与外部自主性，但不管是内部自主性还是外部自主性，都是一个程度问题，且自主性程度主要依赖于国家权力（硬权力和软权力）的属性与其面临的外部条件。③ 第三，作为客观国家利益的自主性。④ 这种自主性可以被非正式的称为"自由"。⑤ 对自主性的维护与拓展就自然被转换成所有国家期望再现自身并维护其自由的模式化行动。⑥ 例如，新中国成立以来，一直将独立自主当成其外交政策的基本立足点，就是将这种自主性的维护当成国家利益对待的。

对主权的讨论文献汗牛充栋，其含义也充满争议。⑦ 但有一点多数理论家都是同意的，即主权是国家在国际法上享有的与他国平等、内政不受干涉的权利。为了真正把二者区分开，我们必须弄清楚自主性的本

---

① Stephen D. Krasner, "Compromising Westphalia", *International Security*, Vol. 20, No. 3, 1995.

② Stephen D. Krasner, "Globalization and Sovereignty", in David A. Smith, Dorothy J. Salinger, and Steven C. Topik eds. , *States and Sovereignty in Global Economy*, New York: Routledge, 1999, p. 35.

③ 参见 Roberto Russel, and Juan Gabriel Tokatalian, "From Antagonistic Autonomy to Relational Autonomy: A Theoretic Reflection from the Southern Cone," *Latin American Politics and Society*, Vol. 45, No. 1, 2003。

④ 亚历山大·温特认为国家有三大国家利益，其他两个是生存与经济福利，参见 Alexander Wendt, *Social Theory of International Politics*, Cambridge: Cambridge University Press, 1999, p. 138。

⑤ 亚历山大·温特认为国家有三大国家利益，其他两个是生存与经济福利，这三大国家利益可以被非正式的称为，生命、财产和自由。参见 Alexander Gorge, Robert Keohane, "The Concept of National Interests: Uses and Limitations", in Alexander Gorge, ed. , *Presidential Decision-Making in Foreign Policy*, Boulder: Westview Press, 1980, pp. 217 – 238。

⑥ Roberto Russel, and Juan Gabriel Tokatalian, "From Antagonistic Autonomy to Relational Autonomy: A Theoretic Reflection from the Southern Cone", *Latin American Politics and Society*, Vol. 45, No. 1, 2003.

⑦ 肯尼思·华尔兹曾将主权描述为一个"令人厌烦"的概念。参见 Justin Robenberg, *The Empire of Civil Society*, London: Verso, 1994, p. 127. 约翰·霍夫曼曾经指出，有七种不同定义的主权概念被明确引用。参见［英］约翰·霍夫曼《主权》，陆彬译，吉林人民出版社2005年版，第2页。

质。罗宾·梅·肖特在《启蒙运动的性别》中这样描述康德对自主性的定义："按照这个原则人'只服从他自己的但确实普遍的立法，他只是被束缚来按照他自己的意志来行动，因为这个意志无论如何就是一个被大自然设计来制定普遍法则的意志'"。① 他（康德）"把自主性理解为明确的、自觉的热情，理解为人类尊严的必要表达"。② 自主性用康德自己喜欢的名言来表达，就是为自己思考。"从这种观点看，自主性是意志的一种特性，当意志不是被他者的期望、倾向和命令所激发的时候，意志就是自主的。本质上，正是这种思想潜藏于有关国家外部自主性的考虑之中，也给予自主性明确的政治性质，与此同时，也使从概念上把自主性从主权中剥离成为可能。这具有特别的意义，因为在文献中这两个概念间存在一个巨大的灰色地带，他们经常被互换使用，在不同场合引起混乱"。③ 因此，如果我们从特性/条件的角度去界定自主性，就能够把二者区分开来。正如汤姆森（Grahame Thomson）指出的那样："国家在保有主权的同时可能失去其自主性。"④ 在这里，自主性就是在条件/特性的意义上使用的，可能增加、减少甚至失去；主权则是在国际法意义上使用的，是一种权利/原则，一般指国家间的相互承认和国家的法律地位。正是在这个意义上，面对全球化冲击下诸多有关主权被"侵蚀"的言论，基欧汉与奈指出，"问题不是法律主权的失去而是政治经济自主性的失去"。⑤ 可谓一语道破玄机。其实，这种情况在国际舞台上的那些所谓的"失败"国家那里表现得更加明显，比如当下的伊拉克、津巴布韦、苏丹等。2008年国际刑事法庭对苏丹总统巴希尔的种族灭绝罪、反人类罪和战争罪等10项罪行的指控鲜明地表明了国

① ［美］詹姆斯·施密特：《启蒙运动与现代性》，徐向东、卢华萍译，上海人民出版社2005年版，第483页。

② 同上书，第498页。

③ 参见 Roberto Russel, and Juan Gabriel Tokatalian, "From Antagonistic Autonomy to Relational Autonomy: A Theoretic Reflection from the Southern Cone", *Latin American Politics and Society*, Vol. 45, No. 1, 2003。

④ Grahame Thomson, "Economic Autonomy and Advanced Industrial State", in Peter B. Evans, Dietrich Rueschemeyer, and Theda Skocpol eds., *Bringing the State Back In*, New York: Cambridge University Press, 1985, p. 197.

⑤ Robert O. Keohane, and Joseph S. Nye, "Transnational Relations and World Politics: A Conclusion", in Leland M. Goodrich, and David A. Kay eds., *International Organizations: Politics and Process*, Madison: Wisconsin Press, 1973, p. 393.

际社会对国家自主性的削弱。但即使这些国家对外部的影响极为敏感、脆弱,甚至不能独自制定、执行有效的国内外政治经济政策,但仍享有平等的法律主权,其在国际组织和外国的首都仍有相应代表,甚至其在联合国的那一票仍然与当今第一号强国——美国——等价。

为了使自主性概念在国际政治中具有分析效力,我们需要明确其使用范围。前面已经表明,作为政治学概念的国家自主性概念主要包括自主地位或行动能力两层含义。前者指国家能否摆脱包括统治阶级在内的不同组织的控制而代表社会公益,后者指国家采取行动的能力。为此,我们同样可以从这两个方面来理解自主性在国际社会中的体现。就自主地位而言,国家在国际社会中必须代表国家的利益而不被任何他者（其他国家或国际组织、跨国公司、非政府组织等）所控制,在这个意义上,其与主权（包括了主权权利与行动自由的权利）同义。就行动能力而言,这种自主性通常被用来描述一个国家的能力,这种能力被理解为在没有外国干预或限制的情况下,基于自己的需要和目标做出决策和控制超越边界的行为过程或事件的才能与决心。① 因此,国家自主性在国际社会中同样具有两层含义,即自主地位与行动能力,由于自主地位主要被主权概念涵盖了,故我们可以主要在行动能力意义上使用这一概念。为此,国家外部自主性或国际自主性就是指一个国家在国际社会中所实际享有的地位、资源以及相对于国际压力所拥有的自主决策、自主行动的能力。

二　复合自主性

然而,不管是内部自主性还是外部或国际自主性,虽然分别从国内与国际的视角对国家自主性进行了分析,但是却存在一个共同的不足,即将国际—国内视角加以分离,将国际社会与国内政治看作两个分别独立且互不影响的领域,这反映了传统的将内政与外交加以割裂的研究方法的不足。在全球相互依赖时代,我们必须跨越这种人为的划界,把国内政治与国际政治视为“同一枚硬币的两面”,因为国家不仅是国内社会建构的结果而且也是国际社会建构的结果。这样,我们就可以发现在国内、国际及

---

① 关于行动能力,参见 Roberto Russel, and Juan Gabriel Tokatalian, "From Antagonistic Autonomy to Relational Autonomy: A Theoretic Reflection from the Southern Cone", *Latin American Politics and Society*, Vol. 45, No. 1, 2003。

国家自身力量综合交叉作用下的自主性新形式——复合自主性即国家相对于国内外社会而拥有的自主决策、自主行动的能力。

综上所述，在全球相互依赖背景下，我们必须重新定义国家（state而不是 nation-state），虽然国家受到了诸多挑战，但它仍然是当今国际社会最主要的行为体。不过全球相互依赖已经改变了国家存在的状况，国家虽然仍然面临无政府状态的外在竞争，但对大多数国家来说，无政府状态并不总是对国家构成了第一位的挑战，来自民族国家内部的挑战往往也成为国家要应对的首要威胁。因此，国家不应再被简单地视为无差别的拥有领土边界的单一实体，也不应被视为一个在抽象的国际体系中运作的单位，即必须将国家视为与民族国家、国内社会不同的具有自身逻辑和利益的自主的行政组织实体。这样的实体由于具有自己的目标与利益，因而获得了自主性，简单地讲，国家自主性就是国家相对于国内与国际社会而拥有的自主决策、自主行动的能力。这样定义的国家继承了传统现实主义对国家的核心定义，同时又做了重要的改造。继承性主要有：其一，坚持国家在国际社会的首要地位；其二，坚持国家的单一性，但这种单一性是在严格区分国家与民族国家的基础的单一性，即民族国家并不再像传统现实主义假定的那样是单一的而是可分的，但国家仍然可以是单一的；其三，这种单一性的依据就在于，国家对自主性的追求构成了其根本国家利益和战略目标；其四，虽然笔者打破了"民族国家黑箱"，将国家—社会结构纳入分析视野，但并不寻求打破"国家本身的黑箱"。因此，就本书目标而言，笔者只打破了"半个黑箱"，而仍将国家自我结构"黑箱化"。自主性国家对传统现实主义国家观的改造在于：其一，强调对国家与民族国家区分，因为，全球相互依赖时代，二者不再是同一的而是不同的；其二，国家是具有自身逻辑、利益的实体，因而，对自主性的追求构成了国家首要的行动目标；其三，国家同时受到国内与国际社会结构的共同作用。

第六章

内外联动时代的外交：
自主性外交理论的构建

当我们把国家的外交政策及其行为置于内外联动时代背景下时，本书将提出三个核心假定：其一，国家外交决策的根本目标是国家自主性，因为自主性越大其决策的自由度才更大，而行动自由正是任何个体与组织实体的最高目标。其二，国家决策不再是仅仅在"国际社会—国家"互动结构下完成，而是在"国际社会—国家—国内社会"双向互动结构下完成的。其三，正是对国家自主性的追求赋予了国家以施动性，将国家建构为国际关系的真正施动者。① 为此，本章将在分析国家自主性变化的条件的基础上，在超越施动者—结构论战的"结构—认知—行为"分析框架基础上提出以国家为中心的自主性外交理论综合分析模式。

---

① 亚历山大·温特于 1992 年曾提出了国家成为施动者的两个理由：其一，将国家比喻为人是"主流国际关系话语里的已被接受的做法"；其二，"国家是个体的集合，国家的实践把相互建构为具有利益、恐惧等的'人'"（Alexander Wendt, "Anarchy is What States Make of it: The Social Construction of Power Politics," *International Organization*, Vol. 46, No. 2, 1992）。在其 1999 年的著作中，他指出国家要成为施动者，必须具备三个特征：团体施动的"观念"、使集体行动制度化的决策结构、认可集体行动的决策结构（Alexander Wendt, *Social Theory of International Politics*, Cambridge: Cambridge University Press, 1999, p. 218）。而在 1987 年的文章中，亚历山大·温特提出的理由似乎更直接与合理，即只要"国家能被视为目标驱动的行动单位，他们就能以此被视为施动者"（Alexander Wendt, "The Agent - Structure Problem in International Relations Theory," *International Organization*, Vol. 41, No. 3, 1987）。多蒂指出施动者—结构研究者们较少注意施动性问题，而更多关注结构问题。她认为，施动性存在于人类个体，在国际关系中就存在于国家（Roxanne Lynn Doty, "Aporia: A Critical Exploration of the Agent - Structure Problematique in International Relations Theory," *European Journal of International Relations*, Vol. 3, No. 3, 1997）。本书认同亚历山大·温特有关国家施动性的论证，但主要基于国家是自主性驱动下的组织实体而将国家视为施动者，具有施动性。

第一节 内外联动时代的国家目标与决策结构

一 内外联动时代的国家目标

纷繁复杂的国际关系归根结底是由施动者的行为驱动的，而施动者之所以会采取种种不同或相同行为，是基于各自目标追求的考虑。因此，对于任何国际关系或外交政策理论来说，对行为体目标的假定与考察就成为其理论的基础与出发点。现实主义基于人性恶或无政府状态的悲观预期，始终相信物质利益与权力追求构成了任何行为体的根本行为目标，并据此展开利益互动与权力博弈；自由主义基于人性善或无政府状态的乐观预期，虽然亦始终相信物质利益的魔力，但却对权力的性质与作用做出了不同解读。综观各种大小理论，利益、权力、荣誉等种种物质或精神性要素成为推动行为体行动的种种动力与目标追求。但是，仔细审视这些目标追求，我们发现无论是物质性目标的追求还是精神性目标的界定，本质上都是行为体的外在目标满足。作者认为，行为体之所以成为施动者固然可以从外交目标的满足予以分析，但本质上还需要从行为体组织自身的内在需求予以剖析。所谓行为体内在需求就是指行为体作为组织之所以存在的理由与条件。从这个意义上，作为一个组织维系组织自身存在与活动自由，即维护与拓展组织自主性就是任一行为体的根本行为目标，因为行动自由是任何个体与组织实体的最高目标，而所谓利益、权力与荣誉仅仅是任何组织维护其自主性需要的外在目标体现而已。

就国际政治来说，权力、利益与荣誉等均是国家行为的外在目标，国家的真正、本质目标是其作为国家的内在要求，即不断获得、扩充其自主性存在与能力。这种作为客观国家利益的自主性①可以被非正式地称为"自由"②。对自主性的维护与拓展就自然被转换成所有国家期望再现自身

---

① 亚历山大·温特认为国家有三大国家利益，其他两个是生存与经济福利，参见 Alexander Wendt, Alexander Wendt, *Social Theory of International Politics*, Cambridge：Cambridge University Press, 1999, p. 138。

② 亚历山大·温特认为国家有三大国家利益，其他两个是生存与经济福利，这三大国家利益可以被非正式地称为生命、财产和自由。参见 Alexander Gorge, Robert Keohane, "The Concept of National Interests：Uses and Limitations", in Alexander Gorge, ed. *Presidential Decision-Making in Foreign Policy*, Boulder：Westview Press, 1980, pp. 217 – 238。

并维护其自由的模式化行动。① 例如，新中国成立以来，一直将独立自主当成其外交政策的基本立足点，就是将这种自主性的维护当成国家利益对待的。事实上，当今世界上所有国家，无论其自主性状况如何，都非常珍视对本国自主性的维护与拓展。为此，从本质上说，推动国家成为施动者的虽然外在地表现为权力、利益与荣誉等目标但真正的内在因素却是国家对其自主性的追求，即国家自主性是国家的根本目标追求。

二　内外联动时代的外交决策结构

虽然国家自主性是国家的根本目标，但综观世界，各国享有的自主性的差异却是显而易见的。决定这种差异的虽然与国家自身紧密相关，但更与其所处的互动结构相关。作为国内政治概念，我们对国家自主性的分析主要考察的是其与国内社会结构的关系；作为国际政治概念，我们对国家自主性的分析主要考察的是其相对于世界的相对独立自主程度。虽然这两种视角都有助于观察国家自主性状况，但国内政治与国际政治的分割无疑不能为我们提供内外联动时代国家自主性的综合状况。基于内外联动时代的认识，作者认为今日的国家决策不再是仅仅在"国际社会—国家"外向互动结构下完成，也不是仅仅在"国家—国内社会"内向互动结构下完成，而是在"国际社会—国家—国内社会"双向互动结构下完成的。这是分析当今外交政策必须完成的范式转换，因为国家自主性的获得不能仅仅单纯依赖国内社会或国际社会，而必须同时在国际社会与国内社会不断地获得、扩充其自主性存在能力，方能最大限度地伸张国家自主性。

第二节　内外联动时代与国家自主性的变化

罗伯特·吉尔平指出，国际经济越来越相互依存与各国希望保持经济独立和政治自主之间持续存在的冲突已经成为国际政治经济学研究的最重要课题之一，人们对经济全球化给各国自主性的破坏的担忧已经越来越普

---

① Roberto Russel, and Juan Gabriel Tokatalian, "From Antagonistic Autonomy to Relational Autonomy: A Theoretic Reflection from the Southern Cone", *Latin American Politics and Society*, Vol. 45, No. 1, 2003.

遍。① 然而，自主性绝不是自我孤立，由于自主性的存在依赖于国家在双向互动结构下与国内、国际力量的互动，因而自主性必然有一个有无或程度问题，事实上，"它可以获得也可以失去"，② 可以增加也可以减少。那么，在全球相互依赖与双向互动的时代背景下，国家自主性变化的条件是什么？在国内外双重挤压下国家自主性如何能够得到维持与增强？

根据著名回归国家学派代表人物西达·斯考切波（Theda Skocpol）的观点，他们（指国家组织——引者注）在实际上所具有的自主性的程度，以及所产生的实际影响，都因具体的场景而异。值得强调的是，国家自主性的实际程度和后果，只能从特定的政治系统和特定的历史性国际环境的角度来分析和解释。③ 乔尔·米格代尔（Joel S. Migdal）指出，国家生存的能力取决于一系列要素，包括领导者的组织能力、人口规模、潜在的可获得的物质和人力资源，以及当时的更大的国际格局。可能这些要素里面最重要的是动员社会全体人员的能力。④ 托马斯·里斯－卡彭（Thomas Risse-Kappen）则非常明确地指出，国内结构从下面，国际制度则从上面影响着国家自主性："在国际上，国家自主性取决于国家在权力分配中的位置和其在国际机制和组织中的内嵌性；在国内，国家自主性则是国内结构（尤其是国家—社会关系）和社会经济发展的函数。"⑤

可见，国家自主性内在的依赖于两个方面，其一是国内结构；其二是国际结构。在全球相互依赖尚未充分展开的时候，国家自主性主要受制于国内结构。但由于全球相互依赖的深入发展，使得国家自主性日益受到国际环境因素的影响。就国内结构而言，国家自主性的决定因素是

---

① 参见［美］罗伯特·吉尔平《全球政治经济学：解读国际经济秩序》，杨宇光、杨炯译，上海人民出版社 2006 年版，第 72—74 页。

② Theda Skocpol, "Bringing the State Back in: Strategies of Analysis in Current Research", in Peter B. Evans, Dietrich Rueschemeyer, and Theda Skocpol eds., *Bringing the State Back in*, New York: Cambridge University Press, 1985, p. 14.

③ ［美］西达·斯考切波：《国家与革命：对法国、俄国和中国的比较分析》，何俊志、王学东译，上海人民出版社 2007 年版，第 30 页。

④ Joel S. Migdal, *Strong Societies and Weak States: State-Society Relations and State Capabilities in the Third World*, Princeton: Princeton University Press, 1988, p. 21. ［美］乔尔·S. 米格代尔：《强社会与弱国家：第三世界的国家社会关系及国家能力》，张长东等译，江苏人民出版社 2009 年版，第 23 页。

⑤ Thomas Risse-Kappen, "Bring Trasnational Relations Back in: Introduction," in Thomas Risse-Kappen ed., *Bring Trasnational Relations Back in: Non-State Actors, Domestic Structures and International Institutions*, Cambridge: Cambridge University Press, 1995, p. 19.

国家能力，即国家有效动员国内社会资源的能力。这可以从国家—社会关系即国内结构角度加以衡量，为了方便分析起见，这里采用卡赞斯坦早期对国内结构的划分方法，即把国内结构划分为强国家—弱社会的国家中心型和弱国家—强社会的社会中心型两种；就国际结构而言，国际自主性主要取决于该国的国家实力的相对位置。然而，这种分析仍然局限于国内—国际分裂的视角，如果从国际社会学分析，我们必须注意到第三种决定因素，即国家、国内力量与国际力量[①]三个不同主体间的互动状况，在这种跨国双向互动中，国家自主性既获得了空前的机遇也面临更大的挑战。[②]由于这种内外互动涉及的是相互对对方目标是否认同或支持的情况，因而实际上涉及的是合法性问题，即国家目标是否能够获得、能得到多少国内外力量的认可与支持而使其具有合法性。[③]可见，国家自主性与三个因素有关：即国家能力、国家实力与合法性，而其最终大小则取决于如何在这三大力量之间实现良性互动与整合。显然，一国拥有的国家自主性越大，其在国际社会中维护、实现国家利益和国家权利的能力、机会也就越大。

第三节　自主性外交理论的构建与核心假设

基于有关内政与外交的综合研究成果与上述有关国家自主性变化的三个条件，借鉴国家主义研究视角，我们对第三章构想的以施动者为中心"结构—认知—行为（SCB）"分析框架（参见图 3 - 2）略加改造，就可

---

① 国家指具有自我目标、利益的自主的行政组织实体；国际力量表示一切对国家行为构成影响的因素，包括国际规范、国际制度、国际组织、国际权力结构以及其他权力、权威中心等；国内集团表示存在于社会中的对国家决策产生影响的形形色色利益集团、非政府组织以及寻求地方与部门利益的官僚组织等。

② 蒂莫西·米切尔曾指出回归国家学派单纯强调了国家对社会的作用，使得他们对国家—社会关系的分析失于片面。他认为国家只具有相对意义，还受到社会力量的广泛影响。参见 Timothy Mitchell, "The Limits of the State: Beyond the Statist Approach and Their Critics," *American Political Science Review*, Vol. 85, No. 1, 1991. 当然，米切尔所指的社会是国内社会，既然国家自主性同样存在于国际社会，故从这个角度出发，我认为国家自主性还受到国际社会的广泛影响，主体间互动关系正反映了国内外社会对国家自主性的共同影响。

③ 有关合法性的涵义可参见第八章第三节的相关内容。

以构建一个以国家为中心的"双向互动"外交理论模式①（见图 6 - 1）以分析内外联动时代的外交行为。鉴于"双向互动"外交理论本质上坚持以国家为中心的行为分析并强调国家自主性对外交行为的影响，本书正式将这一理论命名为"自主性外交理论"。据此，本书将提出自主性外交理论的主要假设以分析内外联动时代的外交性质与外交行为。

21 世纪的国际社会已经进入内外联动的新时代。新时代需要新理论。自主性外交理论就是为了理解内外联动时代的外交行为而构建的综合理论模式。以国家为中心的自主性外交理论模式的主要前提假设有五个：第一，虽然全球相互依赖与内外联动在深入发展，国家（state）受到了各种挑战，但国家仍然是当今国际社会中掌握政治权力最多因而仍然是最主要的行为体。第二，国家是具有自我利益、自我目标的自主组织实体，因而也是单一行为体。因此，出于构建内外联动时代宏观外交政策理论的需要，这里的国家本身仍被"黑箱化"处理。但这种"黑箱化"是在国家——社会视角下进行的，即打破了传统民族国家的"黑箱"，而对国家——社会视角下的国家的"再黑箱化"。这一模式本身并不排除完全打开国家本身这个"黑箱"进而研究其自我的组织结构的可能。第三，国家决策的根本目标是维护、增强国家自主性。第四，在内外联动时代条件下，国家外交决策是在"国际社会——国家——国内社会"背景下，在三个层面（国内、国际、跨国）、三个主体（国际力量、国家组织、国内社会）间进行的。第五，与现实主义传统观点不同，这一理论假定，权力虽然是以国家为中心的双向互动过程中最重要和最根本性的内容但制度与观念等非权力因素也构成了双向互动的重要内容，并塑造了与权力互动不同的互动逻

---

① 笔者曾经将这一理论模型称之为"主体间互动"模型。"主体间互动"模型这一名称含有不同主体间对等、缺乏中心的意味；而本书的分析虽然注重国家以外的行为体在国际政治中的地位与作用，但却坚持了"国家中心"范式，因而从 2012 年起作者将这一理论模型称为"双向互动"模式，以突出国家的中心地位。关于"主体间互动"模型的早期论述参见李志永《全球相互依赖与国家自主性——一项研究议程》，载贾庆国主编《剧变中的世界与中国：中国青年学者的解读》，金城出版社 2009 年版，第 30 - 51 页；李志永：《融入与自主性的平衡：中国外交的核心问题》，《世界经济与政治》2010 年第 2 期（需要注意的是，该文第 76 页表 2 关系 B 中有一个印刷错误，即该项第一个赋值应该是 - 0.5，而不是 0.5，笔者亦在此为此错误致歉）；李志永：《融入与自主性的平衡：中国外交的核心问题》，《国际关系研究：探索与创新——2009 年博士论坛》，中国国际关系学会、云南大学国际关系研究院和外交学院编，世界知识出版社 2010 年版，第 78 - 99 页。关于"双向互动"的提法，参见李志永《内外联动时代的国家自主性战略——基于"STIM"模式的透视》，《社会科学》2012 年第 10 期。

辑。为此,基于结构的三个面向,自主性外交理论相信,各国外交行为同时受到权力、制度与观念因素的影响与塑造,尽管在不同场景下不同因素的比重可能会有所不同。

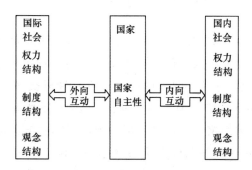

图 6 - 1 自主性外交理论模式

　　基于上述前提假设,自主性外交理论的核心假设是,各国基于自主性的追求而与不同层面、不同属性、不同主体间的结构性因素的互联互动决定了各国外交行为。换言之,各国外交行为取决于国家与不同结构性因素互联互动的性质、过程与结果。所谓"不同层面"主要是指国内、国际、跨国三个层面的不同结构性因素;所谓"不同属性"主要是指国内、国际结构中的权力、制度与观念的三大面向;所谓"不同主体"主要是指国际力量、国家组织、国内社会三大行为主体;所谓"互联互动"主要是指国内外不同因素在与国家互动过程中存在因果与建构两种作用机制。

　　鉴于上述假设,本书认为,自主性外交理论的构建将能有效解决外交政策分析的三大关键难题,最终实现外交政策分析的三大统一。根据此模式的假定,本书对外交政策分析的三大关键难题的回答分别是:其一,外交政策的施动者(agent)是处于"国际社会—国家—国内社会"内外联动时代的具有自我利益追求的国家组织,自主性是其根本行为目标。其二,施动者与结构并非单向的决定关系,而是以施动者的认知为中介的相互影响和塑造的互动关系。其三,不同层次、不同属性和内政外交的因素可以通过施动者的行为得到观察与分析,而以施动者为中心的双向互动能够有效实现这三大整合。可见,自主性外交理论不仅能够实现社会科学界长期存在的施动者—结构辩论的综合，而且有效地确立了内外联动时代的国家的本体论地位，从而以国家自主性为关键概念为解决外交政策分析的三大关键难题提供了有效切口，为成功实现外交政策分析的三大分析任务提供了理论支撑，为解释国家行为提供了一个综合解释模式。

尽管自主性外交理论强调外交行为是国内外因素以国家为中心内外联动或双向互动的结果，但这一理论模式与"国家中心"现实主义①和"双重博弈"模式②具有明显的区别。自主性外交理论模式与罗伯特·普特南的"双重博弈"模式的区别在于，"双重博弈"虽然也重视内外互动，但仅仅将国家当成国内、国际利益要求的传送带，通过获胜集合（win - sets）把国内与国际力量联系起来，因而，没有赋予国家以本体论地位，没有重视国家自主性问题，更没有详尽分析国家所面临的宏观内外结构。自主性外交理论则试图通过以国家为中心的多主体间的多层面、多属性因素间的互联互动来考察国家自主性在国内国际和跨国力量的多重挤压下的存在状况及其对一国外交性质、外交行为的影响与塑造。因此，相对于"双重博弈"这种专注于微观决策过程的理论模式，自主性外交理论模式试图全面分析国家外交决策所面临的国际与国内结构要素。与"国家中心"现实主义相同点在于，这一模式坚持国家的首要地位和单一行为体假设，但又不属于现实主义，因为这一模式将"同等重视"并"具体分析"权力、制度与观念对国家行为的作用，试图实现物质与观念的综合。③ 所谓"同等重视"，是指自主性外交理论并不先在地重视或忽视任何一种因素的作用，而是同时关注三种因素的存在及其作用；所谓"具体分析"，是指自主性外交理论绝不是简单地糅合"三大主义"④ 的三个主要变量，而是试图在具体案例分析中根据具体情境予以具体分析、各有侧重以最终构建一个理想的"分析折中主

① 参见 Fareed Zakaria, *From Wealth to Power: The Unusual Origins of America's World Role*, Princeton: Princeton University Press, 1998.

② 参见 Robert D. Putnam, "Diplomacy and Domestic Politics: The Logic of Two - Level Games", *International Organization*, Vol. 42, No. 3, 1988, pp. 427 - 460.

③ 这一综合虽然强调同等重视物质与观念，但作者亦坚持认为，相对于制度与观念，物质在本体论上具有优先地位。

④ 周方银、王子昌：《三大主义式论文可以休矣——论国际关系理论的运用和综合》，《国际政治科学》2009 年第 1 期。

义"综合解释模式。① 与此同时，与一般的国际关系、外交理论仅仅关注外交行为不同，由于重视主体间互动关系的处理，并借鉴了国家自主性这一具有价值取向的政治学概念，自主性外交理论还能够对外交性质（即是否具有进步性）进行分析。对外交性质的关注呼应了伦理对国际关系日益突出和重要的影响。

　　因此，如果说结构现实主义的核心假设是"权力分布决定国家行为"、新自由制度主义的核心假设是"制度分布决定国家行为"、结构建构主义的核心假设是"观念分布决定国家行为"，那么，自主性外交理论的核心假设就是"自主性的分布决定国家行为"。由于国家自主性是国家实力、国家能力与主体间互动关系的函数，国家自主性概念就不仅内在地实现了权力、制度与观念三大核心概念的整合，而且还内在地实现了施动者—结构的综合，因而能够成为解释国家行为的综合大理论。当然，这种理论建构是否真的能够解决外交政策分析的基本问题，并有效解释各国外交行为，从而真正提升我们对外交政策以及国际关系的理解，还需要得到实践的检验。

　　布鲁斯·拉西特（Bruce Russett）于 1974 年曾指出，"政治研究，尤其是国际政治研究，对于政治的环境太过于忽视了……太多的努力集中于审视决策的方式……而不是……何种可能的选择是实际可行的"②。事实上，仅仅 5 年之后，肯尼思·华尔兹就引导国际政治研究进入了一个"结构时代"，然而结构理论的盛行并没有为国家外交决策面临的"可能的选择"做出应有的具体分析，甚至还敌视这种属于还原主义的外交政策理论，而这将是本书第二部分努力的方向——在第一部分对结构的探讨和构建自主性外交理论的基础上，接下来的四章将基于自主性外交理论模式从外交行为的"质"（即基本性质）、"量"（即总体趋势）、"略"（即

---

　　① 关于分析折中主义，参见 Peter J. Katzenstein and Nobuo Okawara, "Japan Asian – Pacific Security and the Case for Analytical Eclecticism", *International Security*, Vol. 26, No. 3, 2001 – 2002. Rudra Sil and Peter J. Katzenstein, "Analytical Eclecticism in the Study of World Politics: Reconfiguring Problems and Mechanisms across Research Traditions", *Perspectives on Politics*, Vol. 8, No. 2, 2010.［美］鲁拉得·希尔，彼得·卡赞斯坦：《超越范式：世界政治研究中的分析折中主义》，秦亚青、季玲译，上海人民出版社 2013 年版。

　　② 转引自 David Sylvan, "A Meso – Scopic View of International Political Economy: World Cities", in Harvey Starr ed., *Approaches, Levels, and Methods of Analysis in International Politics: Crossing Boundaries*, New York: Palgrave Macmillan, 2006, p. 33.

战略机制)、"术"(即策略应对)四个方面进行分析。具体而言,接下来的第七、第八、第九章将从外交行为总体趋势、外交行为基本性质以及外交战略角度提出自主性外交理论模式的若干基本假设,并对这些假设进行案例验证。而第十章将基于这一理论模式对中国外交转型提出若干政策应对建议。

第七章

自主性外交理论与
外交行为趋势分析

当一个新兴大国崛起的时候，面对的不仅有"修昔底德陷阱"①所描述的"权力困境"，而且还有"面对国际国内社会日益增加的责任期待，崛起大国到底应该承担多大国际责任？"的"责任困境"。如果采取奋发有为甚至攻势的外交政策，可能会受到"威胁论"的舆论包围，而如果一味强调韬光养晦，采取消极无为的外交政策，则可能会受到"搭便车"的舆论指责。这一崛起困境的另一表述就是"如何处理日益增长的权力、日益增加的责任期待与外交行为能动性趋势的关系？"当中国国际实力地位位居"坐二望一"时，世界对中国日益提升的责任期待与相对被动落后的中国国际贡献能力之间的矛盾，已经成为中国与世界的主要矛盾之一。那么，中国长期坚持的韬光养晦战略将何去何从？又将如何认识当前

①"修昔底德陷阱"，即崛起大国与现存大国的结构性矛盾与主观恐惧促使二者间的战争变得不可避免。这几乎已经被视为国际关系的"铁律"与"宿命"。古希腊史学家修昔底德认为公元前5世纪雅典和斯巴达之间的战争之所以不可避免，原因在于雅典实力的增长以及由此引起的斯巴达的恐惧。鉴于修昔底德对这一战争根源的精彩阐述，哈佛大学教授格兰姆·艾里森（Graham Allison）在纪念古巴导弹危机50周年的时候，面对中国的崛起，提出中美应该避免"修昔底德陷阱"。随后，他又在金融时报撰文《避免修昔底德陷阱》的评论文章。随后该概念迅速在中国流行开来。参见 Graham Allison："Cuban Missile Crisis at 50：Lessons for US Foreign Policy Today"，Vol. 91，No. 4，Foreign Affairs，2012. Graham Allison："Avoiding Thucydides's Trap"，Financial Times（London），August 22，2012. 陈文鑫：《中美关系能否避免"修昔底德陷阱"？》，《中国国防报》，2012年5月8日，第4版。郑永年：《中美如何避免"修昔底德陷阱"》，2012年9月4日，观察者网（http：//www. guancha. cn/zheng-yong-nian/2012_09_04_95260. shtml）。孙英德、邓立志：《推动新型大国关系，绕开"修昔底德陷阱"》，《中国国防报》2013年6月11日第10版。孙哲：《中美要力避"修昔底德陷阱"》，《人民日报》2013年7月5日第5版。

中国奋发有为的外交取向？本章试图从自主性外交理论对这些问题予以回答。

前面已经指出，国家自主性与三个因素有关，即国家能力、国家实力与主体间互动状况，而其最终大小则取决于如何在这三大力量之间实现良性互动。显然，一国拥有的国家自主性越大，其在国际社会中维护、实现国家利益和国家权利的能力、机会也就越大，因此，维护、增强国家自主性是国家行动的根本战略目标。由于影响国家自主性的因素总是处于一个不断变化的过程中，因而国家自主性也是在变化的过程中实现的。为此，本章将分别从影响国家自主性变化的三个条件或因素入手，对国家自主性的存在状况及其与外交行为总趋势的关系进行宏观趋势分析，即在何种情况下国家倾向于采取积极或消极的外交政策。

第一节　国家能力与外交行为

本节将从国家能力，即国内结构状况入手，对国家外交行为趋势进行宏观分析。由于分析对象是单个国家，因此，其国家实力在一定时期内可以假定为常量。为此，我们就可以在某种主体间互动关系中去观察国家能力的变化对外交行为总趋势的影响。

一　国家能力

国家自主性的维持与增强是为了实现国家的治理目标，即公共利益（如外交政策）的实现。例如，克里斯托弗·莱恩（Christopher Layne）就认为，一个国家成为大国的关键就在于国家能力，一个国家必须拥有一个强有力的政府，以将经济财富转化为"硬实力"。[1] 可见，国家能在多大程度上实现各种公共利益目标，取决于其国家能力的大小。

最早对国家能力问题进行探讨的是马克斯·韦伯。在他看来，国家能力是指国家合法地使用独占性权力进行活动的能力，是以国家政治统治能力和政治管理能力为基础的国家治理能力。[2] 塔尔科特·帕森斯则从结构

---

[1]　冯黛梅：《美国大战略：竭力维持衰落中的全球霸权——访美国战略家克里斯托弗·莱恩》，《中国社会科学报》，2012年10月24日A-04版。

[2]　［德］马克斯·韦伯：《经济与社会》（上），林荣远译，商务印书馆1997年版，第82页。

功能主义视角来研究国家能力问题，他直接用权力来表达国家能力，认为权力是"用于实现集体目标利益的社会系统的能力"，并将政治制度作为影响国家能力的重要因素。[①] 西达·斯考切波认为，任何国家首要和基本的活动是从社会中吸取资源，并将这些资源用于创建和支持暴力与行政管理组织，而国家能力则表现为"贯彻公共目标，尤其是通过克服强有力的社会集体现实或潜在的反对力量来贯彻这些目标的能力"。[②] 因此，完整的国家主权、有效的行政军事控制、官僚体系及官员、充足的财政资源，都是国家能力的重要组成部分。乔尔·米格代尔部分地接受了西达·斯考切波的理论，通过对第三世界国家能力的研究，他认为国家能力是"国家通过种种计划、政策和行动实现其领导人所寻求的社会变化的能力"。[③] 为此，他以国家在影响社会组织、规制社会关系、吸取社会资源和使用社会资源四个方面的实际效力的大小，将国家分为强国家和弱国家两种类型。[④] 时和兴、庞金友也对国家能力的相关论述进行了很好的梳理。时和兴认为，国家能力主要包括政治统治能力和政治管理能力，并具体体现为社会抽取能力、社会规范能力、社会控制能力和社会适应能力四个方面。[⑤] 庞金友指出国家能力的实质就是政治治理能力。从国家与社会关系角度看，这种政治治理能力具体表现为国家控制社会、规范社会、吸取社会和适应社会的能力。[⑥]

总结上述各方观点，本书认为，在一定意义上，国家能力可以不涉及价值追问，主要体现为其相对于社会的能力，具体而言就是，国家有效提取国内社会资源的能力。这种能力具有各种表现，可通过不同标准加以衡量。为了分析方便起见，我们可以从国家—社会关系即国内结构角度加以衡量，并进而把国内结构简化为强国家—弱社会的国家中心型（简称强

[①]　[美] 塔尔科特·帕森斯：《社会行动的结构》，张明德等译，译林出版社 2003 年版，第 735—737 页。

[②]　Theda Skocpol, *State and Social Revolution: A Comparative Analysis of France, Russia, and China*, Cambridge: Cambridge University Press, 1979, p. 24.

[③]　Joel S. Migdal, *Strong Societies and Weak States: State-Society Relations and State Capabilities in the Third World*, Princeton: Princeton University Press, 1988, pp. 4 - 5.

[④]　Ibid., pp. 279 - 286.

[⑤]　时和兴：《关系、限度、制度：政治发展过程中的国家与社会》，北京大学出版社 1996 年版，第 140—169 页。

[⑥]　庞金友：《现代西方国家与社会关系理论》，中国政法大学出版社 2006 年版，第 204 页。

国家）和弱国家—强社会社会中心型（简称弱国家）两种。为此，国家能力与外交行为的关系，就可以从国内结构的变化加以观察。

二 国家能力与外交行为

根据法里德·扎卡利亚的"国家中心"现实主义，在内战结束后的 30 年，美国扩张不足的根源在于美国虽然是一个强大的民族却只是一个虚弱的国家，即弱国家—强社会的社会中心型国内结构限制了其把社会财富转化为国家权力和自主性从而导致了外交孤立主义。与此相反，美国在 19 世纪末 20 世纪初逐渐放弃孤立主义政策转而奉行国际主义和扩张政策，直至推行霸权主义，其根源就在于随着美国国家能力的增强，其国家权力也逐渐增强，从而推动了外交的转型。

与此相关的另一个引人瞩目的现象是，20 世纪三四十年代在中日国家实力比较中，中国并不落后，但抗战初期中国军队为何一溃千里，而日本军队能够迅速占领半个中国呢？其根本原因就在于中国国家能力的缺乏导致国内一盘散沙，缺乏一个有效的国家机构来迅速动员庞大的潜在国力，而日本则通过工业化建立起了现代化的国家管理机构，大大提高了国家能力，并组织了远远超过中国国家所能动员的国力。毛泽东的《论持久战》[①] 对此进行了精辟的分析。毛泽东认为，日本是一个强的帝国主义国家，其军力、经济力和政治组织力在东方是一等的，中国则是一个弱国，在军力、经济力和政治组织力各方面都显得不如日本，中日就形成了强弱之比，这决定了中国不能速胜。但强弱之比外，还有一个大小之比，即日本是小国，地小、物少、人少、兵少，中国是大国，地大、物博、人多、兵多，这决定了中国必将赢得最后的胜利。可见，中日之战并不全是两个民族的较量，而是两个国家（政府）的较量，国家的暂时软弱导致了抗战初期的失败，但中华民族的博大必然使中国赢得这场战争。这正是毛主席认为中日之战中国不能速胜也不会亡国而必然是持久战的原因，因为中国国家组织能力的增强必然是一个长期的过程。

根据上述两个案例的启示，本书将提出有关国家自主性与外交行为趋势的第一个假设：

假设 1：外交行为及其能力与国家能力具有正相关关系，即随着国家

---

① 《毛泽东选集》（第 2 卷），人民出版社 1991 年版，第 439—518 页。

能力的增强，外交能力将增强，国家倾向于采取更加积极的外交行为，反之，国家倾向于采取更加消极或保守的外交行为。①

　　我们可以通过第六章提出的自主性外交理论模式对这个假设进行理论检验（见表7-1、表7-2）。由于国家实力已经假定为常量，外交行为及其能力又是由国家自主性决定的，为了观察国家能力与外交行为的关系，我们可以集中观察同一种主体间关系情况下，国家能力与国家自主性的关系，进而就可以得到国家能力与外交行为的关系。这样通过对比表7-1和表7-2我们可以发现，在关系A、B、C、D、E五种情况下，由于国家能力相对较强，表7-1每项赋值都比表7-2的要大，其差值为2。这表明，在国家实力既定时，在相同的主体间关系情况下，国家自主性直接取决于国家能力的大小，呈正相关关系。既然外交行为及其能力又是由国家自主性决定的，故外交行为及其能力与国家能力具有正相关关系，这证明了上述假设。

　　在通过理论检验后，我们可以从外交实践的角度对这个假设加以检验，并对国家能力的变化与外交行为的趋势表现进行进一步的分析。笔者将选取中美两国的案例对此加以分析。由于这是一种趋势分析，因而下面的案例分析只是一种素描式扫描，并不涉及太多细节。

表7-1　　　　　　　强国家—弱社会国内结构背景下的国家自主性

		国内外压力对国家自主性的影响		国家自主性受影响程度
		国内集团	国际力量	
国际国家国内目标间关系	A（国际力量＝国内集团）＝国家	2	2	4
	B（国际力量＝国家）≠国内集团	0	1.5	1.5
	C（国家＝国内集团）≠国际力量	1.5	0	1.5
	D 国际力量≠国家≠国内集团	−0.5	−0.5	−1
	E（国际力量＝国内集团）≠国家	−1	−1	−2
求和		2	2	4

---

　　① 需要注意的是，这里所谓的"积极的"外交行为，是对外交行为趋势的一种描述，积极的外交行为可能还指扩张的甚至是霸权的外交行为，这里统一用"积极的"外交行为，概指一种对外扩展、延伸的外交行为趋向，而不带价值判断色彩。

表 7 - 2   弱国家—强社会国内结构背景下的国家自主性

		国内外压力对国家自主性的影响		国家自主性受影响程度
		国内集团	国际力量	
国际国家国内目标间关系	A（国际力量＝国内集团）＝国家	1	1	2
	B（国际力量＝国家）≠国内集团	- 1	0.5	- 0.5
	C（国家＝国内集团）≠国际力量	0.5	- 1	- 0.5
	D 国际力量≠国家≠国内集团	- 1.5	- 1.5	- 3
	E（国际力量＝国内集团）≠国家	- 2	- 2	- 4
求和		- 3	- 3	- 6

说明：

第一，关于模式假定：1. 假定国家实力是常量。2. 影响国家自主性的基本变量主要有两个：其一，国家能力。其二，三个主体间目标一致状况，即国家与国际力量目标是否一致、国家与社会集团目标是否一致和国际力量与社会集团目标是否一致；不仅如此，还需要假定，国内国际力量对国家自主性产生的影响是稳定的、有效的，因为，如果这种影响变动不羁的话，就无法对其进行分析。3. 以国家为中心，分析国际国内力量在不同国家结构下对国家自主性的影响。

第二，关于赋值说明：1. "＝"表示目标一致；"≠"表示目标冲突。2. 当国内外力量的目标与国家目标一致的时候，赋值 1，反之赋值 - 1。3. 受国家能力大小和国内外协同作用影响的，相应增加或减少 0.5 个赋值。4. 赋值举例：关系 A，在表 7 - 1 中，主体间目标一致，故此时国内外力量能增强国家自主性，各赋值 1，但由于国内外力量的协同作用又将增强各自对国家自主性的影响，故各增加 0.5 赋值，然后由于国家力量强又增加 0.5 赋值，最后得到 2（1 + 0.5 + 0.5）；在表 7 - 2 中，主体间目标一致各赋值 1，国家力量弱赋值 - 0.5，但由于国内外力量的协同作用又将增强各自对国家自主性的影响，故各增加 0.5 赋值，最后得到 1（1 - 0.5 + 0.5）。

三 美国：从孤立主义到霸权主义

自由主义是西方政治思想发展的基脉，是"西方文明的世俗形式"[①]。在这一思想传统中，个体主义的价值取向决定了公共权力的工具性，也注定了国家的消极存在。美国显然是这一自由主义传统的样板。美国开国著名思想家潘恩就主张只要一个"最小限度的政府"来保障社会各个部分

[①] [美] 弗里德里希·沃特金斯：《西方政治传统：现代自由主义发展研究》，黄辉等译，吉林人民出版社 2003 年版，引言，第 1 页。

彼此之间的自然互动即可。正是这种深厚传统和其他各种原因导致了美国国家经历了从虚弱到逐渐扩张的过程，由此塑造了美国外交的大致演变轨迹。

（一）孤立主义的根源：国家的虚弱

法里德·扎卡利亚指出，内战后的美国领袖，拥有强烈的扩张主义意识形态传统、以巨大的工业增长力量为后盾、又得到刚刚统一的民族的支持，本可以很容易地扩张领土边界，但是他们遇到了一个巨大的阻碍：美国国家的结构性虚弱。① 对于这种虚弱我们可以用一项有趣的对比加以进一步的佐证。

早在1888年，当时哈佛大学校长查尔斯·艾略特对马萨诸塞州州政府与一铁路公司进行了惊人的对比，表明了小政府这一事实。② 其对比见表7-3。

可见，20世纪初之前的美国政府是虚弱的，正是这种虚弱构成了美国外交上的孤立主义或扩张不足的最重要根源。导致这种虚弱的原因可能有：其一，联邦政府与地方州政府的分权；其二，联邦政府的三权分立制衡机制；其三，更深层的原因在于自由放任、不干涉主义的深厚传统。

表7-3 　　　　　　　　　　**19世纪末美国国家的虚弱**

	某铁路公司	马萨诸塞州州政府
总收入	40000000美元	7000000美元
雇员人数	18000人	6000人
最高工资	35000美元	6500美元

资料来源：John F. Walker, Harold G. Vatter, *The Rise of Big Government in the Unitel States*, New York：M. E. Shalpe, Inc. , 1997, p. 6。

----

① Fareed Zakaria, *From Wealth to Power：The Unusual Origins of America's World Role*, Princeton：Princeton University Press, 1998, p. 56. 他认为，国家的虚弱是导致美国在1865年至1889年扩张不足的根源。他认为，面对期间22个扩张机会，其中12次未扩张，3次扩张，均可以用国家中心型现实主义加以解释。

② 参见 Richard Hofstadter, *The Age of Reform*, New York：Random House, 1955, p. 231。转引自 John F. Walker, Harold G. Vatter, *The Rise of Big Government in the United States*, New York：M. E. Sharpe, Inc. , 1997, p. 6。

　　(二)　美国霸权主义的根源：国家的扩张

　　如果国家的虚弱导致了内战后 30 年美国的孤立主义，那么正是国家的扩张与强大解释了美国 20 世纪的国际主义和霸权主义外交政策。①

　　法里德·扎卡利亚认为，海斯（Rutherford B. Hayes，1877—1881）政府代表了美国国家权力的最低点和美国扩张的最低潮，由此也代表了美国外交政策的分水岭。因为，在该届政府行将结束任期时，几个对国家权力强有力的限制松动了，外交政策的方向在缓慢地却又明确地发生着转变。财政盈余、官僚的专业化和更趋统一的政府导致了这一转变，其中"新海军"的崛起构成了美国外交政策转变最确凿的证据，到 1890 年美国就完成了这一战略转变。② 两次世界大战尤其是冷战以及 20 世纪美国采取的对他国的各种武装干涉，见证了美国外交从 19 世纪的孤立主义到干涉主义、霸权主义的转变。支撑这种转变的国内基础何在呢？这涉及美国国家与社会或政府与市场关系的历史转变。

　　不干涉主义或自由放任盛行于 19 世纪，但扩大国家、政府在工业化市场经济中的作用却是 20 世纪西方资本主义国家最引人瞩目的现代历史变革之一。在美国，关于政府与市场的关系，一直以来占优势的是不干涉主义，但自内战结束以来一直到 20 世纪 30 年代的大萧条，不干涉主义慢慢失去了社会基础。

　　约翰·沃克和哈罗德·瓦特认为，美国不干涉主义随着市场变化而转变，这个过程一直持续到 1929 年，共经历了三个阶段。第一个阶段历时 30 年，从 1870 年到 1900 年，农民的抗议支配了这个阶段。第二阶段历时 20 年，大致持续到一战结束，这时以城市中产阶级为主的各种有组织的社会和政治运动大大改变了政府与市场的关系。第三阶段则是对大萧条采取应急措施的结果，罗斯福新政正式宣布了美国大政府的产生，不干涉主义衰落。③

---

　　①　值得注意的是，虽然本书认为国家的强大能够解释美国的霸权扩张，但并不等于本书同意国家中心解释是唯一的解释或者是充分的解释，但本书认为这一解释是必要的、不可或缺的解释。本节有关国家能力与外交行为的假设也应该从这个角度加以理解。

　　②　Fareed Zakaria, *From Wealth to Power*: *The Unusual Origins of America's World Role*, Princeton: Princeton University Press, 1998, chapter 3.

　　③　参见 [美] 约翰·F. 沃克和哈罗德·G. 瓦特《美国大政府的兴起》，刘进、毛喻原译，重庆出版社 2001 年版，第 22—30 页。

另外，著名美国经济史学者哈罗德·福克纳则将美国不干涉主义的衰落确定在进步党活跃的 1897—1917 年，他还洞悉到这一事实：那一时期的干涉主义改革立法原本是为了恢复不干涉主义和自由竞争"失去的乐园"的。①

根据法里德·扎卡利亚的论证，美国国家的扩张主要表现在八个方面②：

第一，工业资本主义的大发展使现有政府无法应付。第二，联邦政府开支的猛增。从 1877 年到 1909 年的 32 年中，增加了 190%；而从 1819 年到 1849 年的 30 年中，其中还包括一场战争，仅仅增加了 100%。第三，国家工作人员的猛增。以财政部为例，1873 年为 4000 人，而到 19 世纪末增加到约 25000 人，增长率高达 625%。第四，新税种和税收的增加。第五，对企业管理的加强。第六，总统相对于国会权力的加强。第七，政府机构的职业化改革。第八，总统采取应急措施合法性的提高。

约翰·沃克和哈罗德·瓦特则为我们提供了两个更直观的衡量政府规模大小的尺度，即政府雇员的多少和物资、服务的采购量。他们的数据涵盖了几乎整个 20 世纪，这对我们观察美国国家的扩张更有参考价值（参见表 7-4）。其一，政府雇员与平民劳动力的比例。他们认为，不干涉主义是在 1929 年前后衰落的，虽然政府雇员在这之前就在缓慢上升。1900 年时该比例还不到 4%，到 1929 年时就超过了 6%，而 1959 年的比例更是超过了 11%。其二，政府采购与国民生产总值的比例。1900 年时刚刚 6%，1929 年时增加到 8%，更大幅度的增长则在冷战开始之后，1959 年达到了 20%，此后仍然维持一个较高水平。

可见，在美国逐步成为世界大国的过程中，美国聚集了扩大其国际影响的巨大潜力，但国际影响的发挥与运用有待于国家资源转换能力的提高。正是随着美国国内结构的变迁，国家不仅逐渐摆脱了"政党政府"的控制获得了自主性，而且还提升了国家能力。伴随这一转变，我们也见证了美国外交逐步摆脱孤立主义走向了扩张与霸权

---

① 转引自［美］约翰·F. 沃克和哈罗德·G. 瓦特《美国大政府的兴起》，刘进、毛喻原译，重庆出版社 2001 年版，第 30 页。

② Fareed Zakaria, *From Wealth to Power*：*The Unusual Origins of America's World Role*, Princeton：Princeton University Press, 1998, chapter 4.

主义。

表 7-4　　　　　美国政府规模扩大，20 世纪采购和雇用的比率

年度	百分比采购/国民生产总值（当时美元）（1）	百分比雇员/平民劳动力（2）	比率（1）（2）
1900	6.02	3.86	1.56
1929	8.12	6.42	1.27
1959	20.27	11.65	1.72
1989	18.70	14.35	1.30
1994	17.43	14.53	1.20

资料来源：*The Rise of Big Government in the United States*, New York：M. E. Sharp. Inc. , 1997. p. 7。

四　中国：从革命外交到韬光养晦

"国家与社会"这一学术界颇为流行的研究范式为我们考察中国政治及国家能力的演变提供了理论资源。任剑涛指出，中国的"现代"转型，始自明清，规模化在晚清民国，结构转型在当代，从政府架构转型视角看，这种转型的核心是"国家—社会"的二元关联结构的兴起。① 从历史的视角考察可知，自晚清、经民国、到中华人民共和国的中国"现代"转型，尤其是改革开放以来的中国"现代"转型进程，国家试图吞噬社会的基本态势没有改变，社会的萎缩乃是一个基本的状态。不过，社会本身的建设与重建也处于一个自发的递进过程，没有完全中断过。② 他的这一观察为我们理解中国国家能力的演变提供了基本线索。这里将对改革开放前后中国国家—社会关系做一俯瞰式扫描，以帮助我们理解中国革命外交的起源和韬光养晦战略的国内社会基础。

---

① 任剑涛：《社会的萎缩与重建——转型中国国家与社会互动状况的分析》，《转型中的中国政治与政治学发展》（国际研讨会论文汇编2），中国人民大学国际关系学院政治学系与中山大学政治和公共管理学院政治科学系编印，中国人民大学，2002 年 7 月，第 131 页。

② 同上书，第 132 页。

（一）革命外交的起源：全能主义国家

新中国经过长期革命确立了社会主义政治制度，并建构了一系列政治、经济和文化制度，以确立新的统治秩序。从国家—社会关系角度看，政治上通过广泛的基层党组织，经济上通过计划经济体制和单位制，中国形成了国家对社会的全面控制和个人对国家全面依附的全能主义政治体制。[①]

鲍大可针对中国这一体制指出，共产党政权把中央政权的权限和影响拓展到了史无前例的范围。

正是这一全能主义的国家定位为我们理解改革开放前新中国的外交决策及其行为提供了最基本的国内政治基础。全能主义国家意味着中国虽然存在一个形式完备的社会却毫无自主作用，由此形成了一个极端的强国家—弱社会国内结构，这种国内结构意味着，国家以巨大的资源吸取能力为保障，以最大限度地动员社会力量支持其各种外交政策与行为。（表7-5、表7-6和表7-7）也正是这一全能主义国家构成了革命外交起源的国内社会基础。

表7-5　　　　　　全能主义国家的例证：大规模群众集会

人民日报 1970.05.23 第 3 版

标题：广州沈阳武汉广大群众集会游行：以实际行动响应毛主席的伟大战斗号召支持世界人民反对美帝及其走狗的斗争

城市	集会时间	参加人数	参加者身份	集会目的
广州	5月21日	40万	广州工人、郊区贫下中农、中国人民解放军战士，以及广大知识分子和机关干部	坚决拥护伟大领袖毛主席支持世界人民反对美帝斗争的庄严声明，誓做印度支那三国人民的坚强后盾，同全世界革命人民更加紧密地团结起来，为彻底打败美国侵略者及其一切走狗而坚决斗争。
沈阳	5月21日	20万	工农兵和革命群众	
武汉	5月21日	40万	工人、贫下中农、人民解放军指战员、红卫兵小将、革命干部和革命知识分子	

资料来源：本数据来源于人民数据库，网址：http://data.people.com.cn。

[①]　参见杨光斌《中国政府与政治导论》，中国人民大学出版社 2003 年版，第 7 页。

表7-6 **全能主义国家的例证：频繁的政治运动**

时间段	总数	年度频率	全国性运动	比例	年度频率
1949—1976	67次	2.5次	34	50%	1.3次

资料来源：本表依据胡鞍钢对此时政治运动所做统计整理而成。参见胡鞍钢《中国政治经济史论（1949—1976）》，清华大学出版社2007年版，第741—750页。

表7-7 **全能主义国家的例证：巨大的财政吸取能力**

改革开放前的中国政府具有巨大的财政吸取能力。根据王绍光的研究，帝制时代的中国，国家财政规模仅是整个国家经济的很小部分，政府收入从来没有超过GDP的4%。1916—1928年期间，中国根本谈不上有国家财政系统，政权的维持主要依靠国内外的贷款。1928年，南京政府煞费苦心地进行了财政体制的转型，然而，国家吸取国民收入的份额仅有少量的增长。1936年可能是国民党政府日子最好过的一年了，但是整个政府预算也不过只有GDP的8.8%。然而，1949年新中国成立后，新政权预算收入占国民收入的比例达到了史无前例的水平。1950年是中国新政府成立的第一年，政府收入占国民收入的比重就已经接近16%。3年后，这个比例超过了30%。

资料来源：王绍光：《美国进步时代的启示》，中国财政经济出版社2002年版。转引自胡鞍钢《中国政治经济史论（1949—1976）》，清华大学出版社2007年版，第92页。

（二）韬光养晦战略的起源：全能主义国家的销蚀

1978年中国启动了改革开放的伟大试验，此时中国的全能国家定位，才逐步有了根本上的动摇。犹如邹谠指出的，改革开放之所以成为改革开放，就是一个对于国家与社会关系进行重组的运动，实际上就是"全能国家"对于全方位控制的"社会"的放松。① 从改革开放的视角看，改革初期确定的"放权"格局，就是"国家"对于"社会"的空间让渡。而后来从农村到城市、从经济体制到社会、政治体制的渐进改革，则明显地体现了一种国家淡出特定的社会领域的取向。在国家与社会新的互动中，社会出现了更多的"自由流动资源"和"自由活动空间"。比较而言，随着全能主义国家的退出、销蚀，进入20世纪80年代中国国家不再具备改

---

① 参见［美］邹谠《后记：从传统权威政治系统到现代全能主义政治系统》，《二十世纪中国政治：从宏观历史与微观行动的角度看》，牛津大学出版社1994年版。

革开放前那种近乎无所不能的动员组织能力，社会自治趋向日益明显，并对国家逐渐形成了一定的制约能力。这构成了此时中国对内以经济建设为中心，对外以韬光养晦为主轴的战略调整的国内社会基础，并坚定了改革开放以来以外交为国家发展服务的"发展外交"或"经济外交"① 的基轴。

第二节 国家实力与外交行为

改革开放以来，中国的国家—社会关系经历了巨大的变迁，这为中国的崛起提供了新的历史机遇。邓小平南方谈话启动了中国新一轮经济改革，激活了整个社会的经济活力，中国经济在过去三十多年实现了约10％的年增长率，中国国家实力迅速增强，已经成为国际体系中有重要影响力的大国。因此，在国内结构与国家实力的双重变奏中，仅仅从国家能力的相对下降预测中国外交将更趋消极与保守并长期坚守"韬光养晦"战略显然有失偏颇。最近国内有关中国是否应该放弃"韬光养晦"或"不结盟"转而实行某种形式的"结盟"政策就表明，中国外交是复杂的，是由诸多因素综合作用的结果。为此，这还需要从国家实力与中国不断理顺国内外关系入手加以分析。

一 国家实力

如何定义、衡量国际行为体，尤其是国家的权力，一直是国际政治理论家、外交战略家以及政治家极为关心的问题。但国内外学者在此问题上的看法虽然具有大致的共识却也显得有些混乱。其中混乱之一就是有时不同作者其实是在不同意义上使用权力一词的，因而自然就很难在国力的内涵与构成上达成一致。②

---

① 经济外交或发展外交阶段的中国外交的主要特征有六：其一，实现经济发展是中国外交的根本目标。其二，中国逐渐认同既有西方国际体系，对其采取了理性融入的立场。其三，招商引资是中国外交的主要目标。其四，通过现代化实现强国是中国外交的最高理想目标。其五，经济利益是中国外交方向评判的主要依据。其六，不结盟、韬光养晦是中国外交的主要手段。参见本书第十章第二节或李志永、袁正清《大国外交的中国特色之论》，《太平洋学报》2015 年第 2 期。

② 关于权力的界定与相关概念的详细区分参见本书第八章第一节。

在国际政治中，经典现实主义大师汉斯·摩根索视权力为"人支配他人的意志和行动的控制力"，① 并列举了九种形式的权力资源，即地理、自然资源、工业能力、战备、人口、民族性格、国民士气、外交素质和政府素质。② 法国学者雷蒙·阿隆指出了三大基本要素：一是某一政治单位所占据的空间；二是资源（包括物力和人力）；三是集体行动能力，涉及军备组织、社会结构和质量等。美国学者雷·克莱因（Ray S. Cline）认为权力包括了物质和精神要素两大类，物质要素包括了基本实体、经济能力、军事能力，精神要素则包括战略意图、国家意志两部分。郑永年将国际政治中的力量分成三种，即硬力量、软力量和协商力量。③ 黄硕风则将综合国力简称为国力并划分为七类，即政治力、经济力、科技力、国防力、文教力、外交力和资源力。④ 从国内外不同学者的观点看，一般都没有将有形与无形、静态与动态不同权力资源形式区分开来，他们忽视了权力的不同存在状态。

这里将指出权力在不同的场合具有不同内涵，但本质上权力必然反映的是不同主体间的关系，这种关系必然涉及三个基本方面，即行使权力的资源、权力行使的过程和方式、权力行使的效果。根据这种分析，我们可以将权力资源视为"潜在的权力"，可称之为"实力"，是指一个行为体可以动用但尚未动用或难以动用的资源。而将权力效果视为"现实的权力"，体现为主体拥有的现实"能力"，即在某个时间点上能实际动用的权力资源或是已经转化为影响力的权力资源。新现实主义学者克里斯托弗·莱恩就曾指出过这种区别，他认为，一些国家常常无法跻身大国行列，是因为他们无法将潜在力量（财富与资源）转化为现实力量。⑤ 因此，国家实力就是国家所拥有的权力、制

---

① ［美］汉斯·摩根索：《国家间政治：权力斗争与和平》（第七版），肯尼思·汤普森、戴维·克林顿修订，徐昕等译，北京大学出版社 2006 年版，第 56 页。

② 同上书，第 148—187 页。

③ 郑永年、张驰：《国际政治中的软力量以及对中国软力量的观察》，《世界经济与政治》2007 年第 7 期。

④ 黄硕风：《综合国力新论：兼论新中国综合国力》，中国社会科学出版社 1999 年版，第 12—13 页。

⑤ 冯黛梅：《美国大战略：竭力维持衰落中的全球霸权——访美国战略家克里斯托弗·莱恩》，《中国社会科学报》2012 年 10 月 24 日 A－04 版。

度与观念资源的总和及其在国际政治资源结构中的相对分布位置，相当于我们通常所说的综合国力，可简称为"国力"。国家实力的实现就是通过国家的转化装置而获得的自主行动能力，即外部国家能力。本书的国家实力指的是国家拥有的"潜在权力"，而国家能力由于已被用来特指国家内部国家—社会关系的状况，因而国家在国际社会互动中所拥有的"现实的权力"，即国家自主性，是国家实力、国家能力与主体间互动关系的函数。

二　国家实力与外交行为

古典现实主义有一个核心假设，即每个国家都是权力最大化者，一国拥有的权力界定了其利益的边界，因而也就界定了其行为的边界。这一假设与我们的直觉知识是相符的，但却忽视了一个潜在的假设，即这必须以国家能力不变为前提。正如法里德·扎卡利亚所言，"政治家只能接触国家机构为了实现其目的所能提取的那部分权力，这只是民族国家权力的一部分"。[①] 因此，当国家实力不变时，仅仅政治家或国家的提取能力发生变化，就会引起国家权力的变化，进而影响其外交行为。法里德·扎卡利亚对美国在 1889—1908 年期间扩张更快的解释，就是基于对国家能力提升的观察。为此，如果把国家能力设定为常量，我们就可以提出国家自主性与外交行为关系的第二个假设：

假设 2：外交行为及其能力与国家实力具有正相关关系，即随着国家实力的增强，外交行为能力将增强，国家倾向于采取更加积极有为的外交行为，反之，国家倾向于采取更加消极或保守的外交行为。

我们仍然可以用以国家为中心的自主性外交理论模式对这个假设进行理论检验。为了检验国家实力与外交行为的关系，我们暂时把国家能力即国内结构设定为常量，而把国家实力简化为三个变量，即强国、中等国与弱国（参见表 7 - 8、表 7 - 9、表 7 - 10）。

对比表 7 - 8、表 7 - 10，我们可以看到，在 A、B、C、D、E 五种关系中，强国的自主性有三项为正数而弱国只有一项，另外在同一项的对比中，前者均比后者大且差值为 2。由此，我们可以直观地得出一个重要结

---

① Fareed Zakaria, *From Wealth to Power: The Unusual Origins of America's World Role*, Princeton: Princeton University Press, 1998, p. 35.

论：强国比弱国拥有大得多的自主性。这就是为何强国往往能够忽视别国
或国际社会压力而单独采取行动或行使霸权的原因。这个结论是显而易见
的，我们并不需要对此进行太多论证。但记住一点是有益的，即假设2的
成立是以国内结构维持不变为前提的。

表 7 – 8   自主性外交理论模式下强国的国家自主性

		国内外压力对国家自主性的影响		国家自主性受影响程度
		国内集团	国际力量	
国际国家国内目标间关系	A（国际力量 = 国内集团）= 国家	2	2	4
	B（国际力量 = 国家）≠ 国内集团	0	1.5	1.5
	C（国家 = 国内集团）≠ 国际力量	1.5	0	1.5
	D 国际力量 ≠ 国家 ≠ 国内集团	– 0.5	– 0.5	– 1
	E（国际力量 = 国内集团）≠ 国家	– 1	– 1	– 2
	求和	2	2	4

表 7 – 9   自主性外交理论模式下中等国的国家自主性

		国内外压力对国家自主性的影响		国家自主性受影响程度
		国内集团	国际力量	
国际国家国内目标间关系	A（国际力量 = 国内集团）= 国家	1.5	1.5	3
	B（国际力量 = 国家）≠ 国内集团	– 0.5	1	0.5
	C（国家 = 国内集团）≠ 国际力量	1	– 0.5	0.5
	D 国际力量 ≠ 国家 ≠ 国内集团	– 1	– 1	– 2
	E（国际力量 = 国内集团）≠ 国家	– 1.5	– 1.5	– 3
	求和	– 0.5	– 0.5	– 1

表7-10　　　　　　　自主性外交理论模式下弱国的国家自主性

		国内外压力对 国家自主性的影响		国家自主性 受影响程度
		国内集团	国际力量	
国际国家 国内目标 间关系	A（国际力量＝国内集团）＝国家	1	1	2
	B（国际力量＝国家）≠国内集团	-1	0.5	-0.5
	C（国家＝国内集团）≠国际力量	0.5	-1	-0.5
	D 国际力量≠国家≠国内集团	-1.5	-1.5	-3
	E（国际力量＝国内集团）≠国家	-2	-2	-4
求和		-3	-3	-6

说明：

第一，关于模式假定：1. 假定国家能力是常量。2. 影响国家自主性的主要因素有两个：其一，国家实力；其二，三个主体间目标一致状况，不仅如此，还需要假定，国内国际力量对国家自主性产生的影响是稳定的、有效的，因为，如果这种影响变动不羁的话，就无法对其进行分析。

第二，关于赋值说明：1. "＝"表示目标一致；"≠"表示目标冲突。2. 当国内外力量的目标与国家目标一致的时候，赋值1，反之赋值-1。3. 受国家实力大小和国内外协同作用影响的，相应增加或减少0.5个赋值，且国家为中等国时设定其值为0。4. 赋值举例（表7-8关系A）：主体间目标一致，故此时国内外力量能增强国家自主性，各赋值1，但由于国内外力量的协同作用又将增强各自对国家自主性的影响，故各增加0.5赋值，最后由于国家实力强（强国）又增加0.5赋值，最后得到2（1+0.5+0.5）。

在通过理论检验后，我们可以从外交实践的角度对这个假设加以检验。笔者将对备受关注的"中国崛起"及其外交扩展进行分析，一方面说明中国崛起的客观性质和外交扩展的必然性；另一方面，也将把中国的外交扩展与美国战后的霸权扩张进行比较，并说明其实中美的外交扩展是两个性质完全不同的外交行为。

三　中国：从韬光养晦到奋发有为

中国的改革是一个渐进的历史进程，中国国家—社会关系也伴随这一进程不断调试。自20世纪90年代掀起新一轮经济行政改革浪潮以来，中国公民社会正在逐步成长、成熟，虽然强国家—弱社会的基本国内结构尚未根本改变，但国家正受到日益强大、自主的社会力量的牵制与制约。在外交领域，公众外交的兴起，更显示了社会力量作用的增强势头①。正是在这种"此消彼长"②的互动中，国家对社会的相对干预能力正在大幅度下降，社会自主性日益增强，国家能力在历史纵向上大为下降，受到了社会更多制约。

　　然而，伴随国家能力的相对下降，国内反而出现了改变甚至放弃韬光养晦战略，转而更强调有所作为的积极外交或新外交的讨论与呼吁，③甚至有人呼吁中国应该与俄罗斯结盟。④21世纪的中国外交事实上也正更积极地走向了更广阔的国际社会，呈现出了更加积极和奋发有为的外交态势，中国外交的主动性、战略性和创新性正在不断增强。胡锦涛在中国共产党十八大报告中指出，中国要"以更加积极的姿态参与国际事务，发挥负责任大国作用，共同应对全球性挑战"⑤。2013年习近平总书记在周边外交工作座谈会上甚至提出"要更加奋发有为地推进周边外交"⑥的工作要求。这似乎证伪了假设1，其实不然。

---

　　① 自2001年江泽民主席提出"三个代表"重要思想以来，立党为公、执政为民日益成为各政府部门的核心理念，为了贯彻这一理念，各政府部门采取了不同的方式、方法以实现执政为民的承诺。公众外交即中国外交部实践这一理念的成果。2004年3月19日，中国外交部部长助理沈国放正式对外宣布，外交部在新闻司设立一个新机构——"公众外交处"，从此公众外交进入人们视野。中国外交也开始走下"外事无小事"的神坛，日益接近普通大众并加强了对公众的外交服务工作。参见李志永《公共外交相关概念辨析》，《外交评论》2009年第2期。

　　② 此处"此消彼长"之所以打上引号，是为了强调必须对国家—社会关系进行辩证理解：一方面，国家退出过去超限的治理范围，这会导致绝对的此消彼长；另一方面，相对于历史上国家对社会的绝对干预能力而言，可以说发生了相对的此消彼长。其实，如果国家与社会能够恰当地分工合作，国家—社会关系也可以实现相互加强，即同时出现强国家与强社会现象。

　　③ 在讨论是否还要继续坚持韬光养晦战略的同时，国内学界也出现了对新的外交拓展的理论与形式的讨论，如对创造性介入、建设性介入、海外利益保护、海外军事存在、联合国维和行动的讨论，实际上表明相当多的学者与政治家已经接受了中国外交已经拓展，必须奉行积极扩展的外交政策以适应变化的现实。如王逸舟连续两年（2009、2010）在中国人民大学"国际问题高级讲坛"上就一直呼吁加强对创造性介入的研究。后来还就此出版了三部专著。王逸舟：《创造性介入：中国外交新取向》，北京大学出版社2011年版。王逸舟：《创造性介入：中国之全球角色的生成》，北京大学出版社2013年版。王逸舟：《创造性介入：中国外交的转型》，北京大学出版社2015年版。

　　④ 《专访阎学通为什么中国必须和俄罗斯结盟》，2013年3月26日，前瞻网（http：//www. qianzhan. com/military/detail/276/130326－6ecc624d. html）。

　　⑤ 《胡锦涛在中国共产党第十八次全国代表大会上的报告》，2012年11月17日，新华网（http：//news. xinhuanet. com/18cpcnc/2012－11/17/c_ 113711665. htm）。

　　⑥ 《习近平：让命运共同体意识在周边国家落地生根》，2013年10月25日，新华网（http：//news. xinhuanet. com/politics/2013－10/25/c_ 117878944. htm）。

因为假设 1 其实也有一个假设，即国家实力为常量，当然任何一国的国家实力每天都在绝对的变化，但是在国际政治中更有意义的是相对衡量的国家实力。相对而言，中国国家实力的增长应该是冷战后国际政治中最重大的现象之一了。

国家实力包括的内容较多，我们可以简单地通过 GDP 排名的变迁和中美的比较来估量一下中国实力的相对增长（表 7 - 11）。

表 7 - 11　　　　　　　　　　中美 GDP 比较　　　　　　（单位：亿美元）

年度	国别	排名	总量	中美比率
1978	中国	11	1482	7%
	美国	1	22769	
1988	中国	10	3095	6%
	美国	1	50639	
1998	中国	7	10195	12%
	美国	1	86946	
2008	中国	3	43262	30%
	美国	1	142043	

数据来源：中华人民共和国国家统计局网站。

2010 年以来，中国国内生产总值超过日本，在国际社会处于"坐二望一"的有利位势。结合上表的对比，我们完全可以得出一个简单直接的结论：中国实力不仅在绝对地而且更在相对地迅速增长，在无重大意外情况下，中国实力超越美国完全是可预期的。而自 20 世纪中叶以来，中国的国际地位发生了较大的变化，总体上是呈现一个不断上升的过程。自 20 世纪 90 年代以来，"中国威胁论"的兴起、"北京共识"的讨论和金融危机后"中美两国集团"（G2）概念的诞生，不管其中有多少夸张成分，都反映了一个客观事实，即中国的崛起已经是一个不可逆转的历史进程。正是中国在国际结构（权力、制度与观念）中相对地位的变迁主导了中国积极外交态势的必然性，而且可以十分肯定地说，随着中国崛起步伐的加速，中国外交的国际扩展必将更快（速度）、更大（力度）、更广（范围与领域），这将是一个不以人的意志为转移的客观的历史进程。① 伴随权力转移的发生，中美如何和平相处、走出"修昔底德陷阱"已经成为中国外交必须解决的重大课题。也正是国强必霸的"修昔底德陷阱"的存在，伴随新时期中国外交对战略统筹、顶层设计的强调和一系列奋发有为的积极外交维权行动的展开，国际社会掀起了新一轮"中国威胁论"浪潮，与此前"中国威胁论"侧重强调中国意识形态、政治制度的异同不同，此次"中国威胁论"源于一些别有用心的人将中国进行简单的历史类比（战前德国）② 或沿用新兴大国必然挑战既存大国的传统逻辑所致。为此，对于中国外交中日益增多的奋发有为成分，中国必须向世界正确阐释中国积极外交的合理性、合法性与合目的性，以说明中国崛起的和平性质及其与大国的霸权外交的不同。

四　如何认识中美积极外交的不同性质

19 世纪末 20 世纪初，美国逐渐成长为世界大国，经过两次世界大战、冷战与无数次地区战争、武装冲突的磨练，加上其庞大的经济基础和对国际制度广泛的主导权，辅之以"自由美国"的国际形象和行销世界的大众文化，可以预期 21 世纪的美国仍将是首屈一指的大国。然而，21 世纪的世界显然也不会按照"霸权稳定论"的逻辑演变，因为，存在一个与美国具有同样规模领土，甚至更大规模人力资源但却具有完全不同的社会政治制度、文化传统、宗教信仰且正蒸蒸日上的国家——中国。既存大国与崛起大国如何相互定位以化解结构性矛盾避免"修昔底德陷阱"并实现国际政治结构的和平变迁一直是国际政治理论的难点，再加上交织

---

①　需要注意的是，中国在国际结构中地位的相对变迁主要体现在国际权力结构上，而在国际制度尤其是在国际观念结构中，西方主导的态势至今还没有出现根本性的变化。因此，就中国崛起的当下态势而言，中国崛起主要体现为权力的崛起，而在制度与观念方面仍然处于国际结构的半边缘或边缘地位。这说明，就中国崛起的未来态势而言，中国的真正崛起必然需要在国际制度与观念结构中实现新的突破，争取更大的规则制定权与话语权。也正是这一事实决定了"韬光养晦"作为 20 世纪 80 年代以来中国外交的基本战略这一定位在短期内绝不会根本改变。我们必须对此保持清醒的认识，而绝不能被物质权力的快速崛起冲昏头脑，须知没有制度保障与观念支撑的物质崛起只能是短暂的而绝不是持久的。

②　例如英国《金融时报》专栏作家吉迪恩·拉赫曼认为，"如同 1914 年前不断崛起的德国与周边邻国发生对抗一样，如今正在崛起的中国也与多个邻国——特别是日本——发生了争端"。吉迪恩·拉赫曼：《深刻反思一战教训》，2014 年 1 月 13 日，FT 中文网（http://www.ftchinese.com/story/001054360）。

的意识形态与文化传统，如何化解中美未来的却也是必然的结构性矛盾显然是 21 世纪国际政治研究者们和中美两国政治家面临的最大理论与现实挑战。本书并不打算去深入讨论这一理论与现实挑战，但本书认为认清中美两国积极外交的不同性质或许对最终化解这一难题将会有所启示或裨益。

同样是积极扩展性外交，为何说中美外交的性质不同呢？

本书不想重复那种内政决定外交的老调，因为这种分析总是显得很有道理，反而失去了解释力与信服力。从国家自主性视角看，中美的积极外交、外交扩展都是国家自主性增强的结果，这是相同的地方。而中美外交性质的不同则在于这是不同因素导致的结果。具体而言，美国外交的扩展源于其国家能力的持续增强；而中国外交的扩展则源于国家实力的持续增强。

由于美国外交的扩展始于 19 世纪末 20 世纪初，而中国外交的积极扩展则始于 20 世纪末 21 世纪初，为此，我们可以通过对这两个时段的国家自主性的变迁的考察来指出这种不同。由于主体间互动关系是因时因地视情境而变化的，而这是一种长时段、大范围的考察，为此本书将主要集中于国家实力与国家能力这两个因素。而且需要注意的是，虽然国家实力与国际能力每天每时都在绝对地变化着，但对于我们的分析而言，只有相对意义上的变化才更有意义。

第一，从国家能力分析。毋庸置疑，在绝对意义上，中美两国完全不属于同一个类型，中国属于国家主导下的强国家—弱社会国内结构，国家主导着社会；而美国属于社会主导下的弱国家—强社会国内结构，社会制约着国家。但在相对意义上，中美两国的国家能力的变迁趋势却刚好相反。美国的不干涉主义、自由放任主义早已面目全非，国家正在全面渗入社会，国家干涉的范围、力度不断扩张，国家能力不断提升。自新中国成立以来，中国构建了一个全能主义国家，国家淹没了社会。然而，自改革开放以来，中国的国家—社会关系经历了全新的调试：一方面，中国国家不断地淡出了若干社会、经济领域，公民社会正在持续地填补国家退出的空间；另一方面，中国国家在不断"嵌入"社会的同时，受到了更大的牵制。正是这种全新的互动调试主导着其国家能力持续的下降过程。

第二，从国家实力分析。毋庸置疑，在绝对意义上，美国的实力远远超过中国，中美还不是同一个级别的选手。但在国际政治中，就分析意义而言，更有意义的却是相对力量的变化。因而，就相对意义而言，美国19世纪末以来一直是世界第一，因而其国家实力可以假定为常量，其对外交行为的影响不大；而自20世纪末以来，中国的实力、国际地位发生了较大的变化，总体上是呈现一个快速上升的过程。中国已经从被人轻蔑的"东亚病夫"蜕变为"东亚巨龙"。自20世纪90年代以来，"中国威胁论"的持续发酵、"北京共识"的热烈讨论和金融危机后"中美两国集团"（G2）概念的诞生，不管其中包含了多少夸张成分，都反映了一个客观事实，即中国的崛起。因而，仅仅从国家能力角度不能给中国外交提供充分的解释。这需要纳入国家实力的视角，因为中国积极外交正是国家实力的正常反映。

可见，同是积极外交，中美由于国情不同，积极外交的根源并不相同。在美国实力一直独霸天下的时候，促使美国外交积极介入国际事务、行使霸权的是其不断增长的国家能力；在中国国家逐步淡出社会，国家能力相对缩小的时候，促使中国外交更加主动维权、塑造周边，更加积极介入国际事务、争取国际话语权，更加积极实施"走出去"、不断拓展战略疆域的是其不断增长的国家实力。因为，国家能力的增长体现为国家决策者通过主观努力使国家不断摆脱社会制约、控制的过程，因而，国家能力增强导致的积极外交更有可能走向无节制的扩张与霸权主义。明治维新之后、二战之前的日本走的就是这条道路。2015年9月安倍政府强行通过安保法案，改变了日本长期奉行的"专守防卫"政策，为日本积极干预地区与国际事务开了绿灯。相反，国家实力的增长则是一个国家、民族的物质和精神财富的不断积累，是一种不以人的意志为转移的客观历史进程，因而是一个必然的正常现象，如果再加以坚定的和平承诺与有效的自我约束，这种奋发有为的中国外交不仅不是世界的威胁，反而是对世界和平的贡献，因而"中国威胁论"是没有根据的，"中国贡献论"才应是外界对中国未来的期待。另外，随着中国国家逐步淡出广泛的社会干预和公民社会自主性的增强，社会对国家的制约将更为有效，这必然会将实力的扩展导入一个正常的和平轨道，这正是中国能够实现"和平崛起"并最终构建一个"和谐世界"的国内根源与制度约束。为此，我们可以指出，中美两国虽然同样奉行的是积极有为的外交但却是两种性质不同的外交，一个体现为霸权的非正常扩张，另一个则体现为自我约束的正常实力的展现与伸张。①

第三节　合法性与外交行为

第一节、第二节分别从国家能力、国家实力的角度提出了国家自主性与外交行为的两个假设并进行了理论与实践检验。可以说，这是一种以国家为中心的分析，然而国家还受到国内外社会的广泛影响。事实上，在影响国家自主性的三个因素中，还有一个人们不太注意却是一个越来越重要的因素，即主体间互动关系。就主体间互动关系而言，涉及观念与现实两个侧面，即观念的合法性与应对互动关系的基本战略。由于本节集中于外交行为的趋势分析，因此这里将集中分析合法性与外交行为的关系，而应对互动关系的基本战略则属于第九章的内容。

虽然权力政治远没有淡去，但权利政治的逐渐兴起，已经越发凸显了主体间互动关系的重要性。在全球相互依赖时代，不仅权力制约着个人或国家的行为，而且观念合法性也越发成为行为的制约因素。主体间关系实际上就首先涉及相互关系中的合法性问题，即国家目标是否能够获得国内外力量的认可而使其具有合法性。从这个角度观察国际政治与外交行为，将为我们提供一个与"权力政治世界"迥然有别的另一个世界，即"权利政治世界"。

一　合法性：外交的权利政治视角

合法性是当代西方学术界研究的一个重要政治学概念，它也越来越引起中国学术界的关注。合法性涉及政治学的一个最古老，也是最基本的问题，即国家或执政当局的统治如何取信于民？如何获得广大民众的认可与支持？

在西方政治思想史中，最早系统论述国家合法性的是马克斯·韦伯。他认为："对于统治来说，这种说明其合法性理由的方式，不是一种理论或哲学推论的事情，而是对经验的统治结构极为现实的差异进行阐述，其

---

①　需要说明的是，这里说美国积极外交的性质是由其国家能力增强导致的，并不等于说其绝对超强的国家实力毫无作用，这当然起作用，而且在其实力范围内的积极外交属于正常合理性质。同样，说中国积极外交的正常性质是正常实力的反映，也不是说中国外交就绝无可能超越这个界限，20世纪60年代的革命外交就是因为国家能力的超限而超越了这个合理界限。所以，本书作者亦强调必须对日益增长的国力予以自我制度约束。

原因就在于任何权力，甚至任何一般生存的机会都十分普遍地存在着进行自我辩护的需要。"① 在他看来，判定一种政治统治是否具有合法性，并不需要从伦理或政治哲学的角度做出价值判断，而只要人们相信这种政治统治是合法的，那么，它就具有合法性。这就是说，合法性来源于甚至等同于人们对政治统治合法性的信念。由此可见，韦伯倾向于认为，合法性问题是拒绝价值追问的，它只需人们以功利主义的态度来对待。为此，韦伯指出："可以从被统治者的自由的信任中，引申出统治的合法性来。"② 这实质上意味着，合法性表现为既定政治统治的稳定性。也就是说在现实的政治统治中，无论它以什么样的形式出现——宗教的、世俗的还是暴政的，也无论它的社会性质如何，只要是成功的、稳定的统治，它必然就是合法的。艾森斯塔尔德接受了韦伯对合法性的论述，他将合法性界定为"基于某些社会共同价值而对统治阶级及其活动的拥护，以及对特定统治者的认定"。③ 西方马克思主义者主要从意识形态角度对国家合法性进行了深入研究。其重要代表人物哈贝马斯认为，合法性意味着"某种政治秩序被认可的价值"，因此，合法性是政治秩序特有的，市场组织和其他社会行为体则不存在合法性问题。他还对"合法性"与"合法化"进行了区分，"合法化被用来证明合法性要求是好的"，这表明合法性并非是自然形成的而是国家自觉努力的结果。为此，"在不求助于合法化的情况下，没有一种政治系统能成功地保证大众的持久性忠诚，即保证其成员意志服从"。④ 哈贝马斯对合法化过程的强调，为我们思考国家—社会关系提供了新的思路。

20世纪上半叶随着世界民主化浪潮的兴起，一些民主理论的研究者也开始涉及合法性问题。李普塞特将合法性与政治制度的有效性联系起来，他认为："合法性是指政治系统使人们产生和坚持现存政治制度是社

---

① 〔德〕马克斯·韦伯:《经济与社会》（下卷），林荣远译，商务印书馆1997年版，第1276—1277页。

② 〔德〕马克斯·韦伯:《经济与社会》（上卷），林荣远译，商务印书馆1997年版，第1298页。

③ 〔以〕S. N. 艾森斯塔尔德:《帝国的政治体系》，阎步克译，贵州人民出版社1992年版，第11页。

④ 〔德〕哈贝马斯:《交往与社会进化》，张博树译，重庆出版社1989年版，第184、189页。

会的最适宜制度之信仰的能力。"① 另一位民主理论家戴维·赫尔德认为，现代民主制国家合法性的根源，主要源于"理想的规范性同意"，即"合法的政治秩序就是被国民规范性认可的秩序"。② 让-马克·夸克认为，"合法性是对被统治者与统治者关系的评价"③"合法性即是对统治权利的承认"。④ 他认为要同时证明权力与服从的合法性，需要实现三个条件，即赞同、法律与规范。在对合法律与合法性辨析的基础上，让-马克·夸克强调权力授予的正义证明和法律背后的社会价值。因而，夸克的合法性主要是从权利、价值角度论述的。

综上所述，虽然不同作者对合法性的具体界定和侧重点有所不同，但都有一个根本的共同点，即合法性体现为被统治者对现存政策、秩序的认可、接受与同意。与此同时，虽然韦伯关于合法性不涉及价值问题的观点被广为接受，但随着民主浪潮的推进，价值问题已经受到了更多人的关注。国内外历史实践也表明，随着"人类解放"伟大事业的推进，那种仅仅通过武力强制或某种愚民政策而获取合法性的方式已经越发难以奏效，价值、权利问题已经越发与合法性问题紧密相连。为此，合法性可被界定为政治主体（国家）凭借非权力或非暴力手段，通过一系列的主观努力，而使政治客体自觉自愿认可、接受或支持其政策、行为的能力。由于人们对合法性的研究主要是从政治学角度进行的，其主要关注的视域集中在国内政治方面，即国内公众赋予国家行为、政策的合法性。但诚如彼得·古勒维奇所言，国际政治与国内政治都是"政治"，故我们可以用相同的范畴与概念去理解。⑤ 当我们跨越内政与外交的界限而将国际政治与国内政治视为同一个整体的时候就会发现，国家政策、行为的合法性不仅来自国内社会的接受、认可与认同，而且也来自国际社会的接受、认可与

---

① 〔美〕李普塞特：《政治人：政治的社会基础》，上海人民出版社1997年版，第55页。

② 〔美〕戴维·赫尔德：《民主的模式》，燕继荣等译，中央编译出版社2004年版，第315—316页。

③ 〔法〕让-马克·夸克：《合法性，民主的合法性和过渡时期在中国》，中译本序，载〔法〕让—马克·夸克《合法性与政治》，佟心平、王远飞译，中央编译出版社2002年版，第1页。

④ 〔法〕让—马克·夸克：《合法性与政治》，佟心平、王远飞译，中央编译出版社2002年版，第10页。

⑤ Peter A. Gourevitch, "Domestic Politics and International Relations", in Walter Carlsnaes, Thomas Risse, and Beth A. Simmons eds., *Handbook of International Relations*, London：Thousand Oaks, Calif.：SAGE, 2002, p. 309.

认同。前者表现为国内合法性,后者表现为国际合法性,在全球公民社会日益兴起的时代,国家行为的国际合法性显得日益突出与重要。

二　合法性与外交行为：强弱辩证法

随着权利政治的兴起,合法性日益成为各国外交中的重大影响因素而为人所关注。那么各国该如何增强其合法性呢?这涉及合法性的来源。合法性的来源很多,如果再综合考虑国内、国际因素及其互动的话,这些来源就更是多种多样,这里并不需要对合法性的来源做具体的探讨①,仅仅指出一点就够了,即国家获取合法性的关键在于其与国内外行为体目标的相符性程度,相符性程度越高,合法性自然就越大,国家自主性也就更大,国家行为更可能成功。为此,本书将提出国家自主性与外交行为的第三个假设。

假设3:外交行为及其能力与合法性呈正相关关系,即随着合法性的增强,外交行为能力将增强,国家将倾向于采取更加积极或扩展的外交行为;反之,国家倾向于采取更加消极或保守的外交行为。

本书仍然将从第六章提出的自主性外交理论模式对这个假设进行理论检验。通过分别观察表7-1、表7-2、表7-8、表7-9、表7-10,我们可以发现,在关系A中主体间关系完全一致,相符度最高,国家行为合法性显然最高,国家自主性也最高,外交能力将得到提升;在关系E中,情况正好相反,国内外力量形成了跨国联盟对国家的行为构成了最严厉的限制,国家合法性显然最低,国家自主性也最低,此时国家很难开展有效的外交行为。为此,我们可以指出,随着主体间关系对抗性的不断增

---

① 目前在国际政治领域对合法性问题的阐述并不多见,对此阐述较多的主要集中在政治学领域。具有代表性的有:马克斯·韦伯、戴维·伊斯顿和丹尼尔·贝尔。马克斯·韦伯从经验分析出发,概括了三种为人们广为熟知的合法性基础:①基于传统的合法性,即传统合法性。②建立在某个领袖超凡魅力人物的英雄气概、非凡品质和超凡神圣性之上的合法性,即个人魅力型合法性。③基于合理合法准则之上的合法性,即法理型合法性。戴维·伊斯顿则指出了构成合法性的三个可变来源:意识形态的、结构的、个人的来源。丹尼尔·贝尔认为社会存在三个领域,我们可将这视为合法性的三个来源:一是技术经济领域,其轴心原则是效率和效益;二是政治领域,其轴心原则是民主和平等;三是文化领域,其轴心原则是自由和自我实现。参见［德］马克斯·韦伯《经济与社会》(上卷),林荣远译,商务印书馆1997年版,第238—242页。［美］戴维·伊斯顿《政治生活的系统分析》,王浦劬等译,华夏出版社1989年版,第346页。［美］丹尼尔·贝尔《资本主义文化矛盾》,赵一凡等译,生活·读书·新知三联书店1989年版,第26页。

强，国内外行为体对国家行为越发不认可，国家行为的合法性逐渐减少，外交能力受限，国家行为自然越趋保守消极。这显然证明了假设 3。

不仅如此，我们还可以通过对不同国家的对比观察来检验假设 3。首先，我们考察具有不同国内结构的国家行为情况。通过对比表 7 - 1 和表 7 - 2，我们可以得出一个大家不太注意的结论：对拥有较强国家能力优势（强国家—弱社会国内结构）的强国家而言，在受到国内外反对的情况下（关系 D、E），其自主性的值分别为 - 1 和 - 2，而对于仅仅拥有较小国家能力（弱国家—强社会国内结构）的弱国家而言，当其获得国内外任一种力量的支持的时候（关系 A、B、C），其自主性的值（分别是 2、- 0.5、- 0.5）反而远大于前者。这说明，强国家并不是保障国家行动自由和强盛的绝对保证，强国家如果悖逆国内外民意，其实质合法性将会逐步丧失，进而损害其国家能力，进而损害其自主性，最后将沦为弱国，危害民族国家利益。相反，弱国家则可以通过顺应国内外民意进而通过合法性的增强来弥补权力的不足，进而增强国家能力和国家自主性，进而成为强国（nation、nation-state）。[①] 这表明合法性是强弱转换辩证法的关键。

同样道理，我们可以观察一下主体间关系或合法性对强国与弱国的不同影响及其转换的辩证法。对比表 7 - 7 和表 7 - 9 我们可以看到，当强国之国家的目标与国内外任一力量不一致的时候，其自主性的值（分别为 1.5、1.5、- 1、- 2）均小于当弱国之国家的目标与国内外力量均一致时的值 2。这表明，即使是强国如果其国家总是悖逆国内外民意，将导致合法性的缺失，其国家自主性将小于那些能够顺应国内外民意的弱国的国家自主性。因为，在此种情况下，强国之国家能力将受到削弱，进而影响国家提取社会资源的能力，进而削弱其自主性；而弱国之国家则可以借助于国内外的支持增强其合法性，进而增强其提取社会资源的能力，从而增强了国家能力与外交能力，进而成为强国。

上述从不同侧面的论证说明，在全球公民社会时代，强弱不再是绝对的而是相对的，"得道多助、失道寡助"并不仅仅是纯粹的道德辞藻，因为合法性是影响甚至是决定国家自主性及其行为成败的关键。为此，对当今的国家生存、发展来说，单纯的权力政治已经行不通，而必须给予权利

---

① 本书用强（弱）国家指相对于国内社会的国家能力，用强（弱）国表示国际政治意义上的民族国家的强大与弱小，相对于大国、霸权或小国（这里的霸权并无贬义而是中性的）。

政治以足够重视，这将是弱国的生存之道。

三　合法性与革命外交

需要注意的是，假设3中所谓的合法性是指国家行为所具有的实质合法性。而在实际外交决策中，重要的不是实质合法性而是国家或决策者"对合法性的认知"（perception of legitimacy）或"想象的合法性"，即国家及其决策者认为或相信其行为具有的合法性，而这种合法性有时可能与其行为所具有的实质合法性相悖。但是，不管这种"想象的合法性"是否与实质的合法性相符，它都将影响甚至决定着国家的外交行为。因此，我们可以对假设3作进一步的补充，即当"想象的合法性"与实质合法性一致时，假设3完全成立，且国家行为将会取得成功，而当"想象的合法性"与实质合法性相悖时，其行为的成功率与合法性将具有负相关性。对"想象的合法性"与实质合法性的区分正是我们理解革命外交起源及其失败的关键。

（一）革命外交的起源："想象的合法性"

革命外交显然源于中国国内外形势在20世纪60年代的巨大变化，更源于中国领导人对革命道路合法性的高度信仰。然而中国领导人对革命道路的高度信仰却是在对国内外的"修正主义"的批判与斗争中确立起来的。

在国内层面上，随着苏联模式弊端的显现，中国在1956年开始了"走自己的路"的探索，采取了与波兰相似的放权让利的"下放"措施。但中国特有的上下波动（一放就乱一收就死）规律，加上毛泽东提出"百花齐放、百家争鸣"后的思想松动氛围，导致了"自由主义"回潮，并最终导致毛泽东对主要矛盾认识的调整，导致了"反右"活动扩大化。于是对苏联体制的改革就堵死了放权让利的路，而走了一条更加集权的探索之路即"大跃进"、人民公社之路。这种控制性更强的选择道路既保证了政治上的安全，也适应了工业化积累的紧迫需要。但灾难性的结果，最终导致了新道路的失败。在对"大跃进"反思过程中，领导层出现的不同意见，被毛泽东最终认定为"修正主义"在党内的反映，是"两大对抗阶级的生死斗争的继续"，即使如彭德怀这种与毛泽东浴血奋斗二十多年的老革命也被视为只是一位暂时的"革命同路人"而被彻底打倒。在1962年8月的北戴河会议上，毛泽东完全推翻了原定议程，提出了社会主义时期的阶级斗争问题。在随后9月的八届十中全会公报中，提出了社会主义时期阶级斗争要"年年讲、月月讲、天天讲"的著名论述。在这种持续的党内外的意见纷争中，动辄上升到政治斗争高度的做法，最终确立了一种影响中国随后十多年的"宁左勿右"的政治价值观，即"左"只是工作方法问题，而"右"则是政治立场问题，因此无论效果如何，只要是推动激进的变革，追求充满激情与理想的目标，就是"政治正确"。从此，中国国内思想日益"左"倾化。

在国际层面上，苏共二十大的"去斯大林化"揭开了中苏论战和中苏关系最终破裂的序幕，推动着中国意识形态逐步走向了极端。在早期的论战中，按照毛泽东的逻辑，必须通过斗争分清理论是非，以达到中苏团结，并认为此时的苏联还没有完全背叛马克思主义，是可以挽救的，因此中国对苏联的批判多是不点名的和有克制的。随着1961年10月苏共二十二大继续宣布奉行和平共处、和平竞赛和和平过渡的政策并对中国进行了各种公开的批评，中共中央进行了坚决的反击，从12月中旬起，连续发表了7篇评论文章，对苏联的内外政策进行了虽然不点名但却更全面和激烈的批判。其间，虽然中苏尝试过停止公开论战的接触，但双方在国际共产主义运动总路线问题上爆发了更激烈的争论。从1963年9月6日至1964年7月14日，中国共产党连续发表了总称为《关于国际共产主义运动总路线的论战》的九篇文章（即"九评"），全面抨击了苏共的内外政策。中苏关系全面破裂。"九评"的主要观点有：断定"在十月革命的故乡已经发生了修正主义集团篡夺党的国家领导的事件，出现了资本主义复辟的严重危险"；赫鲁晓夫的修正主义路线在对外政策方面的表现是用所谓的"和平共处""和平竞赛""和平过渡"来反对无产阶级革命的理论和政策；在对内政策方面则是提出所谓"全民国家"和"全民党"，否定在苏联仍然有必要坚持无产阶级专政；等等。通过中苏论战，"能不能胜利地防止赫鲁晓夫修正主义在中国重演"，在毛泽东心目中，已经成为一个比以往任何时期都更加迫切的压倒一切的问题。[1]

正是在对国内外"修正主义"里应外合的担忧中，毛泽东完全改变了中共八大确立的正确路线，逐渐把对外战略的重点从反对美帝国主义转向了反对苏联修正主义，把国内阶级斗争的重点从防止美国和平演变转向

---

[1] 牛军：《中国外交的革命化进程》，载杨奎松主编《冷战时期的中国对外关系》，北京大学出版社2006年版，第142页。

了防止赫鲁晓夫修正主义在中国的重演,进而为"文化大革命"及革命外交奠定了理论基础。中共始终相信,在苏联出现修正主义之后,中国自然成为了世界革命的中心和革命合法性的唯一来源,毛泽东思想就应该成为世界革命的指导思想,因而,中国在国内外所推行的革命自然符合真正的马克思主义,具有想当然的合法性。这正是为何《毛主席语录》能在100多个国家和地区广泛被输出的原因。

(二) 革命外交的失败:实质合法性的缺失

1965年1月5日,《人民日报》在庆祝刚开过的全国人大三届一次会议的社论中指出,在中国外交工作方面,要为世界革命服务,为人类进步和世界和平的伟大事业做出更大的贡献。9月3日,《人民日报》发表了林彪署名文章《人民战争胜利万岁》。文章提出:毛泽东关于以农村包围城市,最后夺取城市的理论,"对于今天世界上一切被压迫民族和被压迫民族人民的革命斗争,特别是对于亚洲、非洲、拉丁美洲被压迫民族和被压迫人民反对帝国主义及其走狗的革命斗争,更是突出地具有普遍的现实意义"。"今天的世界革命,在某种意义上说,也是一种农村包围城市的形势"。由此,中国将"正在临近"的世界革命的希望寄托于亚非拉,实施世界范围内的农村包围城市的战略,积极输出革命。以此为基础,极左分子开始将新中国成立17年来的外交路线定性为"三和一少"和"三降一灭"。在王力的"8·7讲话"后,外交部被红卫兵造反派夺了权,外事失控,发生了"三砸一烧"严重的外交事件。1967年11月6日经毛泽东审阅在两报一刊发表的编辑部文章《沿着十月社会主义革命开辟的道路前进》一文,把毛泽东关于"文化大革命"的理论概括为"无产阶级专政下继续革命的理论",指出这一理论"在马克思主义发展史上,树立了第三个伟大的里程碑,"宣称"世界已进入毛泽东思想的新时代。"

在革命外交中,中国一度以自己的理论、方针、政策为区分真假马列主义的准绳,[1] 进而把一切不理解、不支持中国言行的党和国家统统划归修正主义而加以反对。为此,一切不符合"真正"马克思主义即毛泽东思想的党和国家要么属于帝国主义阵营要么属于修正主义阵营,而帝修反是毫无合法性的。然而,这种通过意识形态垄断而自封的合法性丝毫不具

---

[1]　李丹慧:《中国联美反苏战略的出台》,载杨奎松主编《冷战时期的中国对外关系》,北京大学出版社2006年版,第157页。

有"共有"性质，最终成为完全不为他者所认同而自己却深陷其中的"想象的合法性"，而日益与实质合法性相悖。正是在"想象的合法性"的指导下，革命外交得以兴起并表现出"唯我独尊"的霸道，也正是革命外交的合法性始终源于自我想象而缺乏实际的认同与支持，不具有"共有"性质，导致了革命外交失败的悲剧。

（三）文化的两种影响力

秦亚青指出，大国的影响力绝不是单靠强制性的硬实力来打造的。大国要有道德的影响力、价值的影响力、文化的影响力、话语的影响力。[①]而价值、观念影响力却一直是中国的短板。当然，需要注意的是，我们应该区分观念的两种影响力，即吸引力与排斥力。其实，我们一般讲的是观念的吸引力，即客体对主体观念的认同、共享导致其对主体的行为的认可与支持，即当前一直很热的"软权力"。然而，观念还有另一种影响力即排斥力，即主体对观念的私有、垄断而导致客体对该观念及主体的行为的不认同与排斥。革命外交其实体现的就是观念由于缺乏"共有"性质而导致不同观念的相互排斥。

从观念的两种影响力中，我们可以指出，如果"想象的合法性"仅仅源于观念的独占与垄断即"私有"文化，而不是来自观念的共享即"共有"文化，这种合法性将与实质合法性相悖，并最终导致外交行动的失败。因此，外交合法性的获取需要不断地扩大该国观念的共有性质，提高实质合法性。"人类的共同继承财产"（Common Heritage of Mankind 又称"人类共同遗产"）概念最初由小国马耳他于 1967 年提出并成为《联合国海洋法公约》的基石和当今国际社会的共识充分反映了观念的"私有"或"共有"性质及其共享程度对其合法性和以此为基础的外交行动的巨大影响。

---

① 秦亚青等：《国际体系与中国外交》，世界知识出版社 2009 年版，前言，第 6 页。

第八章

自主性外交理论与
外交行为性质分析

上一章本书从影响国家自主性变化的三个因素出发提出了国家自主性与外交行为趋势的关系的三个假设，并对这些假设进行了理论论证与实践检验。如果说趋势分析是分析外交政策的"量"的话，接下来的性质分析就是探究外交政策的"质"。因为，如果说现实主义者往往只关心权力制约下的积极或消极外交能否实现外交目标的话，自由主义者则更关心一国外交是否具有进步性并能够代表历史发展的方向，因此，进步外交是自由主义者广为关心的话题。那么，什么样的外交才是进步的外交？中国外交经历了哪些演变？又是否取得了历史性进步？虽然各国在外交中通常都宣称本国外交具有高尚目的或者崇高价值观的指引，但外交进步性绝不是宣称的，也不是自封的，而只能从实际外交政策中观测出来。在中国迅速崛起且"中国威胁论"不绝于耳的今天，中国外交的进步性和对"中国威胁论"的化解，决不能仅仅求助于和平友好的政策宣示，而必须基于具有逻辑性和说服力的理论阐释。为此，我们需要设定客观指标予以观察分析，以此说明中国外交确实处于进步当中，且正在导向和平发展的轨道。为此，本章将从自主性本身的类型入手对外交行为的性质进行分析，因为不同的自主性类型将对外交行为产生不同的影响。科林·怀特曾指出，认为施动性总是结构性的嵌入然而又截然不同于那些限制和使动它的结构是一个理论解放的举动。① 自主性的结构性嵌入决定了结构的三个面向（即权力、制度与观念）必然也会折射到自主性的不同类型（即权力

---

① Colin Wight, "They Shoot Dead Horse Don't They? Locating Agency in the Agent-Structure Problematique", *European Journal of International Relations*, Vol. 5, No. 1, 1999.

主导型、制度主导型与观念主导型）上并影响着外交的性质。为此，本章将从自主性的理想类型出发对外交行为的性质进行分析，并在重构国家自主性概念的基础上提出了判断外交进步性的"两个维度"，即合法性与嵌入性。最后，本书将从中国国家自主性的演进角度阐释新中国成立60多年来中国外交所取得的巨大历史性进步。

第一节　权力与能力

笔者认为，在全球相互依赖与内外联动的时代背景下，国家自主性是国家相对于国内外社会而拥有的自主决策、自主行动的能力。那么，能力包含了哪些要素？其与我们通常使用的权力有何联系与区别？

一　权力：狭义与广义

国家自主性体现为一种自主行动能力，而能力与权力具有紧密关系。因此，对自主性类型的辨识必须首先弄清楚权力的内涵。英语中"权力"一词来自法语的 pouvoir，后者源自拉丁文的 potestas 或 potentia，意指能力。罗伯特·达尔指出，武力和强制是政治生活常见的、难以摆脱的现象，无论国内政治还是国际政治都是如此，从道德上讲，人类面临的任务是如何创造一个政治系统，以便减少使用武力和强制。[1] 但权力作为政治学中的核心概念，却一直没有一个统一的定义，存在激烈的争论。[2] 前美国助理国防部长约瑟夫·奈提出，权力"就像天气。每个人都谈论它，但却很少有人理解它"，他还把权力比喻为"恋爱……易于体验，却很难界定或者衡量"。[3] 这一权威论述增添了权力的神秘性。从这种争论来看，我们大致可以对权力作广义和狭义两种理解。

托马斯·霍布斯、马克斯·韦伯和政治学中的行为主义者等是狭义权力观的代表。受自然科学的影响，霍布斯是最早将新科学引入政治学研究

---

① ［美］罗伯特·达尔：《现代政治分析》，王沪宁、陈峰译，上海译文出版社1987年版，第65—68页。

② 关于权力概念的争论，可参见 ［英］戴维·米勒、韦农·波格丹诺主编《布莱克维尔政治学百科全书》（修订版），邓正来译，中国政法大学出版社2002年版，第640—642页。

③ ［美］约瑟夫·S.奈：《硬权力与软权力》，门洪华译，北京大学出版社2005年版，第112页。

的哲学家之一。按照新科学的机械主义构想，霍布斯把权力定义为一种因果关系，是一种主动出击的"行动者"和被动的"承受对象"之间的因果关系。韦伯基本继承了霍布斯的思路，他把权力定义为"在社会交往中一个行为者把自己的意志强加在其他行为者之上的可能性"①。然而，戴维·鲍德温（David A. Balddwin）认为，这种传统的权力定义是基于直觉的、模糊不清的，而以哈罗德·拉斯韦尔（Harold Lasswell）和亚伯拉罕·卡普兰（Abraham Kaplan）的《权力与社会》的出版为转折点，其后的一些学者，如赫伯特·西蒙（Herbert Simon）、罗伯特·达尔以及杰克·纳格尔（Jack Nagel）等人对权力的定义才更清晰和精确。② 其中，达尔对权力的界定最为普及，他所谓的"权力的直觉性观念"是"A 对B 拥有权力就是指 A 能让 B 做其本不愿意做的事。"③ 也就是说，权力是使 B 的行为直接发生的原因，如果没有权力的存在，这样的行为将不会发生。可见，这种权力观多在因果意义上强调行为主体与客体之间的控制关系，体现为一种强制关系，因而是一种对权力的狭义界定。

在行为主义革命逐渐消逝的过程中，这种狭义的权力观遭到了激烈的批评，被认为即使没有错，至少也是片面的、"一维"的。为此，有人提出了权力的"二维论""三维论"，不仅如此，"唯意志论"与"结构主义"也参与了权力内涵的争论。④ 在对权力内涵争论中，约瑟夫·奈的"软权力"简洁明了地指出了另一种权力形式，"一个国家在世界政治中获得想要的结果可以是由于其他国家——羡慕其价值观、模仿其榜样、渴望达到其繁荣和开放水平——愿意追随之。这种软权力——使其他国家想要你所想要的结果——同化他人而不是胁迫他人"。⑤ 简言之，软权力就是制度、文化价值观念的吸引力、感召力甚至同化力。可见，软权力是利用非强迫手段让人们服从你的意志、做你想让他们做的事的特殊力量。奈

---

① 转引自［英］戴维·米勒、韦农·波格丹诺主编《布莱克维尔政治学百科全书》，（修订版），邓正来译，中国政法大学出版社 2002 年版，第 641 页。

② 参见 David A. Baldwin, "Power Analysis and World Politics: New Trends Versus Old Tendencies", *World Politics*, Vol. 31, No. 2, 1979。

③ Robert A. Dahl, "The Concept of Power", *Behavioral Science*, Vol. 2, No, 3, 1957.

④ 参见［英］戴维·米勒、韦农·波格丹诺主编《布莱克维尔政治学百科全书》（修订版），邓正来译，中国政法大学出版社 2002 年版，第 642 页。

⑤ Joseph S. Nye Jr., *Soft Power: The Means to Success in World Politics*, New York: Public Affairs, 2004, p. 5.

认为，软权力有三个主要资源：文化、价值观念和与其相一致的政治制度以及外交政策，其中价值观念和政治制度是核心。实际上，"软权力"的思想古已有之，比如中国传统思想中的礼治、德治等。即使对爱德华·卡尔、汉斯·摩根索这些现实主义思想家来说，道德、舆论、外交艺术在其著述中都有一席之地。

"巧实力"是对权力新形式的另一种探索。这一概念是由美国学者苏珊尼·诺瑟（Suzanne Nossel）于 2004 年在《外交》杂志上提出的，强调综合运用硬实力和软实力来实现美国战略目标。2007 年美国前副国务卿阿米蒂奇和著名学者约瑟夫·奈发表题为《巧实力战略》的研究报告，提出运用"巧实力"进行对外战略转型，帮助美国摆脱当前困境，重振全球领导地位。2009 年希拉里在美国国会参议院外交委员会举行的听证会上引用了"巧实力"这个概念，吸引了全世界的目光，由此也成为奥巴马政府外交政策的一大亮点。约瑟夫·奈在《权力大未来》中描述道："巧实力并不是硬实力和软实力简单相加，而是两者巧妙的组合。""巧实力"之巧就在于实施者要根据不同的情况，灵活地将两种实力结合起来。

不管是"软实力"还是"巧实力"都体现了人们对权力新形式的有益探索，体现的是广义的权力观，是对最初集中于物质性硬实力的反思与拓展。广义权力观表明，如果观念与制度能够提供国家权力资源的话，新兴国家的崛起、发展的方式也必须得到改变。为此，笔者相信，"软权力""巧实力"可以为新兴大国的和平崛起提供历史可能性。

二　权力、实力与能力

权力的这种广义与狭义应用表明，权力在不同的场合具有不同内涵，但本质上权力必然反映的是不同主体间的关系，这种关系必然涉及三个基本方面，即行使权力的资源、权力行使的过程和方式、权力行使的效果。① 这正是我们区分权力、实力与能力的关键。

---

① 秦亚青认为，权力是一种影响他人行为的能力，并认为完整的权力概念必须包含三个要素，即权力资源、权力行为与权力效果。秦亚青主编：《观念、制度与政策——欧盟软权力研究》，世界知识出版社 2008 年版，第 58、28—31 页。虽然本书作者通过不同的思考也得出了类似的结论，但鉴于他的论述已经相当清晰，这里的三要素主要借鉴了他的研究。在此权作说明。

权力资源是指行为体用以影响他人行为的资产。① 贾恩弗郎哥·波齐认为社会权力主要有三种形式：经济权力、政治权力和规范性权力。② 迈克尔·曼（Michael Mann）认为，社会权力的四种来源——意识形态、经济、军事和政治——从根本上决定了各个社会的结构。③ 可见，权力资源或资产包括了有形和无形的两种。有形资源，如金钱、财富、军事力量等，无形资源如个性、国民性格、价值观、文化传统等。然而，不管权力资源以何种形式存在，此种权力"是一种潜力，而非现状——实际上是一种始终没有被实施的可能潜力"。④ 为了概念区分，我们可以把这些有形与无形资源统称为"实力"，即潜在的权力，包括了权力（狭义）、观念和制度等因素，是指一个行为体可以动用但尚未动用或难以动用的资源。可见，拥有权力资源并不等于拥有了权力，这只是"潜在权力"，此种潜在权力能否转化为实际权力依赖于行使权力的技巧与意志。⑤

权力如果仅仅是潜在的就没有什么存在意义。行为体要对他者的思想、行为产生影响必须通过主体与客体的互动过程，将潜在的实力转化为现实的权力关系，即"能力"，也就是权力效果，即在某个时间点上主体能实际动用的权力资源或是已经转化为影响力的权力资源。

可见，如果说，狭义的权力观表现为物质强制的话，那么，广义的权力观则包含了认知、观念等非强制因素。鉴于人们仍然普遍将权力与强制联系在一起，作者在将权力与观念等因素并列使用时，采纳的是狭义的权力观⑥，即主体对客体行为的物质强制，体现为因果作用。而广义的权力

---

① 秦亚青主编：《观念、制度与政策——欧盟软权力研究》，世界知识出版社 2008 年版，第 18 页。

② ［美］贾恩弗郎哥·波齐：《国家：本质、发展与前景》，陈尧译，上海人民出版社 2007 年版，第 4 页。

③ ［英］迈克尔·曼：《社会权力的来源》（第二卷·上），陈海宏等译，上海人民出版社 2007 年版，第 1 页。

④ Steven Lukes, *Power: A Radical View*, 2nd, London: Macmillan, 2005, p. 69.

⑤ K. J. Holsti, *International Politics: A Framework for Analysis*, New Jersey: Prentice Hall, Englewood Cliffs, 1988, p. 145.

⑥ 需要注意的是，本书对权力做了狭义与广义的区分，但由于权力使用是如此广泛，因此，虽然其含义模糊，但又不得不使用它。但是在使用的时候，需要注意其具体所指。在本书中，当与观念、制度并列使用时，这是指狭义的权力，而一般情况下，则是在广义的意义上使用。但不管哪种使用，权力在本书中都只是一种实力，即潜在的权力，现实的权力被称为能力。

由于包括了观念因素，因而其作用包括了因果与建构两种作用。① 但是，不管是狭义的权力还是广义的权力即实力，都只是一种潜在的权力，只有转化为实际影响力的权力才体现为能力。为此，本书中的实力是指广义的权力，即主体拥有的全部潜在权力资源，而能力是主体实力的现实表现，即主体对客体的属性与行为的现实影响。

在区分了权力、实力、能力之后，本书接下来将从能力来源的不同对自主性进行理想归类并由此判断其与外交性质尤其是"进步外交"的关系。由于国家自主性具有自主性能力与自主性地位双重内涵，本书还将探讨国家自主地位对外交进步性的影响。

第二节　自主性能力与进步外交

"进步"概念具有极大的价值判断色彩，学界、政界对外交的进步性或进步外交显然极难达成共识。王逸舟曾将中国外交转型的内容和方向保持与全球进步潮流的一致视为外交的进步，② 但这一说法仍然没有明确"进步"的内涵。从根本上讲，所谓外交的进步性或进步外交是指那些符合社会公众利益的外交观念与行为。本书正是从"符合社会公众利益"这个核心标准去探讨外交行为及其进步的。

在第一节区分权力、实力与能力的基础上，本节将从能力来源的不同对自主性进行理想分类，并以此为基础对外交行为的不同性质及其与进步外交的关系进行分析。

一　自主性的理想类型

能力是指主体对客体的思想与行为的现实影响，是一个主体运用实力资源影响客体属性、行为的过程。那么实力资源或能力来源何在呢？

根据本书对结构三个面向和中外学者对实力构成的讨论，本书认为实力资源或能力来源主要包括了三类，其一，权力资源，即主体拥有的暴力

---

① 能力既然涉及观念、认同等非物质因素，那么其对客体行为的影响必然有一部分是通过属性的改变实现的，即影响既包括了因果作用也包括了建构作用，而物质强制则体现为因果作用，故这里的界定，区分了属性与行为两种事物和因果与建构两种作用。这一想法在某种程度上源于亚历山大·温特的建构主义理论。

② 王逸舟：《中国外交三十年：对进步与不足的若干思考》，《外交评论》2007 年第 5 期。

资源和经济物质资源，显然这类资源是通过威胁、制裁、强制起作用的；其二，制度资源，即主体对游戏规则、政治议题等的主导或控制，这类资源是通过权利、义务的制度化实现的，是一种文明的强制；其三，观念资源，即主体对道义制高点的掌控，这类资源是通过合法性的获取而实现的。因而，绝对而言，主体的实力就是其拥有的这三种资源的综合；相对而言，主体的实力就是主体在这三种资源结构中所具有的相对地位。

既然国家自主性就是国家拥有的自主行动的能力，而能力源于实力的转化，相应地不同实力资源就形成了不同的自主性理想类型（参见表 8 - 1）：即当国家自主行动能力主要源于其拥有的权力资源或在权力结构中的主导地位的时候，其自主性属于权力主导型；当国家自主行动能力主要源于其拥有的制度资源或在制度结构中的主导地位的时候，其自主性属于制度主导型；当国家自主行动能力主要源于其拥有的观念资源或在观念结构中的主导地位的时候，其自主性属于观念主导型。当然，由于国家实力资源总是相互渗透而不是泾渭分明的，因而三种不同划分只是一种理论上的理想类型，实际的国家自主性通常是三种不同类型的不同比例的综合，而绝不是单一形态的存在。

表 8 - 1　　　　　　　　　　自主性的理想类型

实力资源	自主性类型
权力	权力主导型
制度	制度主导型
观念	观念主导型

二　国家自主性类型与进步外交

权力资源要想在外交关系中起作用就必须转化为能力，涉及权力的转化方式、机制或运用过程问题。显然，主体拥有的权力资源及其战略不同，将决定其采用不同的权力转换方式，并采取不同的外交行为。霍尔斯蒂（K. J. Holsti）列举了 6 种不同的阶梯性战术，即使用武力、以非暴力方式施加惩罚、以惩罚相威胁（大棒政策）、给予奖赏（胡萝卜政策）、悬赏和劝说。[①] 在《注定领导》和《变化中的世界权力》中，约瑟夫·

---

① 转引自［美］布鲁斯·拉西特、哈维·斯塔尔《世界政治》，王玉珍等译，华夏出版社 2001 年版，第 115 页。

奈从行为方式角度区分了行使权力的两种方式：一是使别国改变政策的直接或命令式方式，这种方式依靠诱惑（胡萝卜）或者威胁（大棒）等，可以被称为命令式权力行为；二是非直接的权力行使方式，如议程设置和观念吸引等，可以被称为同化式权力行为。① 而在其 2006 年的一篇文章中，他对软权力概念进行了反思，进一步澄清了与此概念相关的一系列问题。他认为："权力是使其他行为体调整自身行为以满足你需要的能力。实现这一目标主要有三个路径：强制（大棒政策）、援助（胡萝卜政策）和吸引（软权力）。"② 费正清曾经将权力关系界定为三种类型：控制（军事的和行政的）、操纵（物质利益和外交的）和吸引（文化的、意识形态的和宗教的）。③ 以此为基础，郑永年则将国际关系中的权力机制归纳为强制、协议与互惠三种。④

上述有关权力机制的研究与归纳显然是从不同权力资源入手进行分析的，然而却没有对不同权力资源的关系给予相应说明，因而也就不能说明不同权力机制之间的相互关系。事实上，虽然权力资源是不同的，但其目的都只有一个，即确立行为或游戏规则。因而，我们可以通过规则将不同权力资源或结构面向连通起来。汤姆·伯恩斯（Tom R. Burns）的社会规则系统理论为我们实现这种连通提供了可能。

社会规则系统理论认为，人类行动者（包括个体、群体、组织、社区及其他团体）既是社会规则体系的创制者，又是负载者。规则体系建构并支配社会交易和社会组织。同时，行动参与者诠释、遵从、重组规则和规则体系。有时，他们相互争斗以维持或重建特定的规则体系，如产权的制度架构，政治权威或基本法律制度的制度架构，以及管理诸如市场、地方政府和集体谈判体制等制度的组织化原则等。⑤ 这一理论进而认为，

---

① Joseph S. Nye Jr. , *Bound to Lead: the Changing Nature of American Power*, New York: Basic Books, Inc. , Publishers, 1990. Joseph S. Nye Jr. , "The Changing Nature of World Power", *Political Science Quarterly*, Vol. 105, No. 2, 1990.

② Joseph S. Nye Jr. , "Think Again: Soft Power", February, 2006, *Foreign Policy* (http://www. foreignpolicy. com/articles/coming_ soon/3393) .

③ 自郑永年：《中国国家间关系的构建：从"天下"到国际秩序》，《当代亚太》2009 年第 5 期。

④ 同上。

⑤ ［瑞典］汤姆·R. 伯恩斯等：《结构主义的视野：经济与社会的变迁》，周长城等译，社会科学文献出版社 2004 年版，第 176 页；Tom R. Burns and Helena Flam, *The Shaping of Social Organization: Social Rule System Theory with Applications*, London: Sage Publications, 1987, pp. 8 – 32.

规则创制、规则解释和规则运行是人类社会基本和普遍的过程。① 行动者有意识地能动地使用、诠释、遵从规则体系,同时也创造性地改良和改革现存规则体系,结果导致制度的创新与变迁,并形成人类历史的"深层结构"。因此,"的确,人类过去与现在的大部分斗争都围绕着主要规则体系、社会核心经济政治制度的形成与变革而进行"。② 可见,社会规则体系理论不仅构成了连通不同权力资源的桥梁,而且实质性地赋予了规则以本体论地位,即规则构成了人类深层结构的核心。

那么规则具有什么内涵呢? 其与日常生活中我们讲的概念有什么不同? 汤姆·伯恩斯对此并没有进行精确定义,他认为规则概念比为社会学家所熟悉并能在每一本社会学课本发现的"规范"的含义要宽泛得多。不同类型的规则和规则体系可以从其认知的、行为的和制度化地位方面得到确认和区分,比如像规范、法律、道德原则、行为守则、游戏规则、行政规章和程序、技术规则、惯例、风俗和传统。因此,规范仅仅是规则的一个类型。③ 故此,汤姆·伯恩斯认为,所谓规则其实就是行动的一种调节器,④ 其具有不同认知和制度化层次。戴维·德斯勒指出,规则是使行动成为可能的媒介并能通过行动再现和改变。⑤ 可见,简单而言,规则就是调节行动的媒介。

如果规则构成了人类深沉结构的核心,其与结构的三个构成面向或不同权力资源有什么关系呢? 其互动连通的机制是什么?

根据汤姆·伯恩斯的论述,社会规则的形成和权力与知识有关,并归纳了三种制度化模式或策略,即法理模式、民主模式或协商—契约模式。这些归纳无疑是正确的,但一方面汤姆·伯恩斯虽然强调权力在规则形成中的作用,却没有单独将权力与规则形成联系起来;另一方面,汤姆·伯恩斯虽然强调不同规则甚至不同观念的冲突,却也没有归纳出观念冲突或

---

① Tom R. Burns and Helena Flam, *The Shaping of Social Organization*: *Social Rule System Theory with Applications*, London: Sage Publications, 1987, p. 9.

② [瑞典] 汤姆·R. 伯恩斯等:《结构主义的视野:经济与社会的变迁》,周长城等译,社会科学文献出版社 2004 年版,第 177 页。

③ Tom R. Burns and Helena Flam, *The Shaping of Social Organization*: *Social Rule System Theory with Applications*, London: Sage Publications, 1987, p. 10.

④ Ibid. , p. 11.

⑤ David Dessler, "What's at Stake in the Agent-Structure Debate?" *International Organization*, Vol. 43, No. 3, 1989.

认同下的机制。本书认为，权力与观念不仅在规则形成中具有干预作用，而且具有独立的形成机制，而其归纳的三个模式则可以包含在广义的协商契约模式下。故，根据第四章关于结构的三个面向或本节权力的三种资源的论述，我们可以归纳出三个规则形成机制：权力结构下的强制型、制度结构下的协商契约型和观念结构下的认知型（认同或冲突）①（参见表8-2）。由于国际社会是一个无最高权威的无政府状态，权力发挥着突出作用，因此这里归纳的三个机制将会更加适用于国际社会的结构现实。需要注意的是，不管是何种权力或规则形成机制本书只强调主体对客体的行为取向，而不涉及客体的心理状态，因为当对方威胁向我开枪时，不管我是否愿意，对方已经行使了强制权力。

　　从表8-2我们可以得出三点结论：第一，判定一个国家自主性的性质取决于其自主性的主要来源，如果国家自主性主要源于其所拥有的暴力或经济等物质性权力资源，则属于权力主导型自主性；如果国家自主性主要源于其对国际制度的主导权或国内的制度化建设，则属于制度主导型自主性；如果国家自主性主要源于其所持有的观念资源，如意识形态霸权、价值观的吸引、合法性认同等，则此种自主性属于观念主导型自主性。

表8-2　　　　　　　　　国家自主性与外交行为的性质

实力资源	国家自主性	国家社会关系	规则形成机制	行为过程	行为手段	行为目标
权力资源	权力主导型	控制	强制型	生存竞争	军事政治	权力
制度资源	制度主导型	竞争	协商契约型	利益竞争	经济外交	利益
观念资源	观念主导型	和谐	认知型	合法性竞争	文化价值观	责任

　　说明：（1）由于外交是内政的延伸，且不管国内政治还是国际政治，本质上都是政治行为，因而，这里假定国家行为是内外一致的，也就是说，任何一种自主性如果适用于国内社会也将适用于国际社会，虽然具体表现方式会有所不同。（2）不管是何种权力或规则形成机制，本文只强调主体对客体的行为取向，而不涉及客体的心理状态。（3）此表中的观念仅指"共享"观念。

① 权力的不同转化机制或规则形成机制显然与特定的资源形式具有密切的关系，然而在现实生活中并不必然存在这种一一对应关系，郑永年就指出了约瑟夫·奈在这个问题上的矛盾。（郑永年、张驰：《国际政治中的软力量以及对中国软力量的观察》，《世界经济与政治》2007年第7期。）但是既然这是一种分析性分类，考察的是不同理想类型的规则形成机制，因而这种划分本来就只具有分析性而不具有完全的现实性，二者并不矛盾。

　　第二,有关规则形成机制:A. 权力主导型自主性倾向于使国家通过强制的方式形成游戏规则,比如强制外交、武力威慑、政治压迫,是一种单向的权力施加行为,他者(指他国或国内公民,下同)只能被动接受;B. 制度主导型自主性则促使国家通过制度寻求与他者通过谈判、协商或契约而确定双方的权利与义务,他者有权平等参与,如国际组织内的活动和国内广泛的政治参与或定期选举等;C. 观念主导型自主性则促使国家通过确立合法性认知的来源而规范他者的行为,一方面,如果他者认同国家的合法性规范,则观念具有"共享"性质,成为社会文化,这将促使他者的身份与利益认同,国家行为将得到最大支持;另一方面,观念如果仅仅是"私有的"或垄断的就有丧失合法性认同的可能,从而导致国家与他者的行为冲突。20 世纪 60 年代中国革命外交的失败就在于极端意识形态的私有性质。

　　第三,关于国家自主性的类型与外交行为的关系,作者将提出三个重要假设:

　　假设 4:权力主导型自主性国家一般生存在霍布斯文化中,追求的是维持国家安全并增加国家权力,经济利益总是次要的,因而这种国家往往习惯于采用军事或政治手段进行权力竞争,如联盟外交、军事威胁、均势外交、经济军事制裁、危机外交等。

　　假设 5:制度主导型自主性国家则多生存在洛克文化中,其对国家安全具有信心,因而往往多借助于经济、外交手段争取更多的经济或其他利益,由于突出的是经济利益,因而这种自主性促使国家多采用讨价还价、妥协让步而不是简单对抗的行为。

　　假设 6:观念主导型自主性国家自信掌握了道德制高点和合法性来源,因而这种国家对自己的行为往往充满自信甚至自负,其行为的目标往往在于承担规范责任。由于,文化与规范存在不同的性质,我们可以从假设 6 推出两个推论。其一,如果观念具有文化或共享性质,那么这种国家将生活在康德文化中,此种观念将为其行为提供足够合法性,行为指向的责任也将在体系内被认同为普世价值;其二,如果观念仅仅具有私有性质或社会化程度不够,合法性竞争将导致国家与他者的冲突,此种国家可以说生活在亨廷顿文化①中，相互定位是不可妥协的敌人，此种行为指向的责任将被视为"高傲的、自封的拯救"，十字军东征、革命外交体现了这种文化。当然，随着国际社会社会化程度的加强，亨廷顿文化正在逐步减少且其对抗性也在减弱，因而本书的观念主导型自主性之"观念"主要是指"共享"观念。

　　假设7：就人类的基本文明演化规律而言，从权力主导的强迫到制度主导下的协商显然是一种进步，而从权力与制度主导下的权力、利益竞争，再到观念主导下的责任担当，显然是更高层级的进步。为此，一般而言，国家自主性从权力主导型到制度主导型再到观念主导型的转变，不仅体现了国家自主地位的提升，而且将推动国家外交行为的进步。②

　　综上所述，历史与现实条件导致各国具有不同的国家自主性类型，正是权力、制度与观念资源的不同组合，使各国外交的目标指向、手段与行为过程各不相同，而国家自主性类型的依次演进不仅将提升国家自主地位，而且还将推动国家外交行为的进步。因而，对国家自主性类型的辨识将有利于我们更深入地分析外交政策行为，并作出外交进步性的总体

---

　　①　这里对三种国家自主性的叙述借用了亚历山大·温特的三种无政府文化的概念，但笔者认为亚历山大·温特的三种无政府文化并不全面，存在不足。亚历山大·温特对文化的定义是："社会共享知识"，（Alexander Wendt, *Social Theory of International Politics*, Cambridge：Cambridge University Press, 1999, p.141.）是社会成员通过互动产生的共同观念，是社会成员共同具有的理解和期望。因而，亚历山大·温特所强调的文化结构主要是一种共享观念结构，虽然他也认为不同的私有观念、自有知识在诸多行为体之间积累起来后，也会给国际体系结构增加一层能够影响结果的互动内容，但是，他认为即使是自有知识的"分布"也不能构成体系层次的文化内容。事实上，不管是共有观念结构还是私有观念结构都是国际观念结构中非常重要的组成部分，尤其对于那些缺乏"文化"的行为体之间的关系而言，私有观念结构显得更加突出。因而，亚历山大·温特的结构观主要只关注了结构的观念面向，而在观念面向方面也主要集中在共享观念上。故本书提出了第四种文化，即亨廷顿文化，这种文化指国际体系中的私有观念结构。亨廷顿的"文明冲突论"侧重于不同文明形态间的冲突，但这里的"亨廷顿文化"不仅仅指文明而是包括了所有的相互冲突的观念，尤其是意识形态。亨廷顿文化相互定位也是敌人，但其与霍布斯文化却是根本不同的，因为即使在霍布斯文化里，敌人的身份是可以因战略安全需要而改变的，而在亨廷顿文化中，身份定位是无法改变的除非一国首先改变了自身属性与性质。也就是说，霍布斯文化、洛克文化其实都是一种功利性、可妥协的文化，而康德文化和亨廷顿文化则是一种价值性、很难甚或不可妥协的文化。

　　②　虽然在观念主导型自主性下可能出现"十字军式"的落后外交行为，而在权力主导型自主性下也可能存在"明君式"进步外交，但随着全球化与全球治理的深入发展与社会因素的增强，这种反常的外交行为将日益罕见，故本书将观念主导型自主性视为进步性最高的一种自主性类型。

判断。

第三节 自主性地位与进步外交

从权力主导到制度主导再到观念主导,既然国家自主性的演进构成了外交进步性的基本趋势,因此,保持国家自主性类型的不断演进就成为保障外交进步性的基础与关键。然而,国家自主性类型的演进不是自发的,而取决于国家是否具有真正的自主地位。这意味着,即使一个观念主导型国家如果其观念不具有合法性、其行为嵌入性不够,其内外行为也很难是进步性的。合法性与嵌入性共同构成了观察国家自主性、外交进步性的另外两个维度。第五章已经说明,国家自主性既涉及自主地位问题,又涉及行动能力问题。本节将从自主地位视角对国家自主性内涵进行重构并提出进步外交衡量标准。

一 重构国家自主性

随着国内公民社会的成长和国际社会制度化的强化,国家不应再被简单地视为无差别的单一行为体,而必须将国家视为相对独立于国际社会与国内社会、具有自身逻辑和利益的自主的行政组织实体,是国际社会、国内社会互动影响的交汇点。这样的实体由于具有自己的目标与利益,双重博弈、双向互动或内外联动日益成为各国外交的新常态,增强国家自主性成为其根本的外交目标。基于体系—国家—社会视角的"国家自主性"概念就成为观察和分析各国外交双向互动的便利而有效的切入点,这一概念也成为阐释外交政策的有效理论工具。但学界对国家自主性的理解主要从自主能力角度切入,而不大关注国家自主性的自主地位问题。本书试图弥补这一不足,将国家自主性视为自变量,观察其对国家内外行为的影响,并认为国家自主性的自主地位内涵将影响外交行为的不同形态。

就国家自主性的自主地位问题而言,由于这涉及国家到底代表谁的利益问题,因而关涉主体间关系的处理,属于合法性问题。就行动能力而言,这涉及国家意志能否得到贯彻,因而属于有效性问题。二者是紧密联系的,有效性是合法性的保障,一个具有合法性的国家只有具备相应的行动能力,此种合法性才能实现其意义;反之,合法性则是有效性的基础,没有合法性,国家将沦为掠夺型国家或丧失自主性,国家能力的有效性自然无从谈起。然而,"国家既可能是'社会公仆',为人民提供公共服务和公共产品,也可能是'社会强盗',从人民身上掠夺资源和占用资源(包括公共财政),追求统治集团自身的特权利益,维持奢华的生活"。[①]因此,国家自主性并不是一个价值无涉的概念,自主性地位的内在矛盾导致的合法性问题使其与价值问题交织在一起,诺斯所谓的"国家悖论"正揭示了这一问题的实质。因而对国家自主性的考察不仅要探究其能力大小、自主性类型与外交行为的关系,还应该在必要的时候探究国家自主地位对外交性质及其国家行动能力的影响,我们必须对仅仅侧重自主能力的国家自主性概念进行重构。

　　本书认为,国家自主性概念必须同时从自主能力与自主地位两个维度进行重构(图8－1),探讨其作为自变量对国家行为尤其是外交行为的影响。从自主能力视角来看,基于权力资源来源的不同,国家自主性具有权力主导型、制度主导型与观念主导型等不同类型;从自主地位视角来看,国家自主性深受合法性与嵌入性的影响。下面,本书将从自主地位维度探讨其对外交行为的影响及其进步外交的表现。

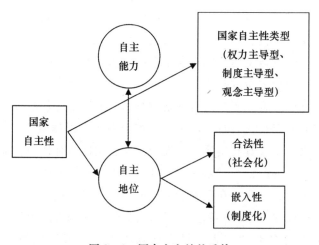

图8－1　国家自主性的重构

　　[①]　胡鞍钢:《中国政治经济史论(1949—1976)》,清华大学出版社2007年版,第9—10页。

二　进步外交：合法性与嵌入性

就国家自主性而言，外交是否"符合社会公众利益"取决于国家是否具有真正的自主地位。国家的自主地位既需要合法性的认可也需要国家对社会的"嵌入性"的支撑。① 据此，我们可以提出国家自主地位与外交进步性的两个假设：

假设8：外交进步性取决于国家外交观念与行为是否具有合法性及其程度高低。合法性即国家行为能否得到、多大程度得到认可与支持。这显然涉及以国家为中心的主体间关系或国家拥有的观念合法性的多少，是一个较难精确衡量的维度。由于外交合法性本质上取决于外交观念与行为能够得到多大程度的认可与支持，因此外交观念的社会化程度构成了外交合法性的关键指标，社会化程度越高，其被认可的程度就越高，合法性也越高。因此，我们可以通过外交观念与行为的社会化程度的变化来观察其外交合法性的变化。

假设9：外交进步性取决于国家相对于国内外社会是否具有"嵌入性"及其程度高低。所谓"嵌入性"就是国家与国内外社会制度化联系的强弱，即国家与国内外社会互动的制度化程度。制度化程度越高，嵌入性越高，外交进步性就越大。与合法性相比，"嵌入性"是一个更为直观的维度。由于国家自主地位同时涉及国内与国际社会，我们可以分别从国内社会与国际社会的角度对国家的"嵌入性"进行考察。

就国内社会而言，国家的自主地位是指国家不受任何阶级、阶层或利益集团的控制而仅仅代表自身的利益。如上所述，根据所谓"自身利益"的不同，国家自主性具有实质自主性与形式自主性两种性质，前一种自主性完全不受社会的制约，国家脱离于社会，因而具有寄生性、掠夺性，体现为绝对自主性；而后者在受制于社会的同时，又维持了国家不被俘获的自主地位，因而代表了公共利益，具有公共性、超越性。由于这种自主性是通过将国家更多地"嵌入"社会而获得的，也可称之为"嵌入自主性"。② 就国际社会而言，受到全球公民社会和普适道德的影响，国家自主

---

① 外交的进步性显然可以从不同角度加以探讨，本书的探讨仅仅限于国家自主性的角度，但并不排除外交进步性的其他体现。

② Peter Evans, *Embedded Autonomy: States and Industrial Transformation*, Princeton, NJ: Princeton University Press, 1995, p. 12.

地位具有双重性。一方面，外交作为内政的延伸，国家自主性在外交领域同样具有与国内社会相同的要求，即必须代表国家或社会公众利益，具有实质与形式自主性的矛盾；另一方面，由于国家不能孤立或封闭地处于国际体系之内，而是成为具有共同利益的国际社会的一员，因而，国家自主性还必须在某种程度上体现国际社会或全球公民的基本利益，比如环境保护、防止全球饥荒、人道主义救援等。当然在一个世界国家出现之前，任何国家对国际社会利益的体现与保障必然是一个渐进的过程，但根据国家能否在某种程度上体现这种利益，国家自主性在国际社会中也具有两种性质：其一，绝对自主性，即国家坚守威斯特伐利亚二元对立式主权观念，否认对现代主权的任何限制；其二，相对自主性，即承认威斯特伐利亚神殿的支柱—民族主权—逐步腐朽的现实，从而寻求在主体间良性互动的关系中去增强国家自主性，这种自主性又可称为关系自主性[①]，甚至更具主动色彩的"嵌入自主性"。

　　中国改革开放前后截然相反的内外政策与国际地位表明，绝对自主性并不必然优于相对自主性，相反，相对自主性反而有利于国家自主性能力的提升。可见，国家的自主性并不是通过与社会的隔绝取得的，只有当国家不断地将自己"嵌入"各种社会力量并将之制度化，国家才能具有真正和更大的自主性。因此，在全球公民社会时代，绝对自主性在国内社会和国际社会都难以存在。国家自主性只有日益"嵌入"国内外社会并体现为一种相对自主性，这种自主性才能真正保障国家的自主地位和提升国家行动能力，这种外交才具有进步性。由此，国家相对于国内外社会的"嵌入性"或制度化程度，就构成了国家行为进步性的另一个维度。

三　进步外交的理论图示

　　基于上述论证，我们可以得到一个观察进步外交的理论图示（图8-2）。

　　图8-2中的Z轴表示国家自主性的理想类型及其演进，从权力主导型到制度主导型再到观念主导型的自主性，均位于均衡线Z轴上。这表

　　[①]　关于关系自主性，可参见 Roberto Russel and Juan Gabriel Tokatlian，"From Antagonistic Autonomy to Relational Autonomy：A Theoretic Reflection from the Southern Cone"，*Latin American Politics and Society*，Vol. 45，No. 1，2003，pp. 1 – 24。

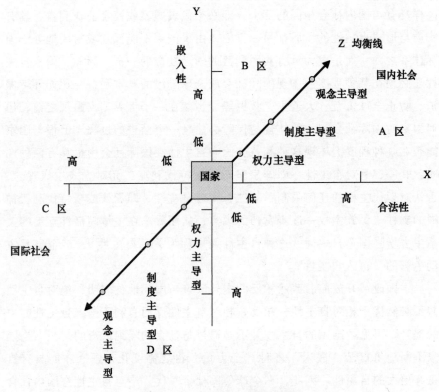

图 8 - 2   进步外交的理论图示

示尽管三者性质不同，但都在一定程度上实现了合法性与嵌入性的均衡，这种自主性是相对稳定的，是国家自主性的理想存在状况。因而，国家自主性在 Z 轴上的演进构成了外交进步的基本趋势。在这种理想状况下，就 X 轴而言，随着国家观念合法性的增加，由于其社会化程度和认同度的增加，其对社会的制度化程度和嵌入性也会增加；就 Y 轴而言，随着国家的制度化程度增加，国家观念社会化、共享程度逐步增加，因而其合法性也将逐步提高。

如果合法性与嵌入性能够实现均衡增长，将更有利于国家自主地位的保持，而当二者不平衡时，这将有损国家自主性及其外交行为的性质。具体而言，当自主性位于 A、C 区时，国家嵌入性的不足将导致制度化的落后并有损其合法性。塞缪尔·亨廷顿曾指出:"就自主性而言，政治制度化意味着并非代表某些特定社会团体利益的政治组织和政治程序的发展。

凡充当某一特定社会团体——家庭、宗族、阶级的工具的政治组织，便谈不上自主性和制度化。"① 可见，即使国家由于某种历史机遇或观念而具备很高的合法性，如历史上的许多革命国家在政权建立初期都是如此，但如果不能有效提高社会参与（即嵌入性），实现制度化，国家的自主性也将很难长期维持。而当国家自主性位于 B、D 区时，国家的过度嵌入则有可能导致国家被某种社会力量所俘获，导致合法性不足，从而损害国家自主性。当然，这是相对而言，当合法性与嵌入性同时超过或低于某个绝对值，如图 8 - 2 中所示的"高"或"低"时，合法性与嵌入性是否相互平衡，则显得并不特别重要。

综上所述，外交进步性不仅体现在国家自主性的类型演变上，还体现在其具有的合法性与其对国内外社会的"嵌入性"两个维度上。当国家自主性位于均衡线 Z 轴上并向外延伸时，其自主性将会逐步增大，外交的进步性也愈加明显；相反，当国家自主性在均衡线 Z 轴上越靠近原点，其自主性将越低，外交进步性就越发不足。另外，当国家自主性偏离均衡线且两个维度反差过大时，一般而言，这也将有损于外交的进步性。

第四节　中国国家自主性类型的演进与外交的进步

前面从国家自主性类型、自主性地位与外交行为性质的关系进行了理论分析。这种分析表明，国家自主性的演进会深刻地影响到外交性质的变化。那么，这种影响在实际国际关系中是如何展开的呢？下面将以中国国家自主性的演进说明二者的实证关系。这种案例分析不仅能够证明中国外交的巨大进步，而且也能作为对"中国威胁论"的有效回答。由于国家自主性的演进体现为国家自主性类型与自主地位两个方面。本节将从中国国家自主性类型的演变入手分析中国外交的进步性，而下一节将从中国国家自主性地位的演变进行分析。

自新中国成立以来，中国国家自主性在逐步得到伸张与扩展的同时，随着国内外政治环境的变迁，中国国家自主性的类型也经历了深刻的变迁。就国内政治而言，这主要体现为从权力主导型自主性到制度主导型自

---

① ［美］萨缪尔·亨廷顿：《变化社会中的政治秩序》，王冠华等译，上海人民出版社 2008年版，第 16 页。

主性的转变，就国际政治而言，主要体系为从绝对自主性到关系或嵌入自主性的转变。

一 从权力主导到制度主导：国内政治视角

自中华民国建立以来，国家先后沦为北洋军阀和国民党代表的大地主大资产阶级统治、剥削的工具，国家自主性几乎丧失殆尽，人民生活苦不堪言。深重的民众苦难和民族不幸最终促使中国在中国共产党的领导下选择了革命道路。革命完成了民族独立和国家统一的历史任务，创立了全新的自主性政权。《中华人民共和国宪法》规定："中华人民共和国是工人阶级领导的、以工农联盟为基础的人民民主专政的社会主义国家。""中华人民共和国的一切权力属于人民。"针对革命成果，杨光斌指出："在旧秩序下，公共利益被彼此冲突的地方势力分割；在新秩序下，公共利益表现为全国的、人民的、革命的利益。自中国近代以来，没有哪一个政权获得过比共产党政权更多的支持与拥护。"[1] 社会主义新政权的建立，赶走了外部侵略势力，结束了内部纷争，广大人民不仅获得了最基本的生活保障而且提升了政治地位，国家主权不仅得到了捍卫而且国家建设取得了巨大成就。正是通过革命性变革，国家不仅获得了自主性而且建立了有史以来最强大的自主性国家。

然而，由于缺乏建设经验并受苏联模式成功的影响，中国的社会主义建设照搬了苏联模式，建立了一个高度集权的政治经济制度。邹谠将其称为"全能主义政治系统"，其基本特征是：国家权力可以侵入社会的各个领域、个人生活的诸多方面，而不受法律、思想、道德（宗教）的限制。[2] 针对这一体制，邓小平指出："以往高度集中的管理体制，既表现于地方权力过分集中于中央，又表现于政府和社会组织的权力过分集中于党的机构。"[3]

胡鞍钢认为，中国共产党领导下的中国尽管处于低收入水平，却具有相当高的社会整合能力以及社会一体化水平，这是中国推进现代化的独特

---

[1] 杨光斌：《中国政府与政治导论》，中国人民大学出版社 2003 年版，第 2 页。

[2] ［美］邹谠：《二十世纪中国政治：从宏观历史与微观行动的角度看》，牛津大学出版社 1994 年版，第 206 页。

[3] 《邓小平文选》（第 2 卷），人民出版社 1994 年版，第 328—329 页。

的组织资源和政治资源优势。①

上述分析表明，全能主义国家高度集中的政治权力既是国家自主性的保障也成了该体制陷入危机的根源。正如乔尔·米格代尔所言，第三世界国家自主性的发展进程往往就是公民出版、集会、结社等权利的受限和政治反对派的不断遭镇压和控制的过程，由于社会中没有同政府机构相抗衡的组织、团体和势力，国家权力通过层层官僚机构直接渗入社会底层。②虽然国家自主性的获得离不开强大的国家权力的支撑，但无限扩张、不受限制的国家权力必然会在扩张中变质，从自主性的卫道士成为自主性的掠夺者，国家—社会关系必然会陷入各种困境与危机之中。米格代尔称这一问题为"国家领导者的两难困境"。③ 可见，国家权力的过度增长导致了权力对社会的全面主导、控制甚至是淹没，由于缺乏社会的有效参与与制约，国家权力逐渐偏离公共利益，实质自主性不断增长，最终损害了社会的发展。

萨缪尔·亨廷顿曾将自主性与国家制度化的政治权力结合起来，并将其作为衡量制度化水平的一个标准，并指出："就自主性而言，政治制度化意味着并非代表某些特定社会团体利益的政治组织和政治程序的发展。凡充当某一特定社会团体——家庭、宗族、阶级——的工具的政治组织便谈不上自主性和制度化。"④ 改革开放开启了全能主义国家的转型，在放权让利的改革过程中，公民社会的成长与有序的政治参与促使了权力的制度化进程。

中国从计划经济走向市场经济的坚定而曲折的历程是中国制度化发展的典型表现。其基本历程如下：第一阶段（1978—1979 年）开始重视价值规律的作用；第二阶段（1979—1984 年）实行以计划经济为主，市场调节为辅的政策；第三阶段（1984—1987 年）提出建立有计划的商品经济新思想；第四阶段（1987—1989 年）实行国家调节市场、市场引导企业的准社会主义市场经济政策；第五阶段（1989—1991 年）重新使用计

---

① 胡鞍钢：《中国政治经济史论（1949—1976）》，清华大学出版社 2007 年版，第 91 页。

② Joel S. Migdal, *State in Society*: *Studying How States and Societies Transform and Constitute One Another*, Cambridge: Cambridge University Press, 2001, pp. 72 - 79.

③ Ibid., 62 - 71.

④ ［美］萨缪尔·亨廷顿：《变化社会中的政治秩序》，王冠华等译，上海人民出版社 2008 年版，第 16 页。

划经济与市场调节相结合的概念；第六阶段是邓小平南方讲话至今，中国正式确立了社会主义市场经济改革方向。2007 年通过的《物权法》增加了"公民的合法的私有财产不受侵犯"这一突破性规定，使私有财产权上升为宪法权利。这使中国经济产权制度更趋完善。正是在逐步深入、明确的经济改革中，政企逐步分开、产权得到清晰界定，权力对经济的干预受到钳制，经济制度走向了制度化。

随着经济领域的制度化，政治、文教等社会各个领域都出现了制度化改革，权力的行政干预虽然并没有彻底消退，但社会各项运作基本上确立起了按照契约制度运行的条件。"人类社会基本制度的建立是为了创造出动力和约束的结构，以引导人们采取可预测的因而是有秩序的行为"。①随着制度化的加强，界定权利义务的制度逐渐成为社会运转的中枢，权力主导逐步让位于制度主导，个人意志逐步让位于公平契约，权力在消退中转换为权威再次出场，国家自主性在制度化中再次得以彰显。而这或许正是"中国模式"成功的一大秘诀。

二 从绝对自主性到嵌入自主性：国际政治视角

国际政治与国内政治一样，同属于政治。中国国家自主性在外交领域经历了国内政治相似的演变。中国外交大致经历了革命外交、发展外交和大国外交三个发展阶段，② 这种演变的背后隐藏的就是国家自主性的变迁。

在国内高度集权的权力主导时期，外交工作自然也反映了与权力主导类似的逻辑，改革开放前对自主性的绝对理解与捍卫就是明证。具体表现有：

（一）对国际体系的隔离、反叛

传统的天下观念使中国无法接受、适应现代国际体系边缘者的角色，在一波一波的"以洋为师"的内心深处始终是"师夷长技以制夷"的内心渴望。对现代国际体系的不认同决定了中国在实现伟大的民族复兴的同时，也必然要求构建一个新的国际体系与国际秩序。在新中国成

---

① ［美］V. 奥斯特罗姆等编：《制度分析与发展的反思：问题与抉择》，王诚等译，商务印书馆 1992 年版，第 45 页。

② 关于中国外交的历史分期，参见本书第十章。

立后，完全不被西方认同的中国自然选择了隔离与反叛的态度。此时，中国的身份定位有三：第一，体系的反对者。① 中华人民共和国成立之后，由于美国等西方国家拒绝承认，而中国在联合国的合法席位又被国民党非法占据，新中国被排除在国际机制之外。中国的"一边倒"外交的宣布使中国成为国际机制的局外者和挑战者。从 1948 至 1949 年的"瓦尔德事件"和 1950 年"德兵营地产事件"中，中国共产党对国际社会的这种反叛和否定现有国际社会及其法律规范的倾向是相当清楚的。② 20 世纪六七十年代，伴随大分化、大改组的国际形势和中苏关系破裂，中国提出两个中间地带理论，要求团结广大的第三世界国家，"两条线作战"，甚至"四面出击"并还提出过建立革命性"联合国"的口号，进一步挑战国际体系。这一时期中国对外关系的根本性质在于：（1）中国抵制美国主导的国际社会；（2）美国主导的国际社会抵制中国。③ 第二，霸权的挑战者。基于中国特有的历史经历，反对帝国主义、霸权主义始终是此时中国外交的主旋律。可以说，我们是逢霸必反，无论是美霸、苏霸这些大国霸权主义还是诸如越南这样的地区霸权主义，无论是与我们利益攸关的霸权主义还是与我们毫无瓜葛的霸权主义，只要我们认定的霸权，都属于我们应反必反之列。④ 第三，正义的捍卫者。有破必有立。中国此时对体系的叛离、挑战，其背后具有这样的意识形态和道德假设，即中国是正义的代表者，是真正能够维护广大的殖民地半殖民地、第三世界国家及其人民的利益的国家。1971 年基辛格秘密访华，毛泽东听取了周恩来对谈判情况的汇报，当他得知美国从台湾只撤走一部分而不是全部军队时，他告诉周恩来，更重要的问题是印支问

① 江忆恩认为，大部分美国专家认为，中国参与世界经历了从"体系的反对者""体系的改革者"到"体系的维护者"的角色转换。参见［美］江忆恩《美国学者关于中国与国际组织关系研究概述》，《世界经济与政治》2001 年第 8 期。

② 时殷弘：《美国对华态度与中国之加入国际社会——一个半世纪的历史概观》，载时殷弘《国际政治——理论探究·历史概观·战略思考》，当代世界出版社 2002 年版，第 308 页。

③ 同上书，第 300—301 页。

④ 对霸权的这种挑战，我们可以通过话语分析得到印证。以"帝国主义、霸权主义"为标题检索词在《人民日报》进行检索，在 1949 年 1 月 1 日到 1977 年 12 月 31 日期间，有 6192 条结果，平均每年 221 条；在 1978 年 1 月 1 日到 2006 年 12 月 31 日期间，仅有 342 条，平均每年 12 条。前 28 年是后 28 年的 18 倍。而事实上，自从 2001 年 6 月 28 日以后就再无相关报道。（其中 2009 年 3 月 24 日的报道是以学术信息出现的，即探讨《帝国主义论》在金融危机后的现实义。）

题,"我们在台湾问题上不急,因为那里没有战争。但是越南那里有战争,人民正遭杀害。我们不应该仅仅为了我们自己的利益邀请尼克松来访问"。① 从这个插曲中,我们可以发现,即使中国在基于权力考量进行战略安排时,也会有意或无意地显示我们的道德立场。

（二）外交资源主要依靠军事、政治及意识形态手段

在改革开放前的外交中,由于经济上的封锁与孤立,中国与世界市场联系很少,这大大限制了外交中可使用的外交资源。虽然有这一客观限制,但是权力主导的政治思维也自然导致我们更多地依赖于军事、政治这些硬力量以适应斗争的需要,即使意识形态也是从斗争的角度加以运用的。从"一边倒"到"两个拳头打人"再到"一条线"迅速变换的联盟外交与国内不断上演的反帝反霸群众运动正是权力主导型自主性的必然结果。

（三）经济建设从属于政治需要

在"战争与革命"的年代,中国的所有工作均是围绕这一主题展开的,经济建设从属于政治需要。为此,在外交上盛行的是政治外交。所谓政治外交,即中国外交的目标和手段主要集中于政治方面,而经济或其他目标则明显从属于政治需要。"宁要社会主义的草,不要资本主义的苗",折射了一切从属于、服务于革命的社会心态。西方学者就指出,中国"为了加强作为第三世界国家领袖的国家形象（尽管这些第三世界国家在中国加入联合国后的一段时期并没有从中国获得任何双边或多边援助）,中国在1973年提出将其会费比率从4.0%提高到5.5%,这在联合国预算历史上是绝无仅有的……中国在毛泽东执政时期显示其自封的世界大国地位的企图在此事中一览无余"②。

改革开放本身就是内政外交综合处理的典范。随着改革开放的深入,国内权力主导型自主性逐步让位于制度主导型自主性,这促使了中国外交行为的变迁。其中最大的变化或促进就是,融入国际社会成为中国外交的基本共识。由此导致了中国外交根本目标、行为取向、资源手段等的变迁,并促使中国外交进入服务于经济建设的经济外交或发展外

---

① Chen Jian, *Mao's China and the Cold War*, Chapel Hill, London: the University of North Carolina Press, 2001, p. 256.

② [美] 伊丽莎白·埃克诺米、米歇尔·奥克森伯格主编:《中国参与世界》,华宏勋、同循华等译,新华出版社2001年版,第69页。

交阶段：

第一，外交服务于经济建设，国家利益成为外交工作成败的根本标准。

在国际关系重构的背景下，邓小平对国际形势进行了新的判断，逐渐放弃了以往关于大规模世界战争不可避免的观点，提出世界大战可以避免，并提出世界的主题是"和平与发展"。正是这一战略认识的调整，决定了中国外交的目标不再是单纯的"斗"，而是要在竞争中争取实实在在的经济利益。

第二，融入国际社会，逐渐成为负责任大国的一员。

改革开放以来，在融入现有国际社会的过程中，我们也逐渐调整了自己的身份定位，我们淡化了对社会主义国家的意识形态定位，而更加重视民族国家的定位。正是在接受现存国际体系基本存在的前提下，我们更是加强了负责任大国的身份定位。从此，从体系的挑战者变成了体系的维护者、改良者，"在全球问题上打上了越来越多的中国印记"①。中国与国际社会互动的媒介已经由权力与斗争转向了制度性竞争与合作。

第三，突出了经济、外交手段和谈判的地位与作用，妥协、讨价还价取代了过去的零和博弈。

经济外交、公共外交在中国外交总体布局中地位的提升则表明了中国整体外交格局的转换。经贸合作、区域一体化、经济外援等经济利益的竞争要求对话妥协、讨价还价，而不是你死我活的零和斗争；人文交流、文化传播等价值观的交流则需要相互尊重、彼此借鉴，而不是简单地一争高下。也正是在这种互动双赢的经贸交流和彼此磨合的文化交流中，中国改变了长期以来认为与外部接触总是充满危险的看法，改变了唯我独尊的文化自傲，相反，中国得出了关起门来搞建设不行、进步需要得到国际社会承认的结论，中国必须在制度与观念上融入世界遂成共识。

历史回顾表明，改革开放开启的国家—社会关系重构，撼动了全能主义国家的生存基础，在市场经济的扩张中，契约式行为外溢为经济、政治、文化和社会诸领域的制度化建设，加强了社会的自主地位。国家与社会的关系由单向强制逐步演变为制度化的两性互动，这推进了国家自主性

---

① Harry Harding, *China and Northeastern Asia: the Political Dimension*, Lanham MD: University Press of America, 1988, p. 12.

演进与进步，改变了国家行为的资源结构和思维方式，进而改变了中国外交的目标、行为方式与外交形态，重塑了中国与国际体系的互动方式，即从权力斗争过渡到制度性竞争，最终构成了中国外交进步的根本动力。不仅如此，进入 21 世纪的中国，在国内倡导"以人为本"构建和谐社会以努力实现中华民族伟大复兴的"中国梦"的同时，也积极在国际上倡导人道主义关怀、新型义利观、新安全观、新型大国关系、新型国际关系等并积极推动和谐世界的"世界梦"的实现。这似乎表明，积极推动政治变革的新一代中国领导集体正试图在激烈的国际观念之争中争得更大的观念自主性、掌握更大的话语权。如果，未来中国国家组织能够逐步实现从权力自主性向制度自主性尤其是观念自主性转型的话，中国外交的进步必将不可限量。届时，中国的崛起以及相应的世界领导地位也必将成为顺理成章的事情。

第五节　中国国家自主地位的演进与外交的进步

中国国家自主性的转变不仅体现在自主性类型上，更体现在自主地位的不断改善与巩固上，通过强化自主地位，中国外交的合法性与嵌入性也稳步提高：一方面，在内部国家—社会关系的良性互动中，中国对既存国际社会的认同逐步增强，也更多、更广、更深地参与和融入国际社会，中国与国际社会互动的制度化程度不断提高，大大扩展了对国际社会的嵌入性；另一方面，随着国内政治民主化的进展，人本价值在中国外交中日益凸显，外交理念中的文化成分逐渐增多，外交社会化程度不断提升，获得了更多的国际理解与国际合法性。在嵌入性与合法性增长的同时，二者由失衡转为平衡，共同促进了国家自主性在全球范围内的伸张和中国外交的不断进步，为不断拓展的中国海外利益营造了良好的舆论环境，打下了坚实的政治社会基础与国际舆论基础。

一　嵌入性的扩展

改革开放前，全能主义国家以权力与严密的意识形态控制着国内社会，在国际舞台上，我们则以权力政治的平衡术与自封的意识形态挑战现存国际体系。在当时中国人眼中，外在世界不仅是陌生的，也是充满邪恶与敌意的，我们必须以闭关自守的物理方式隔绝外在污染，以捍卫独立自主与革命的纯洁。然而，这种二元对立式独立自主无异于自我封闭，最终窒息了全球化时代经济、社会发展的动力，危害了国家安全的根基，最终丧失了其存在的合法性。"文化大革命"时期的革命外交正是对这种绝对自主性合法性的最后的绝望挣扎，却最终证明了绝对自主性的荒谬。物极必反，极端的革命外交促使我们接受了对自主性的相对理解，接受、融入国际社会成为革命外交后的必然选择。

但由于历史因素和现实情况的制约，中国参与国际机制、融入国际社会的步伐还有些摇摆，在改革开放初期虽然已不再是积极的革命者，但还是一个冷眼旁观者或只是一个消极参与者。冷战的结束引起了国际局势的根本性变化，国际结构出现了调整的契机，国际机制也体现出新的时代特点。中国紧紧抓住了这一历史机遇，积极促进国际政治经济新秩序的建立，谋求进一步融入国际社会，由局外者彻底变为局内者。江忆恩指出，中国参与各种类型（全球和地区性）的国际组织的数量，到 1996 年达到美国的 70%，印度的 80%，世界平均值的 180%。中国参加了 37 个全球性政府间组织中的 30 个，而美国也只参加了 33 个，即在这类组织中，中国的参与程度已达到了美国的 90%。在 60 年代中期，中国所加入的政府间国际组织的数量接近于零；而 90 年代中期，该数量上升到接近发达国家和在国际舞台十分活跃的发展中国家如印度的数字。[①] 江忆恩通过假定经济发展程度与国家参与外部世界的关系和最小平方回归的统计方法将中国参与政府间国际组织的预测数与实际参与数作对比，其结论是：1977 年，中国参加国际组织的预测数是 37 个，实际数量是 21 个，也就是说，中国当时的参与程度过低；到 1996 年，实际参加数量是 51 个，超过了测算数 45 个，也就是说，到 90 年代中期，中国对其发展程度而言参与程度已经较高。[②] "更令人惊奇的是，中国在非政府组织中的席位从 1977 年的 71 个猛增到 1996 年的 1079 个。"[③] 中国加入世界贸易组织（WTO）艰辛历程和巨大努力意味着中国已经基本认可了所有重要的国际机制。完全可以认为，当今中国参与国际社会的广度与深

---

① ［美］江忆恩：《中国参与国际机制的若干思考》，《世界经济与政治》1999 年第 7 期。

② 同上。

③ ［美］伊丽莎白·埃克诺米、米歇尔·奥克森伯格主编：《中国参与世界》，华宏勋、闫循华等译，新华出版社 2001 年版，第 50 页。

度已达到了中国历史上任何时期都无法比拟的地步。① 中国对国际社会嵌入性的扩展表明,中国已经进入了"国际社会",② 已经成为国际社会的一部分,已经属于"同一个世界",并拥有"同一个梦想"。因此,"当代中国同世界的关系发生了历时性变化,中国的前途命运日益紧密地同世界的前途命运联系在一起"。③

二 合法性的转变与增长

世事沧桑,乃观念之变。就中国政治及其外交而言,中国对合法性的认识与追求经历了一个重大的转变。在改革开放前,革命的经历与对革命的不懈追求塑造了一套与众不同的革命价值体系。当时中国有着另一版本的"历史终结论",即在革命者世界观中,资本主义作为一种剥削制度已经到了垂死的边缘,注定要被社会主义、共产主义取代。为此,资本主义国家的对外政策是国内剥削的外部化,帝国主义是对全世界人民的压迫;广大的民族主义国家则是中间阵营,是需要争取的力量;革命是促进民族主义国家转向社会主义、促使资本主义国家灭亡的基本途径;等等。在革命者的价值体系中,有的只是你敌我友的意识形态划分,而没有对普世价值的基本承认;有的只是对自我合法性的论证和对他者合法性的否认,而没有对他者合法存在的必要承认与尊重;有的只是对未来美好理想的无限向往,而没有对现实存在的合理体认。也正因为如此,前期中国外交的合法性主要依靠的就是这种对革命意识形态的真诚自我信仰,一旦当其化为激进的革命外交而将其非现实性的一面暴露无遗时,带来的必然就是理想的幻灭和对现实的无奈回归。

自 20 世纪 70 年代中美和解以来,中国外交的合法性逐步转到了民族主义、经济发展、科学主义、民主主义、基本人权、法治等现代性普世价值上来,意识形态开始了"去乌托邦化"过程,这得到了国内外的广泛支持与认可,中国外交国际合法性也逐渐增强。

---

① 时殷弘:《美国对华态度与中国之加入国际社会——一个半世纪的历史概观》,载时殷弘《国际政治——理论探究·历史概观·战略思考》,当代世界出版社 2002 年版,第 316 页。

② [美] 江忆恩:《中国参与国际机制的若干思考》,《世界经济与政治》1999 年第 7 期。

③ 胡锦涛:《高举中国特色社会主义伟大旗帜为夺取全面建设小康社会新胜利而奋斗——中国共产党第十七次全国代表大会上的报告》(2007 年 10 月 15 日),人民出版社 2007 年版,第 47 页。

如果说经济发展、民族主义、科学主义、民主主义、基本人权和法治等这些是源于我们对现代西方文明的接受与借鉴的话，进入21世纪以来，中国则企图在普世价值的竞争中，也有所贡献，掌握更多的主动权、话语权。"和谐社会"与"和谐世界""中国梦"与"世界梦"，共同、综合、合作、可持续的亚洲安全观，"亲、诚、惠、容"的周边外交理念，重义轻利的新型义利观，新型大国关系与新型国际关系，无一不是中国在新一轮合法性竞争中主动提出的具有中国特色的普适性价值观。

综上所述，在中国不断嵌入国际社会的过程中，中国认识、判断国际事务的观念、价值也出现了重大转变，即从革命的不懈追求转向了对人类基本价值的体认，如经济发展、民主主义、民族主义、科学主义、基本人权、法治等现代性诉求。也正是这种对普世价值的拥抱促进了中国价值与观念的扩散性、共享性，提升了中国价值、观念的合法性，并成为构造观念主导型自主性的思想之源。可以设想，如果中国能够继续站在全世界的高度和时代前沿，传承优秀的和合文化，坚持社会主义、共产主义的崇高理想，尊重世界的多样性现实，以人为本，中国就能继续提出对世界更具吸引力的文化价值观念，在国际社会的权力转移过程中推动规范的转移，从世界观念结构的边缘上升为世界观念合法性的发散之地，真正实现中华民族伟大复兴的"中国梦"。

三　中国国家自主性：从失衡到平衡

从国家自主性视角看，外交进步性既需要合法性的认可也需要嵌入性的支撑，虽然二者紧密联系、相互促进、密不可分，但也有失衡的可能，而当二者不平衡时这将有损国家自主性。国家嵌入不足与嵌入过度都将有损国家自主性与外交的进步性（图8-2）。就中国而言，相对于现代国际体系，迄今为止，中国存在的问题始终是嵌入不足或自主过度，尤以改革开放前为典型。

此种失衡带来了什么影响呢？中国外交虽然"另起炉灶"损害了不少帝国主义国家的利益，但既革故鼎新又强调和平共处的外交实质上获得了绝大多数国家的认可与承认。如果中国能够继续这种现实的外交艺术，逐步化解与西方主流世界的矛盾与对立，并嵌入其中并非天方夜谭。然而，"继续革命"理论而不是中共八大的现实战略主导了中国后来的发展,最终导致了以我为中心的革命外交,对现存国际体系提出了严肃的意识形态和现实挑战。这种激进革命战略大大疏离了中国与国际社会的关系,使中国外交的合法性丧失了客体支撑,而成为自我欣赏,最终走向了反面,即合法性耗尽。惨痛的经历告诉我们,合法性是源自社会的,而不是自封的;外交的合法性必须从外交的客体中去获得,而绝无可能以强加的方式自我赋予。改革开放后,中国正是通过不断地嵌入国际社会,合法性与嵌入性获得了同步增长。中国已不再自封为合法性之源,却不仅获取了更多的外交承认,而且还获得了更多的国际认同,中国模式的成功被西方概括为与"华盛顿共识"竞争的"北京共识"就是最好例证。

总体来说,随着国内自主性来源的变迁,中国国家自主性经历了从权力主导到制度主导的演进,21世纪,中国更是在谋求观念主导型自主性的成长。在这一演进中,中国国家自主性获得了长足的进步。外交作为内政的延伸,同样经历了这一演进。中国外交在自主性的演进中,不仅增强了对国际社会的嵌入性而且合法性也大幅度增长,并日趋平衡,中国外交的进步性即来源于此。随着中国外交中共享价值观念的日趋成熟和在世界观念结构中地位与话语权的提升,在进一步融入世界的过程中,中国外交必将取得新的更大进步,以最终实现中国的和平发展与和平崛起。

第九章

自主性外交理论与
外交行为战略分析

罗伯特·吉尔平曾经指出，国际政治经济学研究的最重要课题之一是"国际经济越来越相互依存与各国希望保持经济独立和政治自主之间持续存在的冲突"，在一国融入世界经济的时候，"人们担忧经济全球化和各国市场一体化正在破坏或将破坏各国政治、经济和文化的独立自主，这种忧虑已经越来越普遍"[①]。事实上，可以说，在国际化的背景下，实现和确保集体自主性是民族国家的第一要务。19世纪和20世纪的帝国扩张，意味着帝国列强几乎全面控制了全球许多其他地区人民施展集体自主性的能力。[②] 可见，作为外交的根本目标，国家自主性是任何国家都十分关注的，尤其对处于国际体系边缘的广大发展中国家而言更是如此。为此，本章将在前两章分析了外交行为的"质"与"量"之后，就自主性外交理论模式的基本互动机制与国家在内外联动时代维护、增强自主性的基本战略进行分析，由于发展中国家的自主性在当今世界面临更多挑战，故本书的分析主要是以发展中国家的历史境遇为知识背景的。这种分析对于这些寻求捍卫并不断提高国家自主性的广大发展中国家是有益的。

由于国家自主性是国家能力、国家实力与主体间关系的函数，因此，维护、增强国家自主性可以从这三个方面入手进行分析。由于在一定时期内，国家实力与国家能力是相对稳定的，因而，就特定时期的基本战略而

---

① ［美］罗伯特·吉尔平：《全球政治经济学：解读国际经济秩序》，杨宇光、杨炯译，上海人民出版社2006年版，第72—73页。

② 威廉·科尔曼、刘易斯·波利、戴安娜·布赖登：《全球化、自主性与制度变迁》，载［加拿大］刘易斯·波利、威廉·科尔曼主编《全球秩序：剧变世界中的机构、制度与自主性》，曹荣湘等译，社会科学文献出版社2009年版，第16页。

言，理顺主体间关系并从国内外社会中获取足够支持应是各国提升国家自主性的有效途径。这正是本书分析的基本出发点。

第一节将对全球化与内外联动时代对国家的影响的相关观点进行回顾，并指出面临全球化与双向互动的挑战，国家并没有过时而是在经历重构。第二节则提出了国家在全球化与内外联动时代维护、增强自主性的五个假设或战略，在对五个战略分析的基础上，本书认为对于一个参与全球化经历内外联动时代的国家来说，其维护、增强自主性的现实战略只有两个，即"融入"和"革命"。第三节指出基于特定的历史时空情境，广大的发展中国家的现实战略选择只能是融入现存国际体系，并对融入的基本内涵进行了分析。最后，本书指出，实现融入与自主性的平衡是包括中国在内的发展中国家的最佳战略选择，并构成了其外交的核心和关键问题。

第一节　全球化、内外联动与国家重构

现代国家是历史的产物，历史的重大变迁自然会对国家的存在产生重大影响。尽管人们对全球化与内外联动时代的认识尚不统一，但毋庸置疑全球化的发展与内外联动的现实已经构成了国家未来发展、变迁的最重要影响因素。就全球化与内外联动时代对国家的影响而言，尽管观点形形色色、差别甚大，但归结起来无外乎两种：一派认为全球化与内外联动的发展削弱了国家，凸显了国家权力的不足和非国家行为体的重要，极端论者则进一步断言国家将消失，这些均可归为"国家过时派"，辩论的是国家过时的程度及其内容；另一派则通过强调全球化的历史延续性表明全球化并不是什么新现象，因而并不会对国家构成根本性挑战，他们力图去发掘在全球化挑战中国家仍然重要的种种证据，有的甚至表明国家不仅没有过时，相反变得更重要了，尽管并没有一致的观点，然而，多数人同意，国家应该在全球化与内外联动中适应新的治理方式，进行"国家重构"。

一　国家过时？

正如英国学者苏姗·斯特兰奇所说，"国家权威向上、向侧面、向下泄露"，并且在一些事件中"干脆消失"①，全球化对国家理论提出了严重

---

① Susan Strange, "The Defective State", *Daedalus*, Vol. 124, No. 2, 1995.

的挑战"它直接宣告了：如果说基于将国家作为最重要分析单位的西方社会科学还没有完全过时的话，很大部分也已不合时宜了"。① 国家过时论认为，全球化导致了国家权力、权威的弱化，国家丧失了以往拥有的对各种社会力量的控制，成了"无中心的虚体力量"，② 正走向弱化、终结之路，代之而起的是另一种新的治理形式。杰克逊提出了"准国家"概念，认为全球化时代的国家只拥有一种法律意义上的主权，只能算是准国家。③ 马修·霍斯曼和安德罗·马歇尔认为，"在跨国经济中，因公司的自主运作，国家变得边缘化了"。④ 美籍日本学者大前研一则提出了四个"I"（即 Investment、Industry、Information Technology 和 Individual Consumers）来证明这一点。他认为，从这四个方面来看，民族国家"已经失去了它们作为当今无国界全球经济中有意义的参与成员的作用"。⑤ 他进而把所谓的"区域经济"，看作人类目前的唯一希望。迪特根则指出，东西方冲突的结束削弱了民族国家存在的价值，一个"社会的世界"正在取代"国家的世界"，因此，"民族国家已经过时""民族国家正在终结"。⑥

总之，在"国家过时论者"眼里，全球化与内外联动作为一种全新的力量，正在削弱传统的民族国家的权力、权威与合法性，因此，我们必须寻找一种替代民族国家的治理方案。然而，与这种对国家持悲观看法相反，20 世纪后半叶，虽然全球化高歌猛进、内外联动势不可挡，我们并没有看到国家将被任何新的治理实体取代的任何迹象。相反，国家虽然遭受了全球化与内外联动一波又一波的挑战，它却愈挫愈勇，不断地伸张着其自主性，每当大的危机（如经济危机）来临时，我们看到的是对国家的呼唤而不是对国家可有可无的嘲讽。这说明，"国家过时论"仅仅是抓住了国家所遇到的新情况与新挑战，但却大大地低估了国家面对这场挑战

① Susan Strange, "The Defective State," *Daedalus*, Vol. 124, No. 2, 1995.

② ［英］马丁·阿尔布劳：《全球时代：超越现代性之外的国家和社会》，高湘泽、冯玲译，商务印书馆 2001 年版，第 101 页。

③ R. H. Jackson, *Quasi States: Sovereignty, International Relations and the Third World*, Cambridge: Cambridge University Press, 1990, p. 30.

④ Mathew Horseman, *Andrew Marshall*, *After the Nation-State*, New York: Harper Collins, 1994, p. 235.

⑤ Kenichi Ohmae, *The End of the Nation State: The Rise of Regional Economies*, New York: The Free Press, 1996, p. 11.

⑥ 参见 Herbertt Dittgen, "World without borders? Reflections on the future of the nation-state", *Government and Opposition*, Vol. 34, No. 2, 1999。

的能力,因而提出了虽然不是毫无意义却过于夸张的替代建议。

二　国家重构

与主张国家过时相反,也有不少人主张国家在全球化中不仅没有被弱化,反而得到了强化,至少国家可以进行自我调整以适应全球化,民族国家只是"未完成的国家"。① 这一派本书统统称之为"国家重构论"。

在这些学者看来,国家并非是全球化的受害者,相反,国家正是"全球化的主要促进因素"②,正在经历新的适应性重构过程。彼得·埃文斯(Peter Evans)就指出,全球化过程有助于我们察觉到国家权威的"蒸发",但是情况却远比学者们感知的更为复杂,国家并不简单地因越来越依赖于跨国贸易这个事实而销蚀,相反,东亚国家的成功表明,更广泛的国家干预也许是成功地参与全球市场的最佳手段,高度的国家性与获得全球经济中的成功之间具有正相关的可能性。③ 琳达·韦斯(Linda Weiss)通过对国家历史作用的比较研究发现,自由主义主流学者关于全球化导致国家及国家主权衰落的观点与历史的现实进程相违背:不存在某些全球主义者所断言的国家权力的衰落,国家权力仅仅是受到了更严厉的限定而已。民族国家不是无关紧要的,而是更为关键;它不仅不会阻碍世界经济,反而会促进世界经济的发展。不同国家体制变革的进程是国家的适应性不断发展的进程,而不是向新自由主义单一模式趋同的过程。因而,只要现实地评估全球化,就不会得出全球化导致了民族国家权力衰弱的结论。④ 英国学者保罗·赫斯特(Paul Hirst)和格雷厄姆·汤普森(Grahame Thompson)认为,在全球化时代,国家已经不可能像过去垄断合法使用暴力一样垄断所有治理权力。实际上,国家层次的机构远远不能提供足够的地方性知识和有效治理,各种超国家的国际组织、国内的各种民间

---

① 　[德]乌尔里希·贝克:《全球化时代的权力与反权力》,蒋仁祥、胡颐译,广西师范大学出版社 2004 年版,第 118 页。

② 　[加]马乔里·格里芬·科恩、斯蒂芬·麦克布莱德:《全球化动荡》,段保良译,华夏出版社 2004 年版,第 3 页。

③ 　参见 Peter Evans, "The Eclipse of the State? Reflection on Stateness in an Era of Globalization", *World Politics*, Vol. 50, No. 1, 1997。

④ 　Linda Weiss, "Globalization and the Myth of the Powerless State", *New Left Review*, Vol. 225, Sep. – Oct., 1997. Linda Weiss, *The Myth of the Powerless State: Governing the Economy in a Global Era*, Cambridge: Polity, 1998.

组织，同样分担着国家的治理权力。他们认为，国家仍然保持"主权"，但这种主权不是指国家是全能的或至高无上的，而是指国家仍然保持着领土的管辖权，它们在其边境内仍是居民的代表。所以这是一种新的"国家主权"，它可以分割和让渡。国家主权"向上"或"向下"转移或让渡。但是，当国家转让其传统的主权时，国家同时也获得了新的角色。① 著名的全球化研究专家戴维·赫尔德也认为，国家在全球化时代会变得更为主动，"当今全球化的独特特点绝不预示着民族国家的终结或国家力量的侵蚀……许多国家，特别是发达资本主义国家在关键方面显然已经变得更加主动"。② 安东尼·吉登斯也认为，全球化"本质上不应被视为国家主权的削弱过程。恰恰相反，它本质上正是当今民族—国家体系在全球范围得以扩张的主要条件"。③ 因此，全球化为主权国家带来了这样的现实：经济和社会生活日益扩张，直指主权的领土性，甚至削弱部分国家权力和功能。国家必须进行重构，以适应全球化的要求。④

可见，"国家重构论者"并不认为全球化与双向互动的发展是对国家的死刑宣判，相反，他们认为，全球化与民族国家的衰弱并不存在直接的联系，全球化只是国家面临的新一轮挑战，甚至还是国家进行全球性伸张的有利条件。其论证的主要理由是国家的不可替代性与适应性。不可替代性是指，全球化的发展离不开国家功能的发挥或国家公共职能的不可替代。适应性则指，国家可以通过功能、形式的重构以适应全球化的新挑战。因此，国家在全球化与内外联动时代，并没有销蚀而是在进行新的重构。

笔者同意国家重构论的观点，并进而认为，尽管全球化与双向互动的发展为国家自主性的存在和维持提出了前所未有的挑战，但与此同时也为国家自主性的伸张提供了一个更大、更宽广的施展舞台。也就是说，全球化以及双向互动的发展对各国国家自主性而言既是机遇也是挑战，而成败的关键并不在于时代的变化而在于自身的战略应对。因此，对于全球化与

① Paul Hirst, Grahame Thompson, "Globalization and the Future of the Nation State," *Economy and Society*, Vol. 24, No. 3, 1995, pp. 408–442.

② ［英］戴维·赫尔德等：《全球大变革》，杨雪冬等译，社会科学文献出版社2001年版，第602页。

③ ［英］安东尼·吉登斯：《民族—国家与暴力》，胡宗泽、赵力涛译，生活·读书·新知三联书店1998年版，第6页。

④ 同上书，第331页。

内外联动时代的国家来说，探讨全球化与内外联动时代背景下维护、增强国家自主性的基本战略就尤为必要。

第二节　"内外联动"的五大机制与战略

在全球化与内外联动不断扩张的初期，多数研究者往往从传统的二元对立式主权观出发，通常强调的是全球化与内外联动对主权国家自主性的制约与弱化。但仅仅探讨国际因素对国家的制约性，显然只注意到问题的一个方面。琳达·维斯曾指出，尽管全球资本流动和国际制度的确对国家产生了结构性压力，经济相互依赖对国家的影响还有另外一面，即全球化的激活面。[①] 郑永年也指出，全球化在某些情形中可能削弱了国家权力，而在另外一些情形中则可能是增强了国家权力，这取决于国家如何回应全球化。[②] 这说明，对国家来说，全球化、国际化与双向互动因素并不必然是负面制约因素，应对得当，国家也可以从中获利。比如中国改革开放三十多年来所取得的巨大经济成就，就是充分利用全球化与内外联动有利的一面的结果。为此，全球化与内外联动在给国家带来诸多挑战的同时，也给国家提供了以全球为舞台扩展其影响力的绝佳契机。那么，全球化与内外联动时代的内政外交存在哪些"互动机制"？基于这些互动机制，国家又有什么基本战略可以采取以赢得全球化与内外联动时代的挑战并增强国家自主性呢？

一　五大互动机制与基本战略

在阐述互动机制与维护国家自主性的五大基本战略之前，我们首先需要对第七章的内容进行回顾，以厘清本章的立论点。在第七章第一节的分析中，本书将考察的焦点集中在了国家能力上，而将国家实力设定为常量，考察了不同国内结构对外交行为的影响，提出了假设1，即外交行为与国家能力正相关。在第七章第二节中，本书则在假定国家能力不变的基础上，分析了国家实力的变化（强国、中等国与弱国）对外交行为的影

① Linda Weiss ed. , *States in the Global Economy： Bring Domestic Institutions Back In* , Cambridge： Cambridge University Press, 2003, p. 15.
② 郑永年：《全球化与中国国家转型》，郁建兴、何子英译，浙江人民出版社 2009 年版，第 19、22 页。

响,提出了假设2,即外交行为与国家实力正相关。在第七章第三节中,本书从主体间互动关系的观念合法性层面,提出了国家自主性与外交行为的第三个假设,即外交行为与合法性呈正相关关系。因此,第七章分别从影响国家自主性的三个因素与外交行为的关系进行了分析,而没有涉及国家的自主性战略问题,即当国家面临某一具体的主体间关系时,国家有哪些可选择的战略?什么战略又是最好的战略?

彼得·古勒维奇认为,政策需要政治,① "国家自主性有一个社会基础:国家必须获得来自社会行为者的不同类型的支持,这样才能为实现特定目标而获得自主性……当支持消失时,国家力量也会随之消失。"② 因此,国家维护其自主性所能采取的各种战略自然也是国家不断进行"双向互动"或"内外联动"并从国内外社会中获得支持的结果。通过综合观察第七章的五个表格(即表7-1、表7-2、表7-7、表7-8和表7-9),并结合前几章的相关论点,本章将提出五个新假设或命题,即国家在全球化与内外联动时代可以采取的增强其自主性的五大基本战略。

假设10:关系A中,由于主体间目标一致,国内外压力体现为正压力,国家通过采用"整合"战略即可增强自主性。

在这种情况下,国内外目标的一致显然能够为国家行动提供巨大的合法性资源,增强国家决策的自主性。因为,国家目标的实现就是国内或国际力量目标的实现,故国内外力量将会对国家的决策与行动提供最大的支持。国家所需要做的就是寻找最大限度地整合国内外支持的战略与方法。在国际事务中,能够把国内外力量团结、整合起来的外部事务,主要是那些危及或增进人类基本价值、安全与共同发展的事务。比如:恐怖主义、缉毒走私、传染病、环境保护、反饥饿、人道主义危机等。如果国内外三股力量能就基本价值观或行动目标达成基本一致,跨国合作的整合行动就能够增强国家自主性,大大促进国家目标的实现。比如,"9·11事件"之后的一年内,美国在国际战略上所享有的更加自主的地位显然与其遭受了为世人广为憎恨的恐怖主义有关。而2002

---

① 〔美〕彼得·古勒维奇:《艰难时世下的政治——五国应对世界经济危机的政策比较》,袁明旭、朱天飚译,吉林出版集团有限公司2007年版,第3页。

② 同上书,第268页。

年 8 月中美就共同认定"东突厥斯坦伊斯兰运动"（ETIM）为国际恐怖组织达成一致，加上国内普遍对这一恐怖分裂组织的憎恨，中美立体合作得以形成，这为中国打击"疆独"提供了极大帮助，这也是"整合"战略机制的成功案例。

假设 11：在关系 B 中，国家面临国内集团的负压力，存在被"俘获"的可能，但由于与国际力量目标一致，故可以采取国际化战略以克服国内压力，获得自主性。[①]

关于国际化战略，田野用两个实例很好地说明了这一点。[②] 在政府与国有企业的博弈中，当政府没有接受国际制度对其经济政策的"硬预算约束"的时候，国家将被国有企业"俘获"，国有企业与政府之间将形成一种最差的均衡（即偷懒、救助）。相反，当国家接受了国际制度对其经济政策的"硬预算约束"的时候，国有企业知道政府不会在其偷懒时出面救助，因此不得不付出努力。于是，策略组合（付出努力、撒手不管）成为新的均衡，从而导致了更高的总收益。1992 年，为了克服政治家为了赢得国内选举而执行的损害国家经济的政策，意大利政府签署了建设欧洲经货联盟的三个阶段和六项趋同标准的《欧洲联盟条约》。最终经过 6 年的艰苦努力，意大利的通货膨胀率和公共财政赤字降到了趋同标准的要求。1998 年 5 月，意大利通过了资格审查，及时搭上了经货联盟的头班车。

其实，这种国际化战略在各国面临强大的国内压力集团的时候，应用得很多，尤其当国家在国内社会某一议题比较弱势或者不愿意使用国家意志的时候更是如此。中国在加入 WTO 的过程中，面对国内弱势产业的反对声音，也很好地采用过这一战略，最终把握了入世机遇；中国在国内改革遇到既得利益的阻碍的时候，也常常以"与世界接轨"的理念与国际化战略来克服既得利益集团的阻碍。正如丹尼尔·德瑞日纳（Daniel W. Drezner）所指出的："国际制度能够提供在国内领域实施政策的必要

---

① 换一个角度看，这种来自国内集团的负压力，降低了国家的获胜集合，也可以成为国家与国际力量谈判时讨价还价的资源，获取更大的国家自主性。故对这种国内压力的作用必须辩证对待。在中国的对外行为中，对国内异议的一贯过于严厉的压制，其实不利于最大化国家利益。

② 参见田野《国际制度与国家自主性——一项研究框架》，《国际观察》2008 年第 2 期。另外，值得指出的是，田野的命题二本质上与命题一是一致的，区别仅在于，命题一中压力来自于国内社会集团，命题二中，压力来自政府内部其他部门，在一定意义上，这都可以看作国内压力集团。因而都适合本书提出的假设 11。

资源。没有国际制度，这些政策将难以实施。如果国际制度的政策偏好与国内政策的发起者相一致，与国内政策的批评者相冲突时，国内政策的发起者将愿意采取国家化战略。"①

假设 12：在关系 C 中，国家目标与国际力量目标相互冲突，但能够得到国内集团的支持，通过国内动员的战略就可增强自主性，以抵制国际力量的负压力。

当国际力量有意或无意地损害了国家利益，如侵害主权、危害国家安全等的时候，国家与国内社会集团之间目标一致，国家一般会通过民族主义的动员战略来凝聚国力，以共同抗击国际压力。一个高度团结的民族当面临外部压力的时候，其国家就会享有高度的行动自由，其在国际舞台上就能够不受制于人，享有高度的自主性以达到国家目标。比如，在 1999 年的"中国驻南斯拉夫大使馆被炸事件"中，学生自发的示威游行加上中国政府对美侵犯我主权的坚定反对态度，最终让美国正式道歉。事实上，"中国大使馆被炸事件"、2001 年的"撞机事件"和 2008 年的"3·14"事件中民族主义的高涨都大大加强了国家外交行为的自主性。

假设 13：在关系 D 中，主体间目标相互冲突，国内外力量都给国家造成了巨大负面压力，国家的自主性已经比较有限，国家此时一般只能采取保守的消极分化（分而治之）战略以维护自己已有的自主性。

所谓保守的消极分化战略，就是在国家不能利用国内外力量"为我所用"时，国家只能在既有自主选择范围内，通过消极分化防止出现对其更为不利的情况——跨国联盟的出现。因为，不像下面假设 14 中有一个明确的跨国联盟那样，国内外力量目标仍不一致，还没有形成联盟，故国家应当采取一种分化战略以提前防止出现这种联盟，故称消极分化。但即使国家能够阻止跨国联盟的出现，出现这种情况时，如果国家又软弱无力，那么任何单方面（国内或国外）压力的爆发也足以摧毁中央政府，国家自主性将彻底丧失。近代以来的清政府所处的情景就是如此。虽然"内忧"与"外患"并没有形成联盟、形成合力，但不管是"内忧"还是"外患"都足以摧毁清政府日渐减少的自主性。历史也表明，正是在

---

① Daniel W. Drezner, *Locating the Proper Authorities*：*The Interaction of Domestic and International Institutions*，Ann Arbor：the University of Michigan Press，2003，p. 16.

"内忧"与"外患"的交替压力下,清政府最终丧失了政权,当然也就无所谓自主性了。

假设 14:在关系 E 中,国家面临跨国联盟的压力,国家自主性自然有限,国家必须采用积极分化战略以瓦解跨国联盟。

在全球化与内外联动时代背景下,国内外力量、集团由于利益或价值观的共享经常会形成倡议网络或行动联盟,以压迫国家达成其目标。然而,"观念并不会自动实现"。[①] 那么国内外压力是通过什么途径形成共振的呢? 到目前为止,关于跨国关系的研究表明,沟通行为体发挥着至关重要的作用。沟通行为体指 "一个系统内部产生的会引起另外一个系统做出相应反应的周期性行为后果"。[②] 所谓跨国沟通行为体,是指那些为特定的政治目标,起着沟通内部政治与外部政治环境,从而使价值、规范、新的观念、政策条例、商品及服务能够跨越边界地进行流动的那些行为体。按照这个定义,跨国沟通行为体包括跨国公司、政府内部涉及管理跨国交流的官僚部门、跨政府联盟、媒体、文化组织、贸易工会和商会,以及促进观念与价值流动的认知共同体。[③] 跨国沟通行为体在沟通国际关系与国内政治中起着重要的中介性作用。它们的出现是国际相互依赖加强的结果,也是当前世界政治中的一个重要现象。跨国沟通行为体可以自由进出一国的内部政治经济体系,既可以摆脱正统政治体制的控制,也可以被视为国内政治经济社会角色的一部分,它们可以将外部政治经济议程引入内部决策层次,或者把内部政治经济议题上升到国际层次,使国内决策权威出现分散及被分享,进而对封闭的国内决策形成巨大的挑战。[④] 研究社会运动的学者也发现,社会组织和国际行为体之间的共谋变得越来越容易、更有效,它们更有力量去促使民族国家政府去实行原本不愿意实行的事情。[⑤]

---

① Thomas Risse-Kappen, "Ideas Do Not Float Freely: Transnational Coalitions, Domestic Structure, and the End of Cold War", *International Organization*, Vol. 48, No. 2, 1994.

② James Rosenau, "Toward the Study of National-International Linkage", in James Rosenau ed. , *Linkage Politics*, New York: The Free Press, 1969, p. 45.

③ 苏长和:《跨国关系与国内政治——比较政治与国际政治经济学视野下的国际关系研究》《美国研究》2003 年第 4 期。

④ 同上。

⑤ Thomas Risse- Kappen, Stephen C. Ropp and Kathryn Sikkink, *The Power of Human Rights: International Norms and Domestic Change*, New York: Cambridge University Press, 1999.

国内外力量正是通过跨国沟通行为体的互动形成跨国联盟，制约着国家自主决策的自主性。为此，国家在既有的结构下，最好的策略就是对这种跨国联盟进行积极分化，以打破国内外力量的结盟状态，为国家的自主性赢得必要空间。这种分化战略可以通过物质与精神切割来实现，即在物质上切断跨国联盟内部的联系网络（包括信息、资金、人员等），在精神上通过重新定义跨国联盟共享的价值观以从根本上瓦解联盟的基础。广大第三世界在面临国内外人权自由分子、人权团体的跨国联盟时经常会选择这个战略。

因此，对于一个身处全球化与内外联动时代背景下的国家来说，根据主体间不同的内外互动情况，国家可能通过五大战略来维护、增强其自主性，以保障并增强其行动能力。当然在理论与实践中，国家也可以采纳从根本上脱离国际社会的物理性"孤立"战略，比如明清两朝及日本曾经实行过的闭关锁国政策、当下朝鲜的孤立政策也基本属于这类情况。由于本书假定国家是在全球化与内外联动时代背景下行动的，故这里对这种安全拒绝全球化、脱离国际社会的情况暂不讨论。

二　对五大互动战略的进一步分析

需要注意的是，这五个假设与战略仅仅是一种理论分析，是理论上的可能战略而不完全是现实的可以采取的战略。事实上，在实际的国家外交决策中，国家在关系 D、E 的情况下是很难采取有效行动的。因为在这两种情况下，国家自主性（即使是对强国或强国家而言也是如此）为负数（-1、-2）且绝对值均大于1，这说明国家自主性受到国内外很大制约，限制了国家的行动空间，这样的国家其实很难在国际国内社会存在。因此，对国际社会中的国家来说，比较现实的战略其实只有三个，即"整合战略""国际化战略"和"国内动员战略"。

另外，对这五个战略的分析并没有区分内政与外交的不同。由于本书侧重分析外交行为，故还将从自主性的国际层面对其做进一步分析。从国际自主性视角看，由于整合战略与国际化战略都强调与国际主流社会保持一致，故本书将这两个战略共同称之为"融入"战略。同理，由于国内动员战略强调动员国内力量与国际力量抗衡，又可以称之为"对抗"战略或"革命"战略。

可见，对一个参与全球化不断适应内外联动时代的国家来说，面临全球化与双向互动的种种挑战，其维护、增强自主性主要有两种现实的战略选择之"术"，即"融入"或"革命"。"融入"与"革命"显然对国际社会采取了两种截然不同的态度与战略，那么，国家在现实中到底应该采取何种战略更有利于维护其国家自主性呢？

第三节　发展中国家外交的核心问题

国家自主性的结构性嵌入决定了自主性的维护是在一定国际社会及其结构中存在的。国际社会显然不是一个抽象的存在，而是一个具体的存在，因而不同时期的国际社会显然具有不同的性质与价值取向。现代国际社会起源于欧洲的威斯特伐利亚体系，并在随后的三个世纪中扩张至全世界，形成了一个全球性国际体系。因此，现代国际社会显然是一个西方主导并体现西方主导大国的价值和利益的国际社会，对西方主导大国来说，维护既存体系显然就是其最大利益。因而，所谓融入与革命显然是一个非西方大国，尤其是身处国际体系边缘的广大的发展中国家才需要回答与面对的问题。那么，以中国为代表的广大的发展中国家到底应该采取何种战略才最有利于其国家自主性的维护与增强呢？

一　融入的必然性与基本内涵

从理论上分析，物理性"孤立"战略虽然可以维护国家理论上最大、最完整的自主性，但这种脱离国际社会的"孤芳自赏"必然最终失败，并最终导致国家自主性的完全丧失，清王朝与日本闭关锁国的失败就是最好的历史例证。"融入"与"革命"战略由于能够至少争取到某一力量的支持，因而都有可能成功。不过，从国际关系的历史实践来看，无情的历史已经告诉我们最确定无疑的答案："革命"战略虽然能够取得短期（几年甚或几十年）的成功，但采取该战略的国家要么中途改弦易辙，要么最终归于失败，"文化大革命"期间中国推行革命外交挑战现存国际秩序最终危害了国家生存而不得不放弃这一革命战略，为我们提供了历史借鉴；而成功的现代国家均是采取了追随主流国际社会秩序的"融入"战略，明治维新后日本的崛起和改革开放后中国融入国际社会取得的巨大成功是最好的历史例证。因此，理论与历史证明，"融入"主流国际体系是维护、增强国家自主性的根本战略途径。[①]

那么，"融入"主流或者现代国际体系对发展中国家意味着什么呢？这取决于主流或现代国际体系的基本特点与发展中国家在国际体系中的基本地位。因为，融入意味着改变自己适应外部社会。因此，要明白融入的基本内涵既需要清楚"外部社会"的性质与特征，也需要明白"自己"的位置。

与资本主义的传播联系在一起的过去五百年的世界历史进程，尤其是自 19 世纪晚期以来的世界历史进程创造了一个具有共同特征和全球结构的世界。[②] 从此，在这现代化的世界历史进程中，一方面"国际体系的建立，趋向于规则、价值和目标的统一，同时主张以它为中心整合全人类"；[③] 另一方面，国际政治中"联合且不平衡发展"[④]的绝对规律必然导致各国在国际体系[⑤]中居于不同权势地位。自地理大发现以来，包括中国在内的广大发展中国家逐渐被纳入了这一世界历史进程，但却被无情地抛到国际政治的最底层而任人宰割。包括中国外交在内的发展中国家的外交正是起始于这一世界历史进程的特殊时空情景，并赋予发展中国家外交两个时空特征：

一是时间特征。现代西方自地理大发现以来的对外扩张之所以无往而不胜，根本原因在于，现代西方采纳了现代民族国家的政治组织原则，而其他前殖民地半殖民地往往仍然处于古代帝国或各种松散的部落组织之中。正是两种不同行为体政治组织原则决定了现代西方的强大与非西方的虚弱。为此，对这些国家来说，如何在沦为现代民族国家之殖民地或半殖民地之后实现从帝国或部落到现代民族国家的转

---

① 李志永：《融入与自主性的平衡：中国外交的核心问题》，《世界经济与政治》2010 年第2 期。

② ［英］弗·哈利迪：《革命与世界政治》，张帆译，世界知识出版社 2006 年版，第304 页。

③ Bertrand Badie, *The Imported State*: *The Westernization of the Political Order*, trans. by Claudia Royal, Stanford, CA: Stanford University Press, 2000, pp. 1 - 2.

④ "联合"表现在，世界的各个部分都服从于世界市场的运转，并且表现在共同具有的经济、国家性质、民族主义以及世界共同体的所有特征方面；"不平衡"表现在财富和权力的巨大差异方面。参见［英］弗·哈利迪《革命与世界政治》，张帆译，世界知识出版社 2006 年版，第305 页。

⑤ 此处国际体系的使用并不是基于英国学派对国际体系、国际社会的区分，而是泛指广义的国际体系，此处并无区分二者的必要。

变以跟上时代变迁步伐就成为各国必须面对与解决的重大理论与实践
问题。简单地说，就是如何实现政治组织原则的根本转变，构建一个
现代民族国家。

二是空间特征。一方面，在寻求民族独立、实现现代化的过程中，西
方的现代民主制度虽然影响广泛，但大多数国家建立了与西方不同的政
治、经济制度，并保存了自己的文化传统；另一方面，这些前殖民地半殖
民国家虽然摆脱了西方的军事、政治控制，但其在国际体系中的依附或边
缘地位却依然如故，甚至得到某种强化。为此，对这些国家来说，如何在
全球相互依赖不断强化的同时，通过现代化逐步摆脱依附地位，赢得与西
方国家平等的政治地位，增强其国家自主性成为另一个重大且紧迫的理论
与实践问题。简单地说，就是如何实现国家自主与崛起。

正是这两大时空特征产生了发展中国家外交必须解决的"两大问
题"①：即现代民族国家的构建和国家自主与崛起。对于广大的发展中国
家来说，融入现存国际体系本质上就是要处理好这两个问题，这正是
"融入"的基本内涵。

第一，实现政治组织原则的根本转变与平衡。

现代西方国家的帝国扩张之所以无往而不胜，根本原因在于非西方
国家的自主性的缺乏，即缺乏一套有效动员本国资源的政治组织。现代
西方的强大已经证明现代民族国家是一种有史以来最为有效的政治组织
制度，非西方的政治组织原则不堪一击。中国、印度、拉丁美洲多数国
家和非洲各国近代的失败无不与此有关。为此，对这些尚未采纳现代民
族国家的政治组织原则的非西方国家来说，面对主权逐步丧失、国家自
主性逐步沦落的遭遇，顺应世界潮流建构一个现代民族国家就成为其唯
一选择。然而，在包括中国在内的广大发展中国家的民族国家建构尚未
完成之际，威斯特伐利亚神殿的支柱——民族主权——却正在逐步腐
朽，纯粹的民族主义原则已经受到了空前的挑战，欧盟的诞生及其演进

---

① 由于中国不仅是一个发展中国家，而且还是一个社会主义国家，因而对中国来说，社会
主义身份构成了中国外交空间特征的另一方面，由此产生了中国外交另一个问题，即实现不同社
会制度的和平相处。为此，中国外交需要解决的是"三大问题"。参见李志永《融入与自主性的
平衡：中国外交的核心问题》，《世界经济与政治》2010 年第 2 期。

证明了这一点。① 这表明，对于广大的发展中国家来说，如何在建构现代民族国家的同时，又不断适应新的全球治理形式是各国面临的新的挑战。这要求各国在实现政治组织原则根本转变的同时还必须因应形势实现不同政治组织原则的平衡。

第二，融入现存国际秩序，实现国家自主与崛起。

理论与实践已经证明，对现存国际秩序采取"革命"挑战态度绝对是行不通的。因此，对广大的发展中国家来说，如何在"接受"现存国际体系中的依附或边缘地位的同时，通过融入现存国际体系，学习西方先进技术、制度与文化等，最终摆脱这一依附与边缘地位，实现国家自主与自我崛起，争取平等的国际政治权利，就成为发展中国家"融入"战略的另一个要求。

综上所述，理论与历史已经证明"孤立"与"革命"战略不是国家维护自主性的有效战略，而只有"融入"战略才能帮助国家实现富强、维护其自主性。对身处国际体系边缘的广大的发展中国家来说，融入并不是简单的"西化"，相反，"融入"既是学习西方的过程也是一个实现国家自主与自我崛起的过程。

二　发展中国家外交的核心问题：融入与自主性的平衡

"融入"现存国际体系实质上就是要把发展中国家"社会化"为体系内"正常国家"，这里的潜在假设是，现存国际体系是合理的，从而掩盖了现存国际社会、国际体系的不平等、不公正的现实，忽视了"融入者"在社会化中的主体地位与能动性。因此，如果我们看不到"融入"本身包含实现国家自主和自我崛起的战略目标必然会让"融入者"丧失掉维护本国利益、权利的警惕性与主体意识。实质上，从战略意义上讲，融入只不过是发展中国家外交的战略，而国家自主性才是发展中国家的根本战略目标。因此，实现战略途径与战略目标即融入与自主性的平衡就构成了发展中国家外交中的核心与关键问题。为此，这需要对融入与自主性进行辩证的理解。

1. 融入必须是主体性的融入。

融入意味着改变自己适应外在的标准。现代西方的强大与先进，很容

---

① 关于主权受到的挑战，参见 [美] 詹姆斯·N. 罗西瑙主编《没有政府的治理——世界政治中的秩序与变革》，张胜军、刘小林等译，江西人民出版社 2001 年版，第三章。

易让人丧失民族自豪感从而将融入等同于"西方化"甚至"美国化"。然而,这种简单的"趋同式"融入实质上是一种没有自我、没有"主体性"的融入,这种融入否定了各国问题的特殊性,必然会遭遇适应性问题。因此,对广大的发展中国家来说,在融入现存国际社会的同时,必须坚持自己的传统文化与主体性。从长远来讲,融入并不是目标而仅仅是手段,广大的发展中国家在融入世界的同时,必须实现国家自主与自我崛起,这才是融入的最终目标,也是国家自主性的最高境界。

2. 自主性必须是一种关系自主性。

鉴于国家主权与自主性丧失的历史遭遇与艰难赢得独立自主的现实体验,对广大的发展中国家来说,他们较多地会强调国际环境对国家自主性的负面影响,因而偏向于强调自主性的绝对性。然而,随着冷战的结束,全球化、一体化深入发展,全球相互依赖已经成为现实,合作逐步取代了对抗。正是这种"行动背景"的变迁要求我们必须基于主体间合作关系的新背景来重建其含义。正如埃德加·莫林(Edgar Morin)所指出的,在国际关系领域巩固一种关系自主性观念是至关重要的。他进一步提出了两个重要思想:其一,"有必要放弃外部环境决定天命的观念",相反它还可能增加选择机会;其二,更重要的是,自主性与依附性并不是相互对立的,"能产生自主性的事物也能产生依附性,该依附性又能产生自主性"。① 而彼得·埃文斯在对发展中国家的研究中提出的嵌入自主性概念也颇具启发。他认为"国家与社会不仅仅连接在一起,还相互建构"。② "嵌入自主性的效力源于将初看起来似乎相互矛盾的特性的熔合。嵌入性提供了智慧之源和提升国家能力的执行渠道"。③ 通过比较研究,他认为,国家自主性正是通过与社会各方更全面、更广泛的联系、嵌入而获得的,而那种完全不受社会控制的国家,如扎伊尔(Zaire)④,将沦为掠夺型国家,最终危害国家发展,而国家与社会相互加强正是发展型国家成功的要

---

① 转引自 Roberto Russel, and Juan Gabriel Tokatlian, "From Antagonistic Autonomy to Relational Autonomy: A Theoretic Reflection from the Southern Cone", *Latin American Politics and Society*, Vol. 45, No. 1, 2003。

② Peter Evans, *Embedded Autonomy: States and Industrial Transformation*, Princeton, NJ: Princeton University Press, 1995, p. 3.

③ Ibid., p. 248.

④ 即现在的刚果民主共和国(Democratic Republic of the Congo, DRC)简称刚果(金)或民主刚果。

义。虽然埃文斯的嵌入自主性概念是在国内政治使用的，但正如本书一直强调的，国际政治也具有与国内政治相同的逻辑，因而，嵌入自主性概念完全可以被借用到国际政治中。中国学者杨雪冬也指出，在全球化这个大背景下，国家自主性的实现不再仅仅依靠国家相对于社会保持一定程度的独立性以及有意识地脱离国际体系的制约，更需要国家谋求社会的合作以及国际体系的支持，为其扩展了的行动赢得更广泛的支持和更多样化的资源。因此，国家自主性的实现方式需要从谋求"相对独立"转向寻求"多层次的合作"。①

可见，自主性"是一个在社会化的世界里把握各种关系的社会概念""源于互惠、义务、共同的经验，以及与他人的合作"②，绝对的自主性是不存在的。这种关系自主性概念应该包括以下四点：其一，自主性存在于一个关系网络中而不是孤立地存在，甚至可以说，他者（指其他国家）已经成为一个行动整体的一部分而不是对立面。其二，在关系网络中自主性与依附性相生相得，而不再是两个对立的极端。其三，强调合作而不是对抗，即自主性是通过嵌入、合作而不是简单的对抗来获得和增加的。其四，它强调国家必须负责任地行动。可见，作为国际关系中的实践，关系自主性要求增加国家间的互动、协商、合作和对治理全球问题的国际制度与规范的积极参与。也就是说，国家对自主性的维护是通过合作和承担国际责任来实现的。简言之，关系自主性概念可以被界定为，国家通过嵌入国际社会或与他国合作以负责的方式行动以达到自己目标、维护自己利益和承担国际责任的能力。③

可见，维护自主性与采纳"融入"战略并不是相互冲突的，而是相互联系、辩证统一的。融入是维护国家自主性的根本战略手段，而维护国家自主性则是融入的根本战略目标。作为发展中国家外交中核心问题的两个方面，我们必须在坚持融入国际社会的同时谨记维护国家自主性的根本目标，绝不能只知其一不知其二，更不能有失偏颇，必须处理好

---

① 杨雪冬：《国家自主与中国发展道路》，《社会科学》2006年第3期。

② 威廉·科尔曼、刘易斯·波利、戴安娜·布赖登：《全球化、自主性与制度变迁》，载[加] 刘易斯·波利、威廉·科尔曼主编《全球秩序：剧变世界中的机构、制度与自主性》，曹荣湘等译，社会科学文献出版社2009年版，第9页。

③ 参见李志永《融入与自主性的平衡：中国外交的核心问题》，《世界经济与政治》2010年第2期。

两者之间的动态平衡。当广大的发展中国家在这两者之间实现了这种动态平衡后，对这些国家来说摆脱其在国际体系中的边缘与依附地位就将不再是不可能的。包括中国在内的新兴国家的成功崛起，本质上就是在融人的手段与自主性目标之间实现了良好的动态平衡，值得其他非西方国家借鉴。

第 十 章

自主性外交理论与
中国特色大国外交

2013 年 6 月 27 日，中国外交部长王毅在第二届世界和平论坛午餐会上的演讲中指出，当代中国正在积极探索走出一条有中国特色的大国外交之路。如何化解"修昔底德陷阱"，实现中华民族和平崛起的"中国梦"，承担负责任大国的应有责任，是当前中国特色大国外交的根本任务。2013 年 10 月 25 日习近平在周边外交工作座谈会上指出，政策和策略是党的生命，也是外交工作的生命。做好外交工作，胸中要装着国内国际两个大局。2014 年 11 月 29 日习近平在出席中央外事工作会议时指出，我们观察和规划改革发展，必须统筹考虑和综合运用国际国内两个市场、国际国内两种资源、国际国内两类规则。为此，对于中国外交而言，要做好内外联动时代中国特色的大国外交，实现和平崛起，我们不仅需要心中装着内外两个大局，还需要掌握统筹内外两个大局的真实本领与战术政策。为此，在构建了自主性外交理论模式并对相关假设进行案例验证之后，本章将结合内外联动新时代的基本特征与自主性外交理论的基本假设以及当前中国崛起的历史性契机对当前中国特色大国外交转型进行解读以揭示自主性外交理论的政策意涵。与前三章侧重"质""量""略"的宏观分析不同，本章将立足于"术"，即具体的政策应对，立足于对当前中国外交策略进行解读、分析与建言。

第一节　中国特色大国外交势在必行

大国天生的与对权力的追求联系在一起。而在中国传统思想文化中，对权力的公开追求却被视为是不道德的。另外，鉴于中国近代屡次遭受西方大国欺凌的历史记忆,在中国近代思想中,大国其实就是列强与帝国主义的同义语。因此,在中国外交中,大国一直是一个尽量加以回避的话题。然而,悠久的历史文化、众多的人口和广袤的国土决定了中国又是一个天然的大国,中国外交必定迟早需要面对大国话题。

虽然自 20 世纪 90 年代以来,国内学者就中国是否要实行大国外交进行过热烈讨论①,但这一讨论似乎很快沉寂。然而进入 21 世纪以来,尤其是金融危机爆发以来,有关中国大国外交的讨论似乎已经超越是否需要大国外交而直接触及中国大国外交的内容、方式与战略等。② 而当中国外交部部长王毅提出中国正在"探索中国特色大国外交之路"的论述之后,有关大国外交的论述更是屡见不鲜。然而,中国为何要实行大国外交? 又为何必须在此时超越经济外交实行大国外交? 这些问题却没有得到很好的回答。

叶自成在世纪之交发出中国大国外交战略势在必行时,主要基于冷战结束以来中国国际形势日益严峻的判断,因而大国外交战略主要服务于提升国家的综合国力,因为"在同等国力的情况下,一个好的外交战略,可以提升本国在世界事务中的作用和地位,而一个不好的外交战略,可能削弱本国在国际社会的地位"。③ 十年之后的国际形势,不仅经历了全球化的高歌猛进、信息社会的横扫裹挟,而且还经历了"9·11"的恐怖袭击、全球金融危机持续发酵以及非西方国家的分化与新兴大国的群体性崛起,已经发生了巨大而深刻的变化。今日中国虽然所面临的国际形势依然严峻,但面临的机遇显然更多。"面对西方裹挟赢得冷战胜利余威而对华日益增加的战略压力,中国应该如何应对?"是十年前的中国学者急需解答的问题。而对今日中国来说,问题已经演变为"面对西方的相对衰落和中国的持续快速崛起,中国应该如何应对?"按照王毅的话说,就是"一个持续快速发展,并且拥有 13 亿人口的大国,将在全球事务中扮演

---

① 参见叶自成《中国实行大国外交战略势在必行——关于中国外交战略的几点思考》,《世界经济与政治》2000 年第 1 期;刘胜湘《中国实行大国外交战略为时尚早——与叶自成商榷》,《世界经济与政治》2000 年第 7 期。

② 参见周方银《大国外交需要"软硬兼施"》,《人民论坛》2012 年 9 月 20 日;徐进《感召力:大国外交的新要素》,《学习月刊》2012 年 9 月 8 日;吴心伯《大国外交:挑战与应对》,《东方早报》2013 年 3 月 18 日。

③ 叶自成:《中国实行大国外交战略势在必行——关于中国外交战略的几点思考》,《世界经济与政治》2000 年第 1 期。

什么样的角色，对外奉行什么样的政策，对世界产生什么样的影响？"那么，基于国家自主性视角与自主性外交理论模式，21世纪以来，哪些因素或国内外形势决定了中国实行大国外交势在必行呢？

第一，从国家实力而言，中国是个大国已经是不争的客观事实，大国责任责无旁贷。中国综合国力在世界上已经"坐二望一"，中国已经站到国际舞台的中央，各种世界事务往往离不开中国的积极参与。中国已经由"中国之中国"变为"世界之中国"。中国有能力更有责任在更广阔的国际舞台上，以更加进取的姿态发挥更大作用，承担更大责任，履行更多义务，更加积极、主动地去塑造国际关系和解决全球问题，以奉献处理当代国际关系的中国智慧，增添完善全球治理的中国方案，履行中国的大国责任。

第二，从内外联动而言，中国特色大国外交是对世界种种期待的明确回答。以"中国威胁论""中国崩溃论""中国机遇论"与"中国强硬论"为代表的种种对中国未来的猜测与预测表明今日中国已经站在了世界聚光灯下，向中国投来的目光中，有欣赏，也有疑虑；有赞扬，也有批评；但更多的，应当是期待。也就是说，一个强大的中国到底对世界意味着什么已经成为中国必须回答的问题。如果说和平发展、和谐世界是一种主观回答与承诺的话，其可信性需要未来才能得到检验，而无政府的世界是只会将可信性建立在现实而不是某种对未来的主观承诺之上的。为此，如何给世界一个现实可信的回答就成为中国外交更为实际的课题。中国特色大国外交之路正是面对种种世界舆论的现实回答，也是可信回答。

第三，从外交合法性而言，当今与未来的全球治理需要中国参与更需要中国理念、中国方案。当今全球治理的种种方案都基于西方发展经验，当这些治理方案应用于非西方世界时常常运转失灵，适得其反，不仅不能解决问题，而且有时还成为问题之源。作为东亚文明的代表，经过200多年与西方打交道的经历，中国探索了一条基于中国国情的中国之路。21世纪以来国际社会对"北京共识""中国模式"的热烈讨论与非洲、拉美国家对中国治国理政经验的兴趣，充分表明作为具有共同经历的发展中国家，中国经验可能比西方经验对广大的发展中国家更具启示与价值。因此，全球治理不仅需要中国的实际参与，更需要中国将治国理政的中国经验贡献给世界以完善全球治理的既有方案。为此，贡献治国理政的中国经验和全球治理的中国方案急需中国大胆探索大国外交之路。

第四,从外交嵌入性而言,相互依赖、双向互动为国际制度提供了更大作用空间,国际制度在新的全球治理中能否有效急需中国的参与、支持与塑造。全球相互依赖的强化让人类进入了跨国威胁的时代,"在这样的世界上,国家安全与全球安全相互依赖,主权国家采取单方行动已经无法保护自己的国民"①,无法有效应对形形色色的全球问题,国际制度成为无政府状态下虽然不尽满意却更为有效的问题解决平台。随着美国的相对衰落和中国的快速崛起,国际制度作用的发挥更加依赖于中国的参与、支持与塑造。没有中国的积极参与、支持与塑造,联合国、世界银行、国际货币基金组织等当今重要国际组织将难以发挥有效作用,气候变化、生态恶化、大规模杀伤性武器的扩散、恐怖主义等各种全球性问题将难以根治。

第五,从国家自主性而言,中国特色大国外交是以人为本的中国特色发展道路的自然延伸。改革开放三十多年来,中国结合世情、国情及建设中国正反两方面的经验教训,探索出了一条中国特色发展道路,这是一条既借鉴又不同于西方发达国家发展道路的中国之路。党的十八大以来,中国吹响了新一轮全面深化改革的号角,国家—社会关系必将在全面的改革中得到进一步的调适,国家自主性必然将日益彰显制度自主性与观念自主性的能力。

随着国内全面改革的深化与国家自主性的调适,基于上述国内外新形势、新趋势,中国因应时代发展和国家需要,及时地提出了探索中国特色大国外交之路的历史任务。我们相信,中国特色大国外交之路切合世情、国情和现实需要,中国外交从小国外交向大国外交,从权力自主的单向追逐、制度自主的功利利用到观念自主的主动引领的转型的成功必将为中国不断拓展的国家利益更好保驾护航,并为国际和平贡献更多中国智慧。

第二节　中国特色大国外交的内涵

著名的外交政策分析学者查尔斯·赫尔曼认为,"变迁是政府外交政

---

① 〔美〕布鲁斯·琼斯、卡洛斯·帕斯夸尔、斯蒂芬·约翰·斯特德曼:《权力与责任:构建跨国威胁时代的国际责任》,秦亚青等译,世界知识出版社2009年版,第3页。

策的普遍属性"①。自接触威斯特伐利亚体系以来，中国外交就一直在不断调适以助力"中国梦"②的实现。那么，基于国家自主性的演变，中国外交相应地经历了哪些演变？中国特色大国外交与新中国成立以来的外交路线有哪些不同？又具有哪些特定的历史内涵？

一　中国特色大国外交的实行

当今世界正在发生前所未有的变化。全球化与信息化正在经济、政治、文化各个领域迅速展开并加速发展，相互依赖与双向互动已经成为当今世界的突出特征，各国正在成为更加利益交融的命运共同体，同时也面临着更加纷繁复杂的全球性共同挑战。自 2008 年爆发国际金融危机以来，国际格局正在发生新的变动，国际社会正面临前所未有的新挑战。不仅欧美发达国家内部发展遇到艰巨挑战，以西亚北非为代表的广大发展中国家内部也经历着剧变。与此相反，以中国为代表的部分新兴国家却在危机中不断崛起。今天的中国，国内生产总值已经"坐二望一"，国内改革攻坚持续推进，国际地位正蒸蒸日上。面对国际形势和中国与世界关系的剧变，当前崛起的中国外交正面临巨大的转型机遇与挑战。2013 年 6 月 27 日，中国外交部部长王毅在第二届世界和平论坛午餐会上的演讲中指出，以习近平为总书记的中国新一届中央领导集体成立以来，团结带领全国人民为实现两个百年目标和民族复兴的中国梦而奋力开拓，在外交上不断采取新举措，推出新理念，展示新气象，新时期的中国外交更具全球视野、更富进取意识、更有开创精神。可以说，在继承新中国外交六十多年形成的大政方针和优良传统的基础上，当代中国正在积极探索走出一条有中国特色的大国外交之路。③那么，从国家自主性视角而言，我们应该如何界定、认识当前中国实行的中国特色大国外交呢？

---

① Charles F. Hermann, "Changing Course: When Government Choose to Redirect Foreign Policy", *International Studies Quarterly*, Vol. 34, No. 1, 1990.

② 2012 年 11 月 29 日，中共中央总书记习近平带领新一届中央领导集体参观中国国家博物馆"复兴之路"展览，习近平最早对"中国梦"进行了权威定义，即实现伟大复兴就是中华民族近代以来最伟大梦想。

③ 《探索中国特色大国外交之路——王毅部长在第二届世界和平论坛午餐会上的演讲》，2013 年 6 月 27 日，外交部网站（http://www.fmprc.gov.cn/mfa_chn/wjb_602314/wjbz_602318/zyjhs/t1053901.shtml）。

二　中国外交的历史演变与比较

一个自视"天朝"的"上国",一个有着众多番邦和属国的泱泱大国,在与"坚船利炮"的西方相遇后,被迫放弃"天朝"尊严,俯就席卷而来的西方现代化的浪潮。① 这应该是研究包括中国外交转型在内的当今中国诸多问题的根本出发点。为此,"如何处理中国与现代(资本主义)国际体系的关系并进而恢复失去的大国地位"自然就成为中国外交的核心问题。从这一核心问题出发,基于中国国家自主性的演变轨迹,中国外交已经经历了革命挑战、理性融入两个阶段,并正处于积极塑造的第三阶段。相应地,从中国外交在不同阶段的主要目标及其达至主要目标的主要手段来看,中国外交亦存在明显的三个阶段,即政治外交阶段、经济外交阶段和大国外交阶段(表10–1)。

表10–1　　　　　　　　　中国外交的历史演变与比较

时间段	自主性类型	外交形态	根本目标	体系观	主要目标	理想目标	外交依据	外交手段
1949—1978	权力主导型	政治外交	国家生存	革命挑战	外交承认	革命化	意识形态	战略联盟
1979—2009	制度主导型	经济外交	经济发展	理性融入	招商引资	现代化	经济利益	韬光养晦
2010—	观念主导型	大国外交	中国崛起	积极塑造	大国责任	和谐化	国家形象	综合运用

中国外交的第一阶段,始于1949年结束于改革开放的1978年,此阶段国家自主性属于权力主导型,为政治外交阶段。所谓政治外交阶段,即中国外交的目标和手段主要集中于政治方面,而经济或其他目标则明显从属于政治需要。

当中国共产党领导中国人民以独特的道路赢得独立时,中国面临特殊的国情。其特殊性在于:其一,中国国内实现了社会主义制度,但对此尚

① 李兆祥:《近代中国的外交转型研究》,中国社会科学出版社2008年版,第1页。

无定型方案而处于探索之中；其二，中国身处不同社会制度对抗的冷战国际环境之中；其三，中国内战尚未完全结束，国共两党不仅竞争全国统治权还承载着不同制度优劣的竞争。鉴于此，相对于国际体系，中国采取了"革命造反"的根本立场，中国外交从"一边倒"到"两头反"再到"联美反苏"都充斥着革命意识形态的影响和浓厚的政治色彩，故政治外交又可称之为革命外交。

政治外交阶段的中国外交的主要特征有六：其一，保障政治生存、政治独立是中国外交的根本目标。其二，中国不认同既有西方国际体系，对其采取了革命挑战的立场。其三，争取最大最多的外交承认是中国外交的主要目标。其四，以革命的方式实现世界的革命化是中国外交的最高目标。其五，意识形态是中国外交方向评判的主要依据。其六，战略联盟是中国外交的主要手段。

中国外交的第二阶段，始于改革开放终于奥运会和新中国成立60周年的庆典。这一阶段国家自主性属于制度主导型，其典型特征就是"以经济建设为中心"，外交服务于国内现代化和经济发展，即经济外交或发展外交阶段。

经过前三十年的建设、探索和实践，中国的政治生存已基本得到保障，这为中国较早走出冷战思维提供了基本前提。更为重要的是，前三十年的计划经济建设，虽然取得了不小成就，但却拉大了与世界经济的差距，人民生活水平并未得到根本改善。为此，邓小平顺应时势，提出了"以经济建设为中心"的基本路线。中国外交从此进入了完全服务于国内经济建设和实现现代化的阶段。鉴于此，相对于国际体系，中国采取了"理性融入"的根本立场，使改革开放以来的中国外交具有浓厚的"实用主义"① 色彩。

经济外交阶段的中国外交的主要特征有六：其一，实现经济发展是中国外交的根本目标。其二，中国逐渐认同既有西方国际体系，对其采取了理性融入的立场。其三，招商引资是中国外交的主要目标。其四，通过现代化实现强国是中国外交的最高理想目标。其五，经济利益是中国外交方向评判的主要依据。其六，不结盟、韬光养晦是中国外交的主

---

① 关于中国外交"实用主义"的讨论，参见 Suisheng Zhao ed.，*Chinese Foreign Policy：Pragmatism and Strategic Behavior*，New York：M. E. Sharpe Inc.，2004。

要手段。

2010 年中国国内生产总值正式超过日本，成为世界第二大经济体。以习近平为总书记的中国新一届中央领导集体成立以来，团结带领全国人民为实现两个百年目标和民族复兴的中国梦而奋力开拓，在外交上不断采取新举措，推出新理念，展示新气象，新时期的中国外交更具全球视野、更富进取意识、更有开创精神。可以说，在继承新中国外交六十多年形成的大政方针和优良传统的基础上，当代中国正在积极探索走出一条有中国特色的大国外交之路。相对于国际体系，今日中国已经成长为理所当然的大国，正在接受西方国际体系合理成分的基础上，积极以建设性和创造性的方式提出自己的国际秩序观并积极实践。无论在国内社会还是在国际社会，中国都试图在新的话语权之争中获得应有立足之地，观念主导型自主性呼之欲出。为此，积极并创造性塑造将是这一阶段的主要特征，积极通过大国外交推进中国崛起实现中华民族伟大复兴将是这一阶段的主要目标。中国正在逐步进入大国外交新阶段。

大国外交阶段的中国外交的主要特征有六：其一，实现中国崛起与中华民族的伟大复兴是中国外交的根本目标。其二，中国已经基本认同既有西方国际体系，并成为主要受益者，对其采取了积极塑造的立场。其三，以创造性塑造的方式承担大国责任是中国外交的主要目标和行为特征。其四，通过和谐化建设和谐世界是中国外交的最高理想目标。其五，国家形象的战略考虑是中国外交方向评判的主要依据。其六，根据国际形势灵活、综合地运用各种外交手段将丰富中国外交艺术的工具箱。

三　观念自主：中国特色大国外交的现实内涵

鸦片战争后中国面临的特殊时空情景决定了中国外交的核心问题是在融入历史任务和现实的自主性之间寻求平衡以恢复失去的大国地位，一旦失衡，新的平衡需求将促使中国外交和指导思想的调整。从中国外交的历史演变看，不同的历史阶段本质上折射的是围绕这一核心问题在平衡与失衡之间的波动规律。中国外交之政治外交解决了中国独立与生存问题，继之而来的经济外交基本解决了融入既存国际体系的问题，但无论是政治外交还是经济外交本质上都是弱国外交或小国外交，因为此时的中国外交一直笼罩在深深的"受害者心理"① 阴影里，仍然弥漫在"弱国无外交"的沮丧中，持续追寻的是权力自主。而大国外交或强国外交正是中国真正摆脱"受害者心理"重拾外交自信、外交自觉和外交自尊的开始，真正试图在制度自主中掌控规则制定权，在观念自主中占据国际话语权与国际道义制高点的开始。为此，在这文化、价值观对国际关系影响日益深化的内外联动时代，如何在观念之战与价值竞争中脱颖而出实现观念自主就是今日大国外交的关键任务和根本特色。所谓观念自主就是中国外交必须在国际价值观竞争中以自己既独具中国特色又具有普世关怀的价值观去引领国际规范的发展。为此，中国特色大国外交的兴起必将丰富中国外交的画面，并使中国外交逐渐摆脱过去那种历史波动规律，不仅实现从政治外交、经济外交的弱国外交到大国正常外交的回归，而且实现从权力自主、制度自主到观念自主的转型与重塑，在创造性塑造的过程中最终实现融入与自主性的终极平衡，并最终实现中华民族伟大复兴的"中国梦"与世界和平和谐发展的"世界梦"的相容相通。

因此，进入 21 世纪的中国外交转型将与历次转型大为不同，因为这次转型是在融入历史任务基本完成之后，在完成国家自主性的内外重塑之际，面对国双向互动的新形势，如何在体制内以"正常国家"的方式实现国家利益的大国外交保护，并尝试在观念之战中实现价值的引领，不仅是从弱国外交、小国外交到强国外交、大国外交的转型，而且是从权力自主的单向追逐、制度自主的功利利用到观念自主的主动引领。这是当前中国实现中国特色大国外交实行外交转型的特定复杂内涵与本质，是实现回归正常大国外交和观念自主的转型。由于这一转型又恰逢中国的崛起与中华民族的伟大复兴，因此，这一转型是否成功将是决定中国外交乃至世界未来的关键，固可称之为大转型。面对这一大转型，中国外交必须深刻认识内外联动时代的基本特征，以推动中国外交顺势而为，顺利实现和平崛起的伟大历史使命。而本书从内外联动时代特征出发而构建的自主性外交理论模式必能为中国外交大转型的顺利实现提供基本的理论启示与政策指导。

---

① 关于中国外交中国的"受害者心理"及其对外交的影响，参见钱皓《龙文化、大国心态、中美关系——对中国"受害者心理"的历史与理论考释》，《国际观察》2004 年第 2 期；袁南生《中国千年外交与国民心态》，《同舟共进》2011 年第 11 期。

第三节　中国特色大国外交之策

近现代的历史遭遇、中国梦的目标追求与内外联动的新时代催生了立足于塑造世界的中国特色大国外交之路的探索。新形势下的中国外交，以更为宽广的视野、更富进取的姿态，在全球范围内展开。对于中国外交而言，要做好内外联动时代的外交，实现和平崛起，我们不仅需要心中装着内外两个大局，还需要掌握统筹内外两个大局的真实本领与政策战术。那么，基于内外联动的时代的基本特征与国家自主性的分析视角，中国外交及其外交官们能从自主性外交理论中得到哪些启示获取哪些策略呢？

综合内外联动时代特征、国家自主性概念和本书提出的十四个假设，本书认为自主性外交理论为中国特色大国外交的实行提供了如下几个政策启示。

第一，中国特色大国外交的实行必须以开放的视野不断提升时代认知能力。无政府状态的本质虽然未有根本改变，但当今国际社会的性质却因全球化、信息化、民主化等重大社会趋势而发生着显著的变化。内政外交频繁、密切的互动正在改变着外交运行的方式和后果。内外联动正在成为当今外交的新常态。时代性质的变化要求我们必须提高认识内政外交紧密联动新常态的能力。这要求中国外交的实践者与研究者不断深化时代特征的研究，深刻认识内外联动时代的基本特征、互动机制与影响因素，培养辨识国际局势发展趋势的认知能力，提高统筹掌握内外联动新常态的外交能力。

第二，中国特色大国外交的实行必须以全面改革不断优化国家—社会关系，以改善国家自主性地位。由于外交行为能力与国家能力具有正相关关系（假设1），中国特色大国外交的实行与实现除了依赖于高超的外交技巧之外，还必然依赖于中国国家能力的不断优化和提高。在中国内部经历重大社会转型之际，中国社会治理与动员能力正面临新的权威挑战和治理危机，中国必须通过全面改革以重塑国家—社会关系，以为中国外交能力的提升奠定长期稳定的国内基础。为此，中国外交的研究者与实践者必须牢固树立内政决定外交的大局意识，通过重塑国家—社会关系增强社会治理与动员能力，最终提升中国外交能力。

第三，中国特色大国外交的实行必须以"经济建设为中心"不断提升综合国力。责任是中国特色大国外交的核心追求，但这种责任绝不是意识形态的传播或输出，而是公共物品的供给与维护。负责任大国形象的塑造与中国梦的实现根本上依赖于中国经济的持续健康发展和综合国力的不断提升（假设2）。为此，中国特色大国外交的实行必须紧紧围绕"以经济建设为中心"这个党的基本路线，牢固树立外交为经济服务的大局意识，淡化意识形态色彩，不断增强综合国力，而决不能重蹈革命外交的覆辙。这是决定中国能否实现和平崛起的关键。

第四，中国特色大国外交的实行必须以高超的外交策略不断协调好双向互动关系。本书对内外联动时代诸多互动机制与战略（假设10、11、12、13、14）的研究表明，成功的外交决策与外交行为必依赖于外交实践者对双向互动基本战略的深刻理解和对内外不同行为体的关系的战略协调，以实现国家自主性的最大最优化追求。

第五，中国特色大国外交的实行必须继续坚持改革开放，提升不断融入国际社会的速度与质量，增强与国际社会互动的制度化水平。尽管中国与国际社会相互影响的力度与广度已经史无前例，尽管中国强调全球治理需要体现中国智慧与中国方案，但中国特色大国外交的实行必须是在与国际社会的互动中实现的，而不是孤立的进行的。为此，如何继续坚持对外开放，如何提升融入国际社会的速度与质量，增强与国际社会互动的制度化水平，仍然是中国特色大国外交的应有之义。这不仅可以促进中国国家自主性类型的演进而且将为中国外交的进步性开启制度化之路（假设4、5、6、7、9）。

第六，中国特色大国外交的实行必须以观念自主不断推进国际规范重塑。随着国际关系民主化的发展，权力政治日益让位于权利政治，国际道义话语权与国际规范塑造权已经成为各国外交新的争夺高地。由于外交行为及其能力与合法性呈正相关关系且合法性将能促进自主性类型演进与外交行为的进步性（假设3、4、5、6、7、8），中国特色大国外交绝不是要重复传统大国外交的霸道而是要通过合法性的塑造去获得世界各国尊重的王道；中国特色大国外交绝不是要重复传统大国外交的价值输出或红色革命而是要通过兼具中国特色和普世关怀的优秀价值观去实现国际规范的重塑，让中国国家利益深嵌于国际关系的深层规范结构之中，在增强外交能力的同时提升外交的进步性。

第七，中国特色大国外交的实行必须以观念共享不断推进国家自主性的重塑。如果说观念自主是中国特色大国外交的基本要求，那么观念共享就是中国特色大国外交的核心要求，也是中国能否成功跳出"修昔底德陷阱"、化解"中国威胁论"的根本。由于观念主导型自主性代表着社会文明与外交行为的进步且只有共享型观念自主性才能真正促进外交的进步（假设4、5、6、7、8），中国特色大国外交的实行必然要求中国在实现观念自主的同时，不断在观念规范上融入世界，不断增强观念的社会性与共享性，以共享性价值规范实现国家自主性的重塑，最终实现观念自主、观念重塑与观念引领，最终在国际规范价值竞争中处于有利与领先地位。

综上所述，本书的研究表明，国家自主性不仅能够提升各国外交能力，而且还能增进各国外交进步性，进而为崛起大国跳出"修昔底德陷阱"提供历史契机。因此，中华民族伟大复兴的"中国梦"的实现和世界和平的维护，需要中国全面、深刻地提升国家自主性，以夯实中国崛起的社会基础，提升中国崛起的持续性，并开辟和平崛起的新路。

结　语

自主性外交理论：贡献与未来

第一节　主要结论

　　研究的价值在于为我们更好地理解国际政治世界提供了知识增量。知识增量具有两种形式：其一，通过提出新问题，发现了新的知识①；其二，对老问题的新综合，提升了我们对该问题的理解力。在本书结束之际，通过回顾本书的主要结论与创新，我们可以对本书的研究价值做出判断。本书提出的是一个老问题，即"如何分析外交政策及其行为？"但笔者基于内外联动新时代的判断，从施动者—结构论战入手，以国家自主性为核心概念，提出了以施动者为中心的"结构—认知—行为"分析框架，构建了一个以国家为中心的自主性外交理论模式，对这个问题进行了新的综合。这种新综合是否提升了我们对外交政策的理解力呢？其价值何在？我们可以通过回顾本书的主要结论与研究创新，从而对此做出基本判断。结合本书的基本判断与研究假设，本书主要结论如下。

　　第一，21 世纪是全球化时代，也是和平与发展的时代，更是内政与外交频繁、密切互动的内外联动新时代。这是本书结合全球化的新发展对和平与发展时代内涵的拓展，必将有利于更加全面地把握当今时代的新变化、新常态与新趋势。

　　第二，外交决策的施动者是具有本体论地位的国家，以国家为中心的外交政策分析是实现内外统筹两个大局和大理论创新的便利和有效切口。通过引入国家—社会视角，本书认为外交决策中的施动者是具有本体论地

---

①　如伊姆雷·拉卡托斯认为研究进步的标准在于能否预测新的事实。参见伊姆雷·拉卡托斯《证伪和科学研究纲领方法论》，［英］伊姆雷·拉卡托斯、艾兰·马斯格雷夫主编《批判与知识增长》，周寄中译，华夏出版社 1987 年版。

位的国家，这个国家是具有自我利益、自我目标的自主性组织实体，因而国家施动者不同于抽象的国家概念或具有领土边界的民族国家或作为阶级斗争工具的国家。就此而言，本书突破了传统的把民族国家完全"黑箱化"的观点，强调了国家的本体论地位和国内结构对外交决策的影响。鉴于外交政策分析能够有效地将宏观决策结构和微观决策过程联系起来，外交政策分析成为大理论创建的有效切口。

第三，外交政策是施动者与结构综合互动的结果。为此，外交政策分析不能单独集中于某一端，而必须从施动者—结构互动的视角去分析。为此，本书构想了以施动者为中心的综合本体论与认识论的"结构—认知—行为"分析框架，这一结论奠定了自主性外交理论的哲学基础。

第四，国家行动的结构不仅包括国际结构而且包括一直被主流理论忽视的国内结构，并且具有权力、制度与观念三个面向。因此，本书跨越了国际政治与国内政治研究的学科界限和国际关系中三足鼎立的流派界限，综合了外交决策中的内外结构和权力、制度与观念因素。

第五，国家自主性的分布决定国家行为，即各国基于自主性的追求而与不同层面、不同属性、不同主体间的结构性因素的互联互动决定了各国外交行为。换言之，各国外交行为取决于国家与不同结构性因素互联互动的性质、过程与结果。自主性外交理论的这一核心假定为我们分析内外联动时代的外交与国际关系提供了新的综合理论模式。这当属本书最重要的理论结论与研究创新。

第六，外交行为能力不仅与国家实力、国家能力相关而且还与合法性紧密相关。从自主能力视角来看，国家自主性是国家实力、国家能力与主体间互动关系的函数。国家实力与国家能力的增强能够增强国家外交能力，而本书通过自主性外交理论模式还突出了合法性对外交行为能力的影响，强调国家的强弱可以通过提升本国外交的合法性得到转换，这为弱国在内外联动时代增强国家自主性提供了新的现实路径。为此，本书还区分了"想象的合法性"与"实质合法性"，意在表示国家对合法性的追求决不能停在自我单向宣称层面而必须积极寻求国内与国际社会的共同认同。

第七，进步外交是指那些符合社会公众利益的外交观念与行为，国家自主性可以成为检验外交进步性的重要工具。外交进步性绝不是宣称的，也不是自封的，而只能从实际外交政策中观测出来。我们可以从国家自主性角度构建一套进步外交的客观标准。国家自主性不仅包括自主能力的追求而且包括自主地位的强化。就自主性能力而言，外交的性质与国家自主性类型具有紧密关系，国家自主性从权力主导型到制度主导型再到观念主导型的演进构成了外交进步性的基本维度。就自主地位而言，外交进步性取决于国家相对于国内外社会的嵌入性及其外交行为的合法性。

第八，国家自主性可以增强也可以减弱，这取决于各国能否采取合适的战略。就特定时期的基本战略而言，理顺主体间关系并从国内外社会中获取足够支持应是各国提升国家自主性的有效途径。为此，各国可以根据具体情况采取整合、国际化、国内动员、消极分化、积极分化五大战略以增强国家自主性。

第九，实现融入与自主性的平衡是发展中国家外交的核心问题。对于像中国这种发展中国家来说，维护国家自主性的最好战略是融入国际社会，因而实现融入与自主性的平衡就构成了发展中国家外交的核心问题。然而，融入绝不能忽视"融入者"在社会化中的主体地位与能动性，融入必须是主体性的融入。同时，自主性绝不是绝对的，而是一种关系自主性，必须通过合作与负责任的行动去实现。可见，这一结论对于广大的发展中国家的外交战略具有重大现实价值。

第十，中国特色大国外交的实行必须全面、深刻地提升国家自主性，以夯实中国崛起的社会基础，提升中国崛起的持续性，开辟和平崛起的新路。本书的研究表明，国家自主性不仅能够提升各国外交能力，而且还能增进各国外交进步性，进而为跳出"修昔底德陷阱"提供历史可能。因此，中华民族伟大复兴的"中国梦"的实现与世界和平的维护，需要中国全面、深刻地提升国家自主性。

总之，笔者从外交政策分析入手试图实现理论的综合和大理论的构建，基于内外联动新时代的判断，通过借用哲学社会科学中的"施动者—结构"论战的智识成果提出了以施动者为中心的"结构—认知—行为"分析框架；通过借鉴政治学中的国家自主性概念，构建了一个以国家为中心的自主性外交理论模式，实现了层次分析、物质观念与内政外交这三大整合，并尝试从国家自主性视角提出了观察、预测外行为的十四个假设，提升了我们对内外联动时代的外交政策行为的理解和统筹国内国际两个大局的本领。综合地看，自主性外交理论的核心假定以及其他相关重要假设和结论具有较强的创新性、综合性与现实性，不仅贡献了一些知识增量，还部分地提升了我们对外交政策的现实理解力与预测力，因而具有理论研究价值与现实政策意义。

第二节　研究贡献

　　研究的意义取决于研究的理论贡献与现实价值。为此，这里将主要从理论贡献与现实价值两个角度对本书的意义与贡献略加说明、总结。

一　理论贡献

　　就理论贡献而言，本书的贡献不在于提出了新问题，而在于对一个重要的老问题（即"如何分析外交政策及其行为？"）进行了新的综合分析并得出了一些重要结论。那么这种综合努力提供了什么理论知识增量呢？加里·金等社会科学方法论者曾提出了问题提出的标准：首先，这个问题是现实世界中的一个重要问题，即对于我们理解政治、经济及社会事务，对于社会生活以及我们更好地理解和预测事件等，具有重要意义。其次，在提出问题后，作为研究者应提供超越前人的、且可检验证伪的科学解释模式，从而达到为学术研究共同体提供知识增量的目的。① 而拉瑞·劳丹则指出进步标准为将未解决的问题转化为已解决的问题。② 为此，本书是否具有某些理论贡献取决于三点：其一，这个老问题重要吗？其二，这种新的综合努力解决了老问题吗？其三，无论解决方案如何，整个研究提供了新的解决方向或有价值的其他具体的理论探索吗？

　　笔者认为，本书的研究主题及其贡献对上述三个问题都进行了肯定的回答。

　　第一，就问题提出而言，外交政策及其行为是我们理解整个世界政治如何运转的关键，因而本书研究了重要的理论问题。正如 SBS 所言，"如果一个人希望探索依赖于国家行为的事件、条件和互动模式之下的'为什么'问题，那么决策分析肯定是必要的。我们甚至会说，没有决策分析，'为什么'问题就不能得到解答"③。为此，我们可以认为，在国际关

---

　　① Gary King, Robert O. Keohane, Sidney Verba, *Designing Social Inquiry: Scientific Inference Qualitative Research*, Princeton: Princeton University Press, 1994, p. 15.

　　② 参见［美］拉瑞·劳丹《进步及其问题》，刘新民译，华夏出版社 1999 年版。

　　③ Richard C. Snyder, Henry W. Bruck, Burton M. Sapin eds., *Foreign Policy Decision-Making* (*Revisited*), New York: Palgrave Macmillan, 2002, p. 7.

系中既有相关文献都对这一老问题尚未做出最终回答之前，结合内外联动新常态继续这一重大问题的研究是具有重大理论意义的。

第二，就问题解决而言，本书构建了以国家为中心的自主性外交理论，假定"国家自主性的分布决定国家行为"，为分析内外联动时代的外交政策提供了一个综合理论模式。本书广泛借鉴了哲学社会科学、政治学等学科关于"施动者—结构"问题、国家自主性、合法性等概念，并结合内外联动的时代判断，构建了自主性外交理论模式，具有一定理论创新价值。由于这一模式专注于国家自主性视角，因而，这一外交理论显然不能完全和最终解决这一问题。但毋庸置疑，这一理论模式至少已经为理解这一问题提供了新的视角与知识增量，并为解释各国外交行为提供了一个综合理论模式。这将是本书的主要理论价值与贡献。

第三，就具体的理论创新而言，本书在若干具体理论方面进行了创新性探索。除了前述结论中的重要理论结论之外，这些新探索主要体现在如下几个方面。

其一，重构了国家自主性。内外联动时代的国家自主性概念需要重构，重构的国家自主性包括了自主地位和自主能力两层含义。作为自主行动能力的国家自主性是国家实力、国家能力与主体间互动关系的函数。作为自主地位的国家自主性能够成为观察外交进步性的重要指标。为此，本书对国家自主性的内涵与影响因素进行了更全面的分析，并据此提出了进步外交概念与衡量标准，具有创新性。

其二，区分了能力与实力。本书区分了权力的狭义与广义概念，并进一步指出了实力与能力的不同，这种区分对于认清当前中国真实的国际地位与国际影响力具有一定帮助。例如，虽然从实力角度看，中国国内生产总值已经位居世界第二，但从中国实际拥有的外交能力分析，显然中国距世界第二的位置还有不少差距。可见，实力与能力的区分具有重要理论与现实价值。

其三，划分了国家自主性的理想类型。国家自主性具有三大理想类型，即权力主导型、制度主导型与观念主导型。这一基于权力来源的划分属于首次提出，具有创新性。

其四，提出了亨廷顿文化。基于国家自主性的分类，本书提出了国际政治的四种无政府文化，即霍布斯文化、洛克文化、康德文化和亨廷顿文化。作为第四种无政府文化，亨廷顿文化的提出进一步丰富了亚历山大·

温特的三种无政府文化的分类。

因此，综合而言，本书虽然没有提出新问题，但研究的是一个重要的老问题，并对这个老问题提出了新的解决方式，并以此进行了新的综合分析和创新性探索，得出了若干具体结论，因而具有一定理论贡献。

二　现实价值

自 20 世纪 70 年代以来，经济全球化的深入发展已经使各国日益形成了相互依赖的局面。不管这种相互依赖带来的是正面积极作用，还是负面消极作用，毋庸置疑的是，每一个国家已经被这张全球相互依赖的大网"笼罩"住了，因此，对任何一个国家来说，其外交决策必然更多地受到国际因素的影响。与此同时，伴随现代化的深入发展和民主思想的传播，在包括中国在内的广大的发展中国家，公民社会也逐渐兴起，社会自主性日益增强，社会对外交决策形成的影响也日渐增大。在外部全球化和内部现代化同时发展的背景下，我们见证了国际国内因素在外交决策中同时增强的两个趋势，我们正迎来一个内外联动的新时代，内外联动的新时代使各国外交逐渐难以摆脱国际社会与国内社会的深刻影响与塑造，内政外交的双向互动已经成为现代国际政治中的新常态，也正是这种双向互动凸显了国家自主性的必需与重要。

对于大力实施"四个全面"① 不断融入世界并持续崛起的中国来说，要做好外交工作，实现和平崛起，必须胸中同时装着国内国际两个大局，增强统筹内外两个大局的本领。本书构建的自主性外交理论模式基于现实的外交案例事实，并就此进行了若干新的理论解读。

其一，从国家自主性视角对中美外交变迁进行了解读。从国家能力变迁的角度对美国外交从孤立主义到霸权主义的转变进行了解释，这对理解当代美国外交的本质具有帮助。同时，从国家能力视角对中国的革命外交与韬光养晦战略的起源进行了解读。这种解读不同于过去强调意识形态与综合国力因素的解释，具有新意。

其二，从国家自主性视角对国际社会的"中国威胁论"进行了解读。面对中国的崛起与中国外交主动性的强化，"中国威胁论"泛滥，如何认识中国这种奋发有为的外交新变化？本书从国家实力角度对中国奋发有为

① 即全面建成小康社会、全面深化改革、全面依法治国、全面从严治党。

外交进行了合理解读，这将有利于化解"中国威胁论"。

其三，从中国国家自主性演变的角度考察了中国外交的历史演变，并针对中国特色大国外交提出了若干策略建议。本书从国家自主性角度指出中国外交经历了政治外交、经济外交到当前大国外交的转型，这种外交大转型的关键是要实现从权力自主的单向追逐和制度自主的功利利用再到观念自主的主动引领，以掌控国际话语权，引领规则创制。为此，中国特色大国外交的实行要求中国外交必须从自主性外交理论模式中吸取启示。根据自主性外交理论，本书对当前中国特色大国外交的实行提出了诸多具体的政策建议。

可见，本书自主性外交理论模式的提出和对内外联动时代外交行为的分析对正在经历外交大转型实施中国特色大国外交致力于和平发展的中国来说更具现实性与针对性。为此，就现实价值而言，本书提出的自主性外交理论模式为理解当代重大外交政策提供了新的综合分析视角，为内外联动时代背景下的外交决策提供了新的理论指南，对中国外交大转型和中国特色大国外交的实行提供了具体的政策指导，为成功跳出"修昔底德陷阱"、开辟和平崛起的新路提供了潜在的政策启示。

三 综合贡献

经过多年的理论论战和实践检验，国际关系三大主流理论显然只是"片面的真理"，如何建构一个能够超越这三大理论的综合性替代范式虽然是国际关系学界的追求却一直没有出现。正是在此背景下，在西方国际关系理论界，"分析折中主义"一度成为主流理论家的主要选择，国际政治实践理论[①]则成为诸多具有后现代、解构主义倾向的理论家的新探索；而在不满足于一味应用西方理论的当今中国国际关系学界，中国学者或者通过借用其他学科的理论成果或者通过焕发传统文化的活力，提出了

---

① 参见 Emanuel Adler and Vincent Pouliot, eds. , *International Practices*, Cambridge：Cambridge University Press, 2011；Emanuel Adler, *Communitarian International Relations：The Epistemic Foundations of International Relations*, New York：Routledge, 2005；Emanuel Adler, "The Spread of Security Communities：Communities of Practice, Self‐Restraint, and NATO's Post‐Cold War Transformation," *European Journal of International Relations*, Vol. 14, No. 2, 2008, pp. 195‐230；Emanuel Adler and Michal Barnett, eds. , *Security Communities*, Cambridge：Cambridge University Press, 1998。

"国际政治的关系理论"①　"国际政治的进化理论"②　"道义现实主义"③
"天下主义"④　"国际共生论"⑤ 等综合理论形式。尽管这些理论努力各有
洞见与理据，但鉴于种种原因，迄今为止，各种综合理论努力显然仍没有
得到广泛认可。相反，冷战结束以来，伴随全球治理的兴起，各种针对具
体问题的研究越发受到学界重视并取得了明显进展。针对这种大理论贫乏
局面，一些人甚至宣称"主义是毒草"，国际关系应该"多研究些问题，
少谈些主义"⑥。虽然"多研究些问题，少谈些主义"不失为在没有找到
理论突破口的时候的明智选择，但对综合理论研究采取鸵鸟态度显然又是
不明智的短视选择，因为没有理论的指引，人类很难找到正确的方向。基
于此，本书尝试借鉴哲学社会科学有关施动者—结构论战和政治学国家主
义研究视角，以具有本体论地位的国家为中心尝试构建了自主性外交理
论，试图实现国内国外不同层次、不同属性诸多因素的综合分析，以分析
内外联动时代的外交行为。本书以施动者—结构问题和国家主义视角切入

① 参见秦亚青《国际政治理论的新探索——国际政治的关系理论》，载《世界经济与政
治》2015 年第 2 期；秦亚青：《关系本位与过程建构：将中国理念植入国际关系理论》，《中国社
会科学》2009 年第 3 期；秦亚青：《关系与过程：中国国际关系理论的文化建构》，上海人民出
版社 2012 年版。

② 参见 Shiping Tang, *The Social Evolution of International Politics*：From 8000 *B. C. to the Fu-
ture*, Oxford：Oxford University Press, 2013；唐世平：《国际政治的社会进化：从米尔斯海默到杰
维斯》，《当代亚太》2009 年第 5 期。

③ 参见阎学通《道义现实主义的国际关系理论》，载《国际问题研究》2014 年第 5 期。

④ 参见赵汀阳《天下体系：世界制度哲学导论》，江苏教育出版社 2005 年版；赵汀阳：
《"天下体系"：帝国与世界制度》，《世界哲学》2003 年第 5 期。

⑤ 参见胡守钧《国际共生论》，《国际观察》2012 年第 4 期；金应忠：《为什么研究"国际
社会共生性"——兼议和平发展时代国际关系理论》，《国际展望》2011 年第 5 期，第 1—17 页；
金应忠：《共生性国际社会与中国的和平发展》，《国际观察》2012 年第 4 期，第 43－49 页；金
应忠：《试论人类命运共同体意识——兼论国际社会共生性》，《国际观察》2014 年第 1 期；苏长
和：《共生型国际体系的可能——在一个多极世界中如何构建新型大国关系》，《世界经济与政
治》2013 年第 9 期；苏长和：《以新普遍主义建构世界秩序——对共生问题的进一步思考》，《探
索与争鸣》2014 年第 11 期；任晓：《论东亚"共生体系"原理——论对外关系思想和制度研究
之一》，《世界经济与政治》2013 年第 7 期；任晓：《共生体系的存在和持久性——对熊李力、陈
雪飞先生的回应》，《探索与争鸣》2014 年第 11 期；任晓：《以共生思考世界秩序》，《国际关系
研究》2015 年第 1 期；蔡亮：《共生国际体系的优化：从和平共处到命运共同体》，《社会科学》
2014 年第 9 期；袁胜育：《共生型国际体系：理论与挑战》，《社会科学》2014 年第 6 期；上海国
际问题研究院课题组：《海纳百川、包容共生的"上海学派"》，《国际展望》2014 年第 6 期。

⑥ 参见 David Lake, "Why 'isms' Are Evil? Theory, Epistemology and Academic Sects as Imped-
iments to Understanding and Progress", *International Studies Quarterly*, Vol. 55, No. 2, 2011, pp. 465－
480。

外交政策分析及其理论构建，拓展了既有理论研究视野，实现了施动者理论与结构理论的综合分析，为综合理论的创建提供了新的分析视角，为国际政理论的中国学派的建设贡献了绵薄之力，具有一定的理论意义。自主性外交理论基于内政外交紧密互联互动的国际政治新形势，是理解内外联动时代外交行为的有益视角，将有助于我们更好地理解日益全球化的各国外交行为，具有较强的实践价值。当今中国已经是国际社会的积极参与者、关键塑造者和重要领导者，重视内外联动和自主性国家构建的自主性外交理论必将有助于改进国内社会治理质量、提升统筹内外两个大局和塑造全球治理的能力，进而有利于中华民族伟大复兴的"中国梦"的早日和平实现，有利于中美顺利地跳出"修昔底德陷阱"进而更好地呵护国际和平。

第三节　未来研究方向

任何研究都有其局限性。在研究过程中，笔者也感到本书在理论与实践上大力"开疆拓土"的过程中，仍然存在诸多"迷雾"。这为未来研究提供了方向。

第一，施动者—结构问题的"终极"解决方案是一个极具挑战的理论难题。本书虽然对施动者—结构问题进行了广泛的回顾并进行了讨论与总结，甚至提出了以施动者为中心的综合本体论与认识论分析模式和"结构—认知—行为"分析框架，但仅仅是"触及"了这一问题，而远远不能"解决"这一问题。因为，外交政策行为归根结底就是施动者—结构问题在国际政治中的一个表现，因此，如何从元理论层次上探讨这一问题的"终极"解决方案就显得尤为必要，当然也尤为困难。

第二，国家单一性问题值得深化研究。本书从国家—社会视角区分了国家与民族国家，并将外交决策的施动者地位赋予了国家，实质上仍然假定了国家的单一性，即国家是一个自主性组织实体，具有本体论地位。这种"半黑箱化"的做法虽然为国内结构进入外交政策分析提供了空间，但同时也把国家本身"黑箱化"了。很显然，国家（注意，这是指相对于国内社会的 state）自身的内部结构也影响着国家的认知及其决策行为。为此，在坚持国家本体论地位的同时，如何将其自身内部结构概化进国家自主性概念之中，也许是值得深究的问题。

第三，国家施动者与国家最高决策者的关系值得深入研究。很显然的一个事实是，国家决策实质上是"人"，即国家最高决策者实施的。为此，在许多国家中心主义者那里，国家就等同于最高决策者，本书不同意这种看法，并赋予了国家以本体论地位。然而，本书对国家与最高决策者的关系并没有进行更多的论证。这可能会遭到"国家虚无"的批评。

第四，国家自主性、党的自主性与个人自主性关系问题对中国具有重大理论与现实意义，值得深入研究。就人类而言，集体自主性与个体自主性的关系问题具有重大理论与现实意义，值得研究。显然，集体自主性的获得与增强依赖于其与个体自主性的关系状况，完全离开个体自主性的抽象集体自主性是不可能持久存在的。按照卡斯托亚迪的说法，要想获得集体自主性，一个社会作为一个整体就必须为"政治"留下空间，因此也为个人自主性的施展留下空间。由于个人必须生活于共同体当中，因此必须存有这样的空间，让全体公民可以自由地向自己提出如下的问题："我们遵从的规则和法律是正确的吗？""它们是公正的吗？""它们能否变得更好？"因此，在卡斯托亚迪看来，只有当一个社会拥有反思能力并且能够批判地审视自我的时候，集体自主性才能存在；只有在其成员是自由的，能够进入公共空间，并且拥有审视自我及其法律的资源、理解力和教育程度的地方，集体自主性才能存在。① 可见，国家自主性作为集体自主性最重要的一种形式，其实现离不开个体自主性的实现。加强集体自主性与个体自主性的关系不仅可以推进个人的自由、自主发展，而且也可以促进国家自主性的增长。而对中国而言，国家自主性与个人自主性之间可能还有一个党的自主性问题。因此，如何认识与处理国家自主性、党的自主性与个体自主性之间的关系问题是当前中国十分重要的理论与实践问题。

第五，国家决策目标体系值得深入研究。国家自主性是国家决策的根本战略目标吗？还有没有比这更重要的目标？国家自主性与其他国家目标是什么关系？本书在探讨国家自主性与外交行为的关系时，有一个根本假设，即外交决策的根本目标是增强国家自主性，因为国家自主性越大其行动自由度才更大。众所周知，国家行动目标很多，诸如权力、利益、安

---

① 参见 Cornelius Castoriadis, *Philosophy, Politics, Autonomy: Essays in Political Philosophy*, New York: Oxford University Press, 1991. 转引自威廉·科尔曼、刘易斯·波利、戴安娜·布赖登《全球化、自主性与制度变迁》，载［加］刘易斯·波利、威廉·科尔曼主编《全球秩序：剧变世界中的机构、制度与自主性》，曹荣湘等译，社会科学文献出版社 2009 年版，第 11 页。

全、价值观甚至荣誉等不一而足。那么国家自主性与这些目标是什么关系？国家自主性为什么是比这些目标更值得追求因而是更根本的目标？还存在比国家自主性更重要的目标吗？这些问题本书虽然有所触及，但并没有给予更具信服力的回答。

第六，政治历史文化对国家自主性追求的影响值得探究。本书探究了国家自主性的影响因素，但一个显然的事实是，不同国家对其自主性的理解显然还深受本国战略文化或所经历的历史事件的重大影响，而本书对此未曾有所涉及。比如，日本对国家自主性的理解就深受二战前后所经历的历史事件的重大影响；而中国对国家自主性的理解则深深地打上了"百年屈辱史"和其独特的战略文化的烙印。[①]

第七，以自主性外交理论模式展开更多的实证研究，探究国家自主性在实际外交决策中的具体影响。本书虽然在提出理论分析模式后，对这一模式的相关假设进行了检验，但是趋势、性质、战略与对策四大分析均属于一种宏观分析，而没有对国家自主性在实际外交决策中的影响做具体的经验或案例研究。比如，国家对国际机制的参与就是验证这一理论模式的很好案例。[②]

总之，虽然本书通过借鉴哲学社会科学以及政治学的概念工具对外交政策进行了新的综合分析尝试，但这仅仅刚刚打开了综合理论研究和大理论构建的大门，有待进一步深挖的"富矿"仍然很多。"路漫漫其修远兮，吾将上下而求索"。谨以此自勉。

[①]　感谢中国人民大学国际关系学院方长平老师睿智地指出了这一点。

[②]　有关自主性的实证研究，参见［加］刘易斯·波利、威廉·科尔曼主编《全球秩序：剧变世界中的机构、制度与自主性》，曹荣湘等译，社会科学文献出版社 2009 年版。迄今为止，关于自主性最综合的研究可参见由"全球化与自主性"项目出版的《全球化与自主性》丛书。其中部分已经由俞可平主编译成中文。这些成果可参见"全球化与自主性在线纲要"，Globalization and Autonomy Online Compendium（http：//www. globalautonomy. ca/global1/）。

参考文献

一　中文

（一）著作

《邓小平文选》（第 2 卷），人民出版社 1994 年版。

《马克思恩格斯选集》（第 1 卷），人民出版社 1972 年版。

《马克思恩格斯选集》（第 4 卷），人民出版社 1995 年版。

《毛泽东选集》（第 2 卷），人民出版社 1991 年版。

[以] S. N. 艾森斯塔尔德：《帝国的政治体系》，阎步克译，贵州人民出版社 1992 年版。

[英] 安东尼·吉登斯：《民族—国家与暴力》，胡宗泽、赵力涛译，生活·读书·新知三联书店 1998 年版。

[英] 安东尼·吉登斯：《社会的构成：结构化理论大纲》，李康等译，生活·读书·新知三联书店 1998 年版。

[美] V. 奥斯特罗姆等编：《制度分析与发展的反思：问题与抉择》，王诚等译，商务印书馆 1992 年版。

[美] 彼得·古勒维奇：《艰难时世下的政治——五国应对世界经济危机的政策比较》，袁明旭、朱天飚译，吉林出版集团有限公司 2007 年版。

[美] 彼得·卡赞斯坦等编：《世界政治理论的探索与争鸣》，秦亚青等译，上海世纪人民出版社 2006 年版。

[美] 布鲁斯·拉西特、哈维·斯塔尔：《世界政治》，王玉珍等译，华夏出版社 2002 年版。

[英] 戴维·赫尔德：《民主的模式》，燕继荣等译，中央编译出版社 2004 年版。

[英] 戴维·赫尔德等：《全球大变革》，杨雪冬等译，社会科学出版社

2001 年版。

［英］戴维·麦克莱伦：《马克思以后的马克思主义》（第 3 版），李智译，中国人民大学出版社 2004 年版。

［英］戴维·米勒、韦农·波格丹诺主编：《布莱克维尔政治学百科全书》（修订版），邓正来译，中国政法大学出版社 2002 年版。

［美］戴维·伊斯顿：《政治生活的系统分析》，王浦劬等译，华夏出版社 1989 年版。

［美］道格拉斯·诺斯：《经济史中的结构与变迁》，陈郁等译，上海三联书店 1994 年版。

［英］弗·哈利迪：《革命与世界政治》，张帆译，世界知识出版社 2006 年版。

［英］格雷厄姆·沃拉斯：《政治中的人性》，朱曾文译，商务印书馆 1996 年版。

［德］哈贝马斯：《交往与社会进化》，张博树译，重庆出版社 1989 年版。

［美］汉斯·摩根索：《国家间政治：权力斗争与和平》（第七版），肯尼思·汤普森、戴维·克林顿修订，徐昕等译，北京大学出版社 2006 年版。

胡鞍钢：《中国政治经济史论（1949—1976）》，清华大学出版社 2007 年版。

胡锦涛：《高举中国特色社会主义伟大旗帜为夺取全面建设小康社会新胜利而奋斗——中国共产党第十七次全国代表大会上的报告》（2007 年 10 月 15 日），人民出版社 2007 年版。

黄硕风：《综合国力新论：兼论新中国综合国力》，中国社会科学出版社 1999 年版。

［美］加布里埃尔·A. 阿尔蒙德、小 G. 宾厄姆·鲍威尔：《比较政治学——体系、过程和政策》，曹沛霖等译，上海译文出版社 1987 年版。

贾春增：《外国社会学史》（修订本），中国人民大学出版社 2000 年版。

［美］贾恩弗朗哥·波齐：《国家：本质、发展与前景》，陈尧译，上海人民出版社 2007 年版。

［英］克里斯托弗·希尔：《变化中的对外政策政治》，唐小松、陈寒溪译，上海人民出版社 2007 年版。

［美］肯尼思·华尔兹：《人、国家与战争：一种理论分析》，信强译，上

海人民出版社 2012 年版。

[美] 肯尼思·沃尔兹:《国际政治理论》，胡少华等译，中国人民公安大学出版社 1992 年版。

[英] 拉尔夫·密利本德:《马克思主义与政治学》，黄字都译，商务印书馆 1984 年版。

[英] 拉尔夫·密里本德:《资本主义社会的国家》，沈汉等译，商务印书馆 1997 年版。

[美] 拉瑞·劳丹:《进步及其问题》，刘新民译，华夏出版社 1999 年版。

[美] 李普塞特:《政治人：政治的社会基础》，上海人民出版社 1997 年版。

[法] 亨利·列菲弗尔:《论国家：从黑格尔到斯大林和毛泽东》，李青宜等译，重庆出版社 1988 年版。

[美] 刘易斯·A. 科瑟:《社会学思想名家》，石人译，中国社会科学出版社 1990 年版。

[加] 刘易斯·波利、威廉·科尔曼主编:《全球秩序：剧变世界中的机构、制度与自主性》，曹荣湘等译，社会科学文献出版社 2009 年版。

[美] 罗伯特·吉尔平:《全球政治经济学：解读国际经济秩序》，杨宇光、杨炯译，上海人民出版社 2006 年版。

[美] 罗伯特·基欧汉:《霸权之后》，苏长河等译，上海人民出版社 2001 年版。

[美] 罗伯特·O. 基欧汉编:《新现实主义及其批判》，郭树勇译，北京大学出版社 2002 年版。

[美] 罗伯特·基欧汉、海伦·米尔纳:《国际化与国内政治》，姜鹏、董素华译，北京大学出版社 2003 年版。

[美] 罗伯特·杰维斯:《国际政治中的知觉与错误知觉》，秦亚青译，世界知识出版社 2003 年版。

[美] 罗杰·希尔斯曼、劳拉·高克伦、帕特里夏·A. 韦茨曼:《防务与外交决策中的政治——概念模式与官僚政治》，曹大鹏译，商务印书馆 2000 年版。

[英] 马丁·阿尔布劳:《全球时代：超越现代性之外的国家和社会》，高湘泽、冯玲译，商务印书馆 2001 年版。

[德] 马克斯·韦伯:《经济与社会》（上卷），林荣远译，商务印书馆

1997 年版。

［德］马克斯·韦伯：《经济与社会》（下卷），林荣远译，商务印书馆
1997 年版。

［德］马克斯·韦伯：《社会科学方法论》，杨富斌译，华夏出版社 1999
年版。

［加拿大］马乔里·格里芬·科恩、斯蒂芬·麦克布莱德：《全球化动
荡》，段保良译，华夏出版社 2004 年版。

［英］迈克尔·曼：《社会权力的来源》（第二卷·上），陈海宏等译，上
海人民出版社 2007 年版。

［希腊］尼科斯·波朗查斯：《政治权力与社会阶级》，叶林等译，中国社
会科学出版社 1982 年版。

倪世雄等：《当代西方国际关系理论》，复旦大学出版社 2001 年版。

庞金友：《现代西方国家与社会关系理论》，中国政法大学出版社 2006
年版。

［美］乔尔·S. 米格代尔：《强社会与弱国家：第三世界的国家社会关系
及国家能力》，张长东等译，江苏人民出版社 2009 年版。

［美］乔纳森·H. 特纳：《社会学理论的结构》（第七版），邱泽奇等译，
华夏出版社 2006 年版。

秦亚青等：《国际体系与中国外交》，世界知识出版社 2009 年版。

秦亚青主编：《观念、制度与政策——欧盟软权力研究》，世界知识出版
社 2008 年版。

［法］让—马克·夸克：《合法性与政治》，佟心平、王远飞译，中央编译
出版社 2002 年版。

时和兴：《关系、限度、制度：政治发展过程中的国家与社会》，北京大
学出版社 1996 年版。

［美］萨缪尔·亨廷顿：《变化社会中的政治秩序》，王冠华等译，上海人
民出版社 2008 年版。

时殷弘：《国际政治——理论探究·历史概观·战略思考》，当代世界出
版社 2002 年版。

［美］塔尔科特·帕森斯：《社会行动的结构》，张明德等译，译林出版社
2003 年版。

［瑞典］汤姆·R. 伯恩斯等：《结构主义的视野：经济与社会的变迁》，

周长城等译，社会科学文献出版社 2004 年版。

王沪宁主编：《政治的逻辑——马克思主义政治学原理》，上海人民出版
　社 2004 年版。

王鸣鸣：《外交政策分析：理论与方法》，中国社会科学出版社 2008 年版。

［美］温都尔卡·库芭科娃、尼古拉斯·奥鲁夫、保罗·科维特主编：
　《建构世界中的国际关系》，肖锋译，北京大学出版社 2006 年版。

［德］乌尔里希·贝克：《全球化时代的权力与反权力》，蒋仁祥、胡颐
　译，广西师范大学出版社 2004 年版。

［美］西达·斯考切波：《国家与革命：对法国、俄国和中国的比较分
　析》，何俊志、王学东译，上海人民出版社 2007 年版。

［美］亚历山大·温特：《国际政治的社会理论》，秦亚青译，上海人民出
　版社 2000 年版。

杨光斌：《中国政府与政治导论》，中国人民大学出版社 2003 年版。

杨奎松主编：《冷战时期的中国对外关系》，北京大学出版社 2006 年版。

［美］伊丽莎白·埃克诺米、米歇尔·奥克森伯格主编：《中国参与世
　界》，华宏勋、闫循华等译，新华出版社 2001 年版。

尹继武：《社会认知与联盟信任形成》，上海人民出版社 2009 年版。

［美］约翰·A. 霍尔、G. 约翰·艾坎伯雷：《国家》，施雪华译，吉林人
　民出版社 2007 年版。

［美］约翰·F. 沃克、哈罗德·G. 瓦特：《美国大政府的兴起》，刘进、
　毛喻原译，重庆出版社 2001 年版。

［英］约翰·霍夫曼：《主权》，陆彬译，吉林人民出版社 2005 年版。

［美］约瑟夫·S. 奈：《硬权力与软权力》，门洪华译，北京大学出版社
　2005 年版。

［美］詹姆斯·多尔蒂、小罗伯特·普法尔茨格拉夫：《争论中的国际关
　系理论》（第五版），阎学通等译，世界知识出版社 2003 年版。

［美］詹姆斯·N. 罗西瑙主编：《没有政府的治理——世界政治中的秩序
　与变革》，张胜军、刘小林等译，江西人民出版社 2001 年版。

［美］詹姆斯·施密特：《启蒙运动与现代性》，上海人民出版社 2005
　年版。

张静：《法团主义》，中国社会科学出版社 1998 年版。

张小劲、景跃进：《比较政治学导论》，中国人民大学出版社 2001 年版。

郑永年：《全球化与中国国家转型》，郁建兴、何子英译，浙江人民出版社 2009 年版。

［美］邹谠：《二十世纪中国政治：从宏观历史与微观行动的角度看》，牛津大学出版社 1994 年版。

　　（二）文章

陈寒溪、肖欢容：《国际政治结构：概念的批判》，《外交评论》2009 年第 4 期。

陈小鼎：《国际关系研究层次的上升与回落》，《世界经济与政治》2008 年第 7 期。

江忆恩：《中国参与国际机制的若干思考》，《世界经济与政治》1999 年第 7 期。

江忆恩：《美国学者关于中国与国际组织关系研究概述》，《世界经济与政治》2001 年第 8 期。

李丹慧：《中国联美反苏战略的出台》，杨奎松主编：《冷战时期的中国对外关系》，北京大学出版社 2006 年版。

李志永：《公共外交相关概念辨析》，《外交评论》2009 年第 2 期。

李志永：《全球相互依赖与国家自主性———一项研究议程》，载贾庆国主编《剧变中的世界与中国：中国青年学者的解读》，金城出版社 2009 年版。

李志永：《融入与自主性的平衡：中国外交的核心问题》，《世界经济与政治》2010 年第 2 期。

李巍、王勇：《国际关系研究层次的回落》，《国际政治科学》2006 年第 3 期。

门洪华：《中国国际战略思想的创新》，《外交评论—外交学院学报》2006 年第 1 期。

秦亚青：《权力·制度·文化——国际政治学的三种体系理论》，《世界经济与政治》2002 年第 6 期。

苏长和：《跨国关系与国内政治——比较政治与国际政治经济学视野下的国际关系研究》，《美国研究》2003 年第 4 期。

田野：《国际制度与国家自主性———一项研究框架》，《国际观察》2008 年第 2 期。

王宁：《个体主义与整体主义对立的新思考——社会研究方法论基本问题

之一》，《中山大学学报》（社科版）2002 年第 2 期。

薛力：《从结构主义到国际关系理论》，《世界经济与政治》2007 年第
10 期。

杨雪冬：《国家自主与中国发展道路》，《社会科学》2006 年第 3 期。

袁正清：《建构主义与外交政策分析》，《世界经济与政治》2004 年第
9 期。

张平：《国外政治心理学研究的现状与展望》，《心理科学》2004 年第
6 期。

张清敏：《外交政策分析的认知视角：理论与方法》，《国际论坛》2003
年第 1 期。

郑永年：《中国国家间关系的构建：从"天下"到国际秩序》，《当代亚
太》2009 年第 5 期。

郑永年、张驰：《国际政治中的软力量以及对中国软力量的观察》，《世界
经济与政治》2007 年第 7 期。

二 英文

（一）著作

格雷厄姆·阿利森、菲利普·泽利科：《决策的本质：解释古巴导弹危
机》（第二版），北京大学出版社 2008 年影印版。

Anderson, Perry, *Lineages of the Absolutist State*, London: New Left Books, 1974.

Axelrod, Robert, ed., *Structure of Decision: the Cognitive Maps of Elite*, Princeton: Princeton University Press, 1976.

Badie, Bertrand, *The Imported State: The Westernization of the Political Order*, trans. by Claudia Royal, Stanford, CA: Stanford University Press, 2000.

Barnett, A. Dock, *Cadres, Bureaucracy, and Political Power in Communist China*, New York: Columbia University Press, 1967.

Brecher, M., *The Foreign Policy System of Israel: Settings, Images, Process*, London: Oxford University Press, 1972.

Breuning, Marijike, *Foreign Policy Analysis: A Comparative Introduction*, New York: Palgrave Macmillan, 2007.

Burns, Tom R. and Helena Flam, *The Shaping of Social Organization: Social Rule System Theory with Applications*, London: Sage Publications, 1987.

Buzan, Barry, Charles Jones, and Richard Little, *The Logic of Anarchy*, New York: Columbia University Press, 1993.

Caporaso, James A. , David P. Levine, *Theories of Political Economy*, Cambridge: Cambridge University Press, 1992.

Cox, Robert W. , *Production, Power and World Order: Social Forces in the Making of History*, New York: Columbia University Press, 1987.

Drezner, Daniel W. , *Locating the Proper Authorities: the Interaction of Domestic and International Institutions*, Ann Arbor: the University of Michigan Press, 2003.

East, Maurice A. , Stephen A. Salmore and Charles Hermann, eds. , *Why Nations Act: Theoretical Perspective for Comparative Foreign Policy Studies*, Beverly Hill: Sage Publications, Inc. 1978.

Evans, Peters, *Embedded Autonomy: States and Industrial Transformation*, Princeton, N. J. : Princeton University Press, 1995.

Evans, Peter B. , Dietrich Rueschemeyer, and Theda Skocpol, eds. , *Bringing the State Back In*, New York: Cambridge University Press, 1985.

Evans, Peter B. , Harold K. Jacobson, and Robert D. Putnam, *Double-Edged Diplomacy: International Bargaining and Domestic Politics*, Berleley, Los Angeles, London: University of California Press, 1993.

Evera, Stephen Van, *Causes of War: Power and the Roots of Conflict*, Ithaca, NY: Cornell University Press, 1999.

Friedman, Gil and Harvey Starr, *Agency, Structure, and International Politics: From Ontology to Empirical Inquiry*, London and New York: Routledge, 1997.

Giddens, Anthony, *The Constitutions of Society: Outline of the Theory of Structuration*, Cambridge: Polity Press, 1984.

Central Problem on Social Theory: Action, Structure and Contradiction in Social Analysis, London: Macmillan, 1979.

Gilpin, Robert, *War and Change in World Politics*, Cambridge: Cambridge University Press, 1981.

The Challenge of Global Capitalism: the World Economy in the 21st Century, Princeton: Princeton University Press, 2000.

Goodrich, Leland M. , and David A. Kay, eds. , *International Organizations*: *Politics and Process*, Madison: Wisconsin Press, 1973.

Gourevitch, Peter, *Politics in Hard Times*: *Comparative Responses to International Economic Crises*, Ithaca, N. Y. : Cornell University Press, 1986.

Halperin, Morton H. , *Bureaucratic Politics and Foreign Policy*, Washington D. C. : the Bookings Institution, 1974.

Harding, Harry, *China and Northeastern Asia*: *the Political Dimension*, Lanham MD: University Press of America, 1988.

Hollis, Martin and Steven Smith, *Explaining and Understanding International Relations*, Oxford: Clarendon Press, 1990.

Holsti, K. J. , *International Politics*: *A Framework for Analysis*, New Jersey: Prentice Hall, Englewood Cliffs, 1988.

Horseman, Mathew, Andrew Marshall, *After the Nation-State*, New York: Harper Collins, 1994.

Hudson, Valerie M. , *Foreign Policy Analysis*: *Classic and Contemporary Theory*, Plymouth: Rowman & Littlefield Publishers, Inc. 2007.

Ikenberry, G. . John, ed. *American Foreign Policy*: *Theoretical Essays*, 3rd, New York: Addison Wesley Longman, Inc. , 1999.

Ikenberry, G. . John, David A. Lake, and Michael Mastanduno, eds. , *The State and American Foreign Economic Policy*, Ithaca and London: Cornell University Press, 1988.

Jackson, R. H. , *Quasi States*: *Sovereigty, International Relations and the Third World*, Cambridge: Cambridge University Press, 1990.

Jervis, Robert, *Perception and Misperception in International Politics*, Princeton, N. Y. : Princeton University Press, 1961.

Jian, Chen, *Mao's China and the Cold War*, Chapel Hill, London: the University of North Carolina Press, 2001.

Katzenstein, Peter J. , *Between Power and Plenty*: *Foreign Economic Policies of Advanced Industrial Stares*, Madison: University of Wisconsin Press, 1978.

Keohane, Robert O. , *After Hegemony*: *Cooperation and Discord in the World Political Economy*, Princeton, New Jersey: Princeton University

Press, 1984.

Neorealism and Its Critics, New York: Columbia University Press, 1986.

International Institutions and State Power: Essays in International Relations Theory, Boulder, Colo. : Westview Press, 1989.

King, Gary, Robert O. Keohane, Sidney Verba, *Designing Social Inquiry: Scientific Inference Qualitative Research*, Princeton: Princeton University Press, 1994.

Krasner, Stephen D. , *Defending the National Interests: Raw Material Investment and U. S. Foreign Policy*, Princeton, NJ: Princeton University Press, 1978.

Kratochwil, Friedrich, *Rules, Norms and Decisions: on the Conditions of Practical and Legal Reasoning in International Relations and Domestic Affairs*, Cambridge: Cambridge University Press, 1989.

Leites, Nathan, *A Study of Bolshevism*, New York: Free Press, 1953.

The Operational Code of Politburo, The Rand Corporation: 1951, 2007.

Lukes, Steven, *Power: A Radical View*, 2nd, London: Macmillan, 2005.

Migdal, Joel S. , *Strong Societies and Weak States: State-Society Relations and State Capabilities in the Third World*, Princeton: Princeton University Press, 1988.

State in Society: Studying How States and Societies Transform and Constitute One Another, Cambridge: Cambridge University Press, 2001.

Miliband, Ralph, *The State in Capitalist Society*, New York: Basic Books, 1969.

Most, Benjamin A. and Harvey Starr, *Inquiry, Logic, and International Politics*, Columbia, SC: University of South Carolina Press, 1989.

Nordlinger, Eric A. , *On the Autonomy of Democratic State*, Cambridge, MA: Harvard University Press, 1981.

Nye, Joseph S. Jr. , *Bound to Lead: the Changing Nature of American Power*, New York: Basic Books, Inc. , Publishers, 1990.

Soft Power: The Means to Success in World Politics, New York: Public Affairs, 2004.

Ohmae, Kenichi, *The End of the Nation State: The Rise of Regional Econo-*

mies, New York: The Free Press, 1996.

Onuf, Nicholas G. , *World of Our Making: Rules and Rule in Social Theory and International Relations*, Columbia: University of South Carolina Press, 1989.

Pauly, Louis W. , William D. Coleman, *Global Ordering: Institutions and Autonomy in a Changing World*, Vancouver, BC: UBC Press, 2008.

Poulantzas, Nicos, *Political Power and Social Classes*, trans. Timothy O' Hagan, London: New Left Books, 1973.

Risse-Kappen, Thomas , ed. , *Bringing Transnational Relations Back In: Non-State Actors, Domestic Structures and International Institutions*, Cambridge: Cambridge University Press, 1995.

Risse-Kappen, Thomas , Stephen C. Ropp and Kathryn Sikkink, *The Power of Human Rights: International Norms and Domestic Change*, New York: Cambridge University Press, 1999.

Risse, and Beth A. Simmons eds. , *Handbook of International Relations*, London: Thousand Oaks, Calif. : SAGE, 2002.

Robenberg, Justin, *The Empire of Civil Society*, London: Verso, 1994.

Rogowski, Ronald, *Commerce and Coalitions: How Trade Effects Domestic Political Alignment*, Princeton: Princeton University Press, 1989.

Rosenau, James N. , *Linkage Politics*, New York: The Free Press, 1969.

The Scientific Study of Foreign Policy, New York: The Free Press, 1971.

Schurmann, Franz, *Ideology and Organization*, Berkeley: University of California Press, 1968.

Skidmore, David and Valerie M. Hudson eds. , *The Limits of State Autonomy: Societal Groups and Foreign Policy Formation*, Boulder, Colo. : Westview Press, 1993.

Skocpol, Theda, *State and Social Revolution: A Comparative Analysis of France, Russia, and China*, Cambridge: Cambridge University Press, 1979.

Skowronek, Stephen, *Building a New American State: the Expansion of National Administrative Capacities, 1877 - 1920*, New York: Cambridge University Press, 1982.

Snyder, Jack, *Myths of Empire: Domestic Politics and International Ambition*,

Ithaca, NY: Cornell University Press, 1991.

Snyder, Richard C. , Henry W. Bruck, and Burton M. Sapin, *Foreign Policy A-nalysis Project Series*, No. 3, Princeton: Princeton University Press, 1954.

Foreign Policy Decision Making, New York: Free Press of Glencoe, 1962.

Foreign Policy Decision-Making (Revisited), New York: Palgrave Macmillan, 2002.

Sprout, Harold and Margaret Sprout, *Man-Milieu Relationship Hypotheses in the Context of International Politics*, Princeton: Princeton University Press, 1956.

The Ecological Perspective on Human Affairs with Special Reference to International Relations, Princeton: Princeton University Press, 1965.

An Ecological Paradigm for the Study of International Politics, Pinceton: Center for International Studies, 1968.

Starr, Harvey, ed. , *Approaches, Levels, and Methods of Analysis in International Politics: Crossing Boundaries*, New York: Palgrave Macmillan, 2006.

Therborn, Göran, *What Does the Ruling Class Do When It Rules?* London: New Left Books, 1978.

Waltz, Kenneth N. , *Man, State and War*, New York: Columbia University Press, 1959.

Theory of International Politics, Reading, Mass. : Addison-Wesley, 1979.

Weiss, Linda, *The Myth of the Powerless State: Governing the Economy in a Global Era*, Cambridge: Polity, 1998.

ed. , *States in the Global Economy: Bring Domestic Institutions Back In*, Cambridge: Cambridge University Press, 2003.

Wendt, Alexander, Social Theory of International Politics, Cambridge: Cambridge University Press, 1999.

Wight, Colin, *Agents, Structures and International Relations*, Cambridge: Cambridge University Press, 2006.

Wittkopf, Eugene R. , Charles W. Kegley, Jr. , James M. Scott, *American Foreign Policy: Pattern and Process*. 《美国外交政策：模式与过程》，北京大学出版社 2004 年影印版。

Zakaria, Fareed, *From Wealth to Power: The Unusual Origins of America's World Role*, Princeton: Princeton University Press, 1998.

（二）文章

Archer, Margaret S., "Morphogenesis Versus Structuration: on Combining Structure and Action", *The British Journal of Sociology*, Vol. 33, No. 4, 1982.

"Human Agency and Social Structure: A Critique of Giddens", in Jon Clark, Celia Mondgil and Sohan Modgil eds., Anthony Giddens: Consensus and Controversy, London: Falmer Press, 1990.

Ashley, Richard, "The Poverty of Neorealism", in R. O. Keohane ed., *Neorealism and Its Critics*, New York: Columbia University Press, 1986.

Baldwin, David A., "Power Analysis and World Politics: New Trends Versus Old Tendencies", *World Politics*, Vol. 31, No. 2, 1979.

Bhaskar, Roy, "Emergence, Explanation, and Emancipation", in Paul Secord ed., *Explaining Human Behavior*, Beverly Hills: Sage Publications, 1982.

Banerjee, S., "The National Role Conceptions in the Study of Foreign Policy", *International Studies Quarterly*, Vol. 14, No. 3, 1970.

Bieler, Anders and Sdam David Morton, "The Gordian Knot of Agency-Structure in International Relations: A Neo-Gramscian Perspective", *European Journal of International Relations*, Vol. 7, No. 1, 2001.

Byman, Daniel and Kenneth Pollack, "Let Us Now Praise Great Men: Bringing the Statesman Back In", *International Security*, Vol. 25, No. 4, 2001.

Carlsnaes, Walter, "The Agency-Structure Problem in Foreign Policy Analysis", *International Studies Quarterly*, Vol. 36, No. 3, 1992.

Cortell, Anddrew and James Davis, "How Do International Institutions Matter: The Domestic Impact of international Rules and Norms", *International Studies Quarterly*, Vol. 40, 1996.

Cox, Robert W., "Social Forces, States and World Order: Beyond International Relations", *Millennium*, Vol. 10, No. 2, 1981.

Dahl, Robert A., "The Concept of Power", *Behavioral Science*, Vol. 2, No, 3, 1957.

Desch, Michael C., "Assessing the Importance of Ideas in Security Studies", *International Security*, Vol. 23, No. 1, 1998.

Dessler, David, "What's at Stake in the Agent-Structure Debate?" *International Organization*, Vol. 43, No. 3, 1989.

Dittgen, Herbertt, "World without Borders? Reflections on the Future of the Nation-state", *Government and Opposition*, Vol. 34, No. 2, 1999.

Doty, Roxanne Lynn, "Aporia: A Critical Exploration of the Agent-Structure Problematique in International Relations Theory", *European Journal of International Relations*, Vol. 3, No. 3, 1997.

Elman, Colin, "Horse for Course: Why Not Neorealist Theories of Foreign Policy?" *Security Studies*, Vol. 6, No. 1, 1996.

Elster. Jon, "Marxism, Functionalism and Game Theory", *Theory and Society*, Vol. 11, No. 4, 1982.

Evans, Peters, "The Eclipse of the State? Reflection on Stateness in an Era of Globalization", *World Politics*, Vol. 50, No. 1, 1997.

Gaddis, John Lewis, "International Relations Theory and the End of the Cold War", *International Security*, Vol. 17, No. 3, 1992/93.

George, Alexander L. , "The 'Operational Code': A Neglected Approach to the Study of Political Leaders and Decision Making", *International Studies Quarterly*, Vol. 13, No. 2, 1969.

Giesen, Berhard, "To Unpack Micro and Macro: Link Small with Large and Part with Whole", in Jeffery Alexander et al. eds. , *The Micro-Macro Link*, Berkeley: University of California, 1987.

Gorge, Alexander, Robert Keohane, "The Concept of National Interests: Uses and Limitations", in Alexander Gorge ed. , *Presidential Decision-Making in Foreign Policy*, Boulder: Westview Press, 1980.

Gourevitch, Peter, "The Second Image Reversed: the International Sources of Domestic Politics", *International Organization*, Vol. 32, No. 4, 1978.

"Domestic Politics and International Relations", in Walter Carlsnaes, Thomas Risse, and Beth A. Simmons eds. , *Handbook of International Relations*, London: Thousand Oaks, Calif. , SAGE, 2002.

Hall, Peter A. , Rosemarcey C. R. Taylor, "Political Science and Three New Institutionalism", *Political Studies*, Vol. 44, No. 5, 1996.

Hart, Jeffrey A. , "Cognitive Maps of Three Latin American Policy Makers",

World Politics, Vol. 30, No. 1, 1997.

Hermann, Margaret G., Charles F. Hermann and Joe D. Hagan, "How Decision Units Shape Foreign Policy Behavior", in Charles F. Hermann, Charles W. Kegley, and James J. Rosenau eds., *New Directions in the Study of Foreign Policy*, Boston: Allen and Unwin, 1987.

Hirst, Paul, Grahame Thompson, "Globalization and the Future of the Nation State", *Economy and Society*, Vol. 24, No. 3, 1995.

Hobson, John M., " 'Bringing the State Back In, Kicking the State Back Out' : Reconstructing the Identity of the Discipline of International Relations?" *Cooperation and Conflict*, Vol. 37, No. 4, 2002.

Hollis, Martin and Steven Smith, "Roles and Reasons in Foreign Policy Decision Making", *British Journal of Political Science*, Vol. 16, No. 3, 1986.

"Beware of Gurus: Structure and Action in International Relations", *Review of International Studies*, Vol. 17, No. 4, 1991.

"Structure and Agency: Further Comment", *Review of International Studies*, Vol. 18, No. 2, 1992.

"Two Stories about Structure and Agency", *Review of International Studies*, Vol. 20, No. 3, 1994.

"A Response: Why Epistemology Matters in International Theory", *Review of International Studies*, Vol. 22, No. 1, 1996.

Holsti, Ole R., "Public Opinion and Foreign Policy: Challenges to the Almond- Lippmann Consensus", in G. John Ikenberry ed., *American Foreign Policy: Theoretical Essays*, 3rd, New York: Addison Wesley Longman, Inc., 1999.

Hudson, Valerie M., "Foreign Policy Analysis Yesterday, Today, and Tomorrow", *Mershon International Studies Review*, Vol. 39, No. 2, 1995.

"Cultural Expectations of One's Own and Other Nations' Foreign Policy Actions Templates", *Political Psychology*, Vol. 20, No. 4, 1999.

"Foreign Policy Decision-Making: A Touchston for International Relations Theory in the Twenty-first Century", in Richard C. Snyder, Henry W. Bruck, and Burton M. Sapin, *Foreign Policy Decision-Making (Revisited)*, New York: Palgrave Macmillan, 2002.

"Foreign Policy Analysis: Actor-Specific Theory and the Ground of International Relations", *Foreign Policy Analysis*, No. 1, 2005.

Huntington, Samuel P. , "American Ideas versus American Institutions", *Political Science Quarterly*, Vol. 97, No. 1, 1982.

Jabri, Vivienne and Stephen Chan, "The Ontological Always Rings Twice: Two More Stories About Structure and Agency in Reply to Hollis and Smith", *Review of International Studies*, Vol. 22, No. 1, 1996.

Johnston, Alastair Iain, "Thinking about Strategic Culture", *International Security*, Vol. 19, No. 4, 1995.

Katzenstein, Peter J. , "International Relations and Domestic Structure: Foreign Economic Policies of Advanced Industrial Stares", *International Organization*, Vol. 30, No. 1, 1976.

"Introduction: Domestic and International Forces and Strategies of Foreign Economic Policy", *International Organization*, Vol. 31, No. 4, 1977.

Risse-Kappen, Thomas , ed. , "Ideas Do Not Float Freely: Transnational Coalitions, Domestic Structure, and the End of Cold War", *International Organization*, Vol. 48, No. 2, 1994.

Krasner, Stephen D. , "A Statist Approach of American Oil Policy toward Middle East", *Political Science Quarterly*, Vol. 94, No. 1, 1979. "Compromising Westphalia", *International Security*, Vol. 20, No. 3, 1995.

Macmillan, Alan, Ken Booth and Russell Trood, "Strategic Culture", in Ken Booth and Russell Trood eds. , *Strategic Culture in the Asia-Pacific Region*, New York: St. Martin's Press, 1999.

Martin, Lisa and Beth Simmons, "Theories and Empirical Studies of International Institutions", *International Organizations*, Vol. 52, No. 4, 1998.

Milner, Helen V. , "Rationalizing Politics: The Emerging Synthesis of International, American, and Comparative Politics", *International Organization*, Vol. 52, No. 4, 1998.

Mitchell, Timothy, "The Limits of the State: Beyond the Statist Approach and Their Critics", *American Political Science Review*, Vol. 85, No. 1, 1991.

Moravsick, Andrew, "Taking Preferences Seriously: A Liberal Theory of International Politics", *International Organization*, Vol. 51, No. 4, 1997.

Nye, Joseph S. Jr. , "The Changing Nature of World Power", *Political Science Quarterly*, Vol. 105, No. 2, 1990.

　　"Think Again: Soft Power", *Foreign Policy*, February, 2006.

Offe, Clause, "Structural Problems of the Capitalist State", *German Political Studies*, Vol. 1, 1974.

Putnam, Robert D. , "Diplomacy and Domestic Politics: The Logic of Two-Level Games", *International Organization*, Vol. 42, No. 3, 1988.

Rose, Gideon, "Review: Neocalssical Realism and Theories of Foreign Policy", *World Politics*, Vol. 51, No. 1, 1998.

Rosenau, James N. , "Pre-theories and Foreign Policy Theory", in R. Barry Farell ed. , *Approaches in Comparative and International Politics*, Evanston: Northwestern University Press, 1966.

Russel, Roberto, and Juan Gabriel Tokatalian, "From Antagonistic Autonomy to Relational Autonomy: A Theoretic Reflection from the Southern Cone", *Latin American Politics and Society*, Vol. 45, No. 1, 2003.

Schweller, Randall, "Bandwagoning for Profit: Bringing the Revisionist State Back In", in Sean M. Lynn-Jones and Steven E. Miller eds. , *The Cold War and After: Prospects for Peace*, Cambridge: MIT Press, 1993.

Singer, David J. , "The Level of Analysis Problem in International Relations Theory", in Andrew Linklater ed. , *Critical Concepts in Political Science*, London: Routledge, 2000.

Singer, David J. , "The-Level-of-Analysis Problem in International Relations", *World Politics*, Vol. 14, No. 1, 1961.

Smith, Steve, "Foreign Policy Theories: An Historical Overview", *Review of International Studies*, Vol. 12, No. 1, 1986.

Sprout, Harold and Margaret Sprout, "Environment Factors in the Study of International Politics", *Journal of Conflict Resolution*, Vol. 1, No. 1, 1957.

Stein, Arthur A. , "Constraints and Determinants: Structure, Purpose, and Process in the Analysis of Foreign Policy", in Harvey Starr ed. , *Approaches, Levels, and Methods of Analysis in International Politics: Crossing Boundaries*, New York: Palgrave Macmillan, 2006.

Strange, Susan, "The Defective State", *Daedalus*, Vol. 124, No. 2, 1995.

Suganami, Hidemi, "Agents, Structures, Narratives", *European Journal of International Relations*, Vol. 5, No. 3, 1999.

Verba, Sidney, "Assumptions of Rationality and Non-Rationality in Models of the International System", in J. N. Rosenau ed., *International Politics and Foreign Policy*, New York: Free Press, 1969.

Vogel, Ezra F., "Political Bureaucracy: Communist China", in Leonard J. Cohen and Jane P. Shapiro eds., *Communist Systems in Comparative Systems in Comparative Perspective*, New York: Doubleday Anchor Books, 1974.

Walker, Steven G., "The Interface Between Beliefs and Behavior: Henry Kissinger's Operational Code and the Vietnam War", *The Journal of Conflict Resolution*, Vol. 21, No. 1, 1977.

Walker, Steven G., Mark Schfer, and Michael Young, "Presidential Operational Code and Foreign Conflict in the Post-Cold War World", *Journal of Conflict Resolution*, Vol. 43, No. 3, 1999.

Waltz, Kenneth N., "International Politics Is Not Foreign Policy", *Security Studies*, Vol. 6, No. 1, 1996.

Walt, Stephen M., "International Relations: One World, Many Theories", *Foreign Policy*, No. 110, 1998.

Wendt, Alexander, "The Agent-Structure Problem in International Relations Theory", *International Organization*, Vol. 41, No. 3, 1987.

"Bridging the Theory/Meta-Theory Gap in International Relations", *Review of International Studies*, Vol. 17, No. 4, 1991.

"Anarchy is what States Make of it: The Social Construction of Power Politics", *International Organization*, Vol. 46, No. 2, 1992.

致　谢

弹指一挥间，从博士求学至今已近十年；不知不觉间，生命已到第三个轮回。"三十而立"，我却倍感彷徨。虽然目标渐趋明确、意志日趋坚强、物质日益丰裕，但深感前进之路不仅充满更大困难与挑战，而且还充满诸多困惑与迷茫。此时此刻，我唯一敢确定的是，为迎接并战胜种种困难与困惑我已有所准备，有所舍弃。此乃而立之年最大收获，亦将是吾生之最大财富。

而立之年，回望过去，深感目标清晰乃成功之基，迷失、彷徨乃失败之始。目标有如航行中的灯塔，没有目标你将迷失人生航向；目标混乱你将迷失自我、浪费青春。当个兢兢业业的教书匠，做个踏踏实实的研究者，这就是我终生目标！以此了却此生，并无丝毫遗憾。

而立之年，观望现实，深感社会之复杂、中国之路漫漫。伟大的祖国，需要伟人，更需要伟大的制度支撑与自主性国家的构建。虽然，个人之力有限，吾亦将尽职尽责，做一个合格的公民与教书匠，尽力推进社会进步、国家和谐、世界和平！此书的完成亦算此种努力之一。

此专著基于我2010年答辩的博士论文修改而成，尽管曾获全国优秀博士论文提名，但也对其进行了较大的修改。书稿付梓之际，回想多年来的写作历程与漫长的修改过程，在感慨万千之时要感谢的人亦浮现在眼前。

第一，感谢博士导师李宝俊教授。他不仅是我学术导师，更是我为人处世的良师。他对学术品德的告诫时刻萦绕心中，让我在时下日渐沦落的学术圈中看到了他对学术原则的坚持，这必将保障我学术之路的正确前行。他让我感受到了对学生无微不至的关怀、爱护与提携，也让我在面临挫折时，学会了坦然面对、泰然处之。这必将是我终生的财富。

第二，感谢博士后导师袁正清研究员。他不仅对我坦诚热情，鼓励鞭策，而且还对我的书稿提出了实质性的修改意见。他对本书的篇章结构、基本立意进行了把脉，并肯定了我前行的方向，这对我当年坚持写完毕业论文是莫大的帮助。本书第八章更是直接归功于他犀利的分析与建议。2009年10月18日与他在民大附近梅州东坡的谈话，让我收获良多。2013年我又有幸以博士后的身份受教于他，他不仅对此书的修改提出了诸多鼓励与建议，而且还指导我在国际规范方面开展了新的研究，为我开辟了新的理论研究领域。除了具体学术领域的开拓与学术思想的获益，袁老师严谨求真的治学、淡薄名利的心态、朴实简单的生活深深地触动了我，让我终生受益。

第三，感谢硕士导师徐之明老师。他高尚的情怀、睿智的思维和幽默的语言一直是我努力追求的目标。也正是他长期的关怀、鞭策与支持成就了今天的我。

第四，感谢金灿荣教授、金正昆教授、李庆四教授在开题报告时给我提出的宝贵批评与建议，没有这些批评与建议，此书必将逊色不少。尤其是金灿荣教授，他不仅在开题报告中给我提出了宝贵的意见，而且在此后的写作过程中对我的求教也进行了及时、有益的指导。

第五，感谢书稿写作与修改中各位"良师"的指导与及时的帮助。首先，我要感谢方长平教授。在论文选题、开题过程中，他在百忙之中抽出了宝贵的时间对我的开题报告进行了剖析，并提出了犀利的质疑与建议。正是通过与他的讨论、争论，我充分认识到了论文写作的巨大理论困难与挑战，并据此进行了章节结构甚至内容的调整，也正是他对我论文的精心评阅和宝贵意见让我找到了今后深化努力的方向。其次，我要感谢《外交评论》陈志瑞主编。他不仅勇于提携后进，而且还敏于学术发现。在匿名审稿之外，他对《中国国家自主性的演进与外交的进步》一文提出了敏锐、深刻的洞见，从而促成了文章实质性的修改与提升。而该文构成了本书第八章的核心部分。再次，我要感谢王正毅、李少军、郭树勇、李滨、贾庆国、M. Taylor Fravel 和史哲维等人。在北京大学（2008年10月）和云南大学（2009年6月）分别举行的两届博士生论坛上，这些专家学者的点评为我当年的论文写作打下了坚实的基础。最后，我要感谢我的毕业论文评阅与答辩老师，他们是金灿荣、牛军、林利民、袁正清、方长平、黄大慧、李永辉、赵晓春等专家学者。正是他们对我论文的认真评阅和对我的悉心指导提升了书稿质量。

第六，感谢严海兵、张勇、李汉卿等"益友"。在艰苦的论文写作过程中，正是与他们有益的学术讨论与帮助让我在资料获取、灵感激发上受益匪浅；也正是在他们的日常陪伴中，我的三年博士生活倍添生趣。

第七，感谢对外经济贸易大学国际关系学院的领导和全体同仁的宝贵支持。自加盟以来，对外经济贸易大学国际关系学院发生了巨大变化，而唯一不变是贸大国关对我工作的一贯支持。贸大国关已经逐步走出初创时期的艰难，如今不仅人丁兴旺，而且开始在学术界崭露头角，初具影响，这极大地提升了我工作的热情。在此，我要深深地感谢戴长征院长以及所有院系同仁们。

第八，感谢中国社会科学出版社的赵丽博士编辑。她认真负责的编辑工作避免了不少文字错误，为本书增色不少。感谢徐旗、杨路两位对外经济贸易大学国际关系学院硕士研究生，他们通读了全部书稿，并更正了本书诸多文字、格式错误。

第九，感谢出版界的诸多专业杂志对此书部分稿件的评审与发表。自2010年以来，此书部分稿件曾刊发于《世界经济与政治》《外交评论》《社会科学》《太平洋学报》《武汉科技大学学报（社会科学版）》。正是他们以及诸多匿名评审专家认真、专业的评审提升了本书的专业水准和写作水平。在此，谨对上述杂志的主编、匿名评审专家以及编辑表达诚挚的谢意。

最后，感谢张月英女士及我的所有家人。自北京奥运会以来，我的身体运转开始受到虽然不算严重却让我备受困扰的眼疾的干扰，这对我的工作构成了巨大挑战。正是有了她的鼓励、安慰与照顾，我才顺利地克服了疾病，完成了书稿的写作与修改。也正是有了她的陪伴，我终于找到了心灵的平静与归宿。2013年我们共同生活的见证与情感的结晶来到我们的世界，尽管养育他是辛苦的，但更多的是乐趣与希望。我远在家乡的父母，一直对他的儿子那么信任，那么支持，无怨无悔。而岳父母为了照看外孙，付出了很多很多。除此之外，二伯父、二伯母以及诸多舅舅姨娘、姑母姑父和叔叔伯伯们均从小就对我十分关心和支持。在此，我衷心祝愿所有那些帮助过我的人健康长寿、平安幸福！

李志永

2010 年 5 月 19 日于人大

2016 年 7 月 18 日修改于贸大